„Was machen Sie? Nichts. Ich lasse das Leben auf mich regnen."

Friederike Varnhagen von Ense

Für Tanya und Inga

Bildnachweis:
Die Bilder des Textteils: Nati Rasch, Tanya Radeva, Inga Osterland
Coverfoto: Nati Rasch
Autorenfoto: Kerstin Dobslaff
Karte: © Inga Osterland
Kartenicon: © Stepmap GmbH, Berlin

Bibliografische Information der Deutschen Bibliothek:
Die Deutsche Bibliothek verzeichnet diese Publikation in der deutschen Nationalbibliografie.
Detaillierte bibliografische Daten sind im Internet über http://dnb.ddb.de abrufbar.

www.reiseliteratur-verlag.de
www.traveldiary.de

traveldiary Verlag, Mady Host und Cornelia Reinhold GbR
Brauereistraße 4, 39104 Magdeburg

Umschlagentwurf und Layout: Jürgen Bold, Jens Freyler
Hintergrundfoto: © Carola Vahldiek / Fotolia
Satz: traveldiary Verlag, Mady Host und Cornelia Reinhold GbR
Druck: „Standartu Spaustuve" www.standart.lt, Tel. 37052167527

ISBN 978-3-942617-45-1

Nati Rasch

Zweieinhalb Fischköppe auf der Via Baltica

Auf dem Jakobsweg von Usedom nach Bremen

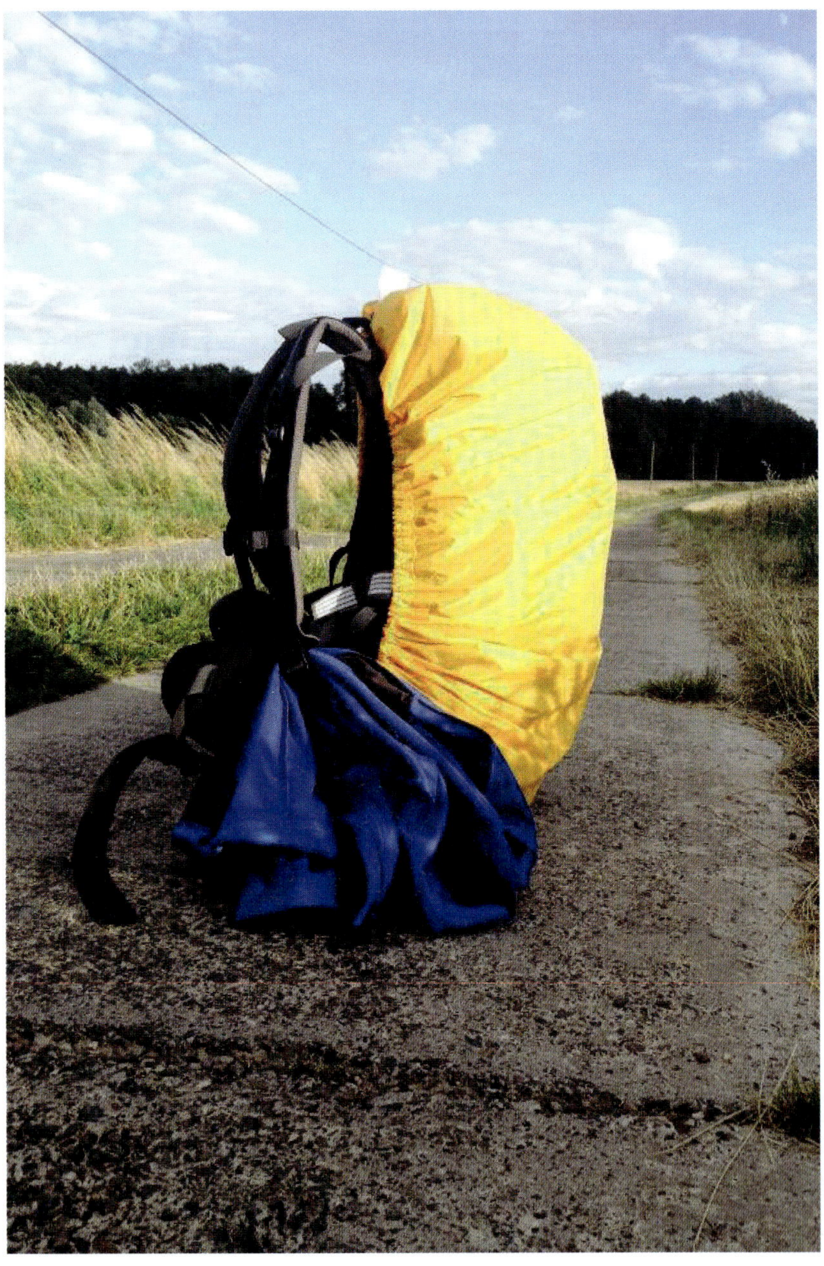

Inhalt

Prolog 7
Sommer 2007: „Der erste Kontakt“ 7

Erster Teil - Pilgern zu dritt
Ich werde offizielles Mitglied der Kelly Family 9
Verloren in Polen (ca. 5 km) 10
Steffi Peters pilgert (Swinemünde - Zirchow, 12 km) 17
Heim für schwer erziehbare Kinder (Zirchow - Usedom, 18 km) 27
Menschliche Abgründe (Usedom - Pinnow, 18 km) 36
Der Pilger im Roggen (Pinnow - Hohendorf, ca. 30 km) 44
Sakrale Versuchung (Hohendorf - Kemnitz, 22 km) 59
Der Rollstuhl des Grauens (Kemnitz - Greifswald, 11 km) 65
Des Pilgers neue Schuhe (Greifswald - Gerdeswalde, 13 km) 72
Unwägbarkeiten
(Gerdeswalde - Kibado, 14 km zu Fuß, 7 km per Bus) 81
Trebel-Tristesse (Kibado - Kölzow, 13 km, 18 km per Bus) 85

Das Dorf (0 km) 94

Zweiter Teil - Pilgern zu zweit
Tanyas Abschied (Kölzow - Sanitz, 17 km) 101
Auf Station (Sanitz - Rostock, 22 km) 109
Dreck und Schwielen (0 km) 115
Auf Abwegen (Rostock - Börgerende, ca. 12 km) 120
Havanna, Cuba (Börgerende - Kühlungsborn, 12 km) 129
Soziologische Studien (Kühlungsborn – Neubukow, 12 km) 137
Der Laden (Neubukow - Neuburg, 14 km) 144
Meditation für Anfänger (Neuburg - Wismar, 15 km) 154
Pilgerburnout (Wismar/Marnitz, 0 km) 163
Auftanken - Insel Poel (0 km) 167

Dritter Teil - Pilgern allein
Grabenkämpfe (Alt Jassewitz - Grevesmühlen, 15 km) 171
Die Gespräche der Anderen
(Grevesmühlen - Schönberg, 24 km) 177

Grabenkämpfe II (Schönberg - Lübeck, 25 km) 188
Podologische Finessen (Lübeck - Klein Wesenberg, 3 km) 193
Kicker um halb zehn
(Klein Wesenberg - Kloster Nütschau, 22 km) 196
Heiliges Bettle (Kloster Nütschau - Nahe, 18 km) 206
Hausmeister Krause (Nahe - Hamburg, 11 km) 218
Das Wunder von Harsefeld
(Hamburg/Harsefeld - Oersdorf, 11 km) 221
Der Pilger in der Tonne
(Oersdorf - Zeven, 19 km bei Starkregen, das zählt doppelt!) 229
Der Philosoph im Morgenmantel (Zeven - Otterstedt, 24 km) 232
Träume jagen (Otterstedt - Bremen, 23 km) 238
Abschied (Bremen/Stralsund - Wüstenfelde, 12 km) 245
Epilog 249

Karte 250
Über die Reisende ... Nati Rasch 251
Packliste 252
Übernachtungen 253

Prolog
Sommer 2007: „Der erste Kontakt"

„Pilgern? Was ist das?", fragte ich meine Freundin Regina, die mir ein Buch mit dem Titel „Ich bin dann mal weg" zum Geburtstag schenkte.

„Lies doch selbst", antwortete sie schmunzelnd.

Wenige Tage später stand ich in einer gut sortierten Filiale eines landläufig bekannten Sportartikelfachgeschäftes, stakste unbeholfen über ein Laufband und kaufte ein Paar mausgraue Wanderboots, die weder meinen Knöcheln noch meiner Geldbörse schmeichelten. Dann ließ ich sechs einzelne Jahre vergehen. Körperliche Betätigungen wie das Pilgern brauchten schließlich eine profunde Vorbereitung. Also bloß keine vorschnellen Handlungen, welche meine Bandscheiben später bereuen könnten, dachte ich mir, als ich grinsend die Treter in die hinterste Ecke meines Schuhregals schob ...

Sechs Jahre später ...

Seit meine Schwester Biggi begonnen hatte, in unserer bezaubernden Heimatstadt Stralsund als Gästeführerin zu arbeiten, war ich derart mit Informationen über die pommersche Landesgeschichte vollgestopft, dass ich schon anfing, von Störtebekers Enthauptung und Wallensteins Seeschlachten zu träumen.

Als sie von einem mittelalterlichen Pilgerweg berichtete, der angeblich direkt an unserer Haustür vorbei führen sollte, wunderte ich mich nicht einmal darüber. „Ich als Gästeführer muss wenigstens einige Abschnitte des Weges gegangen sein", hörte ich sie sagen, schaltete mental auf Durchzug und erwartete den nächsten historisch wertvollen Monolog.

„Komm doch mit! Du hast ja jetzt Zeit", weckte sie mich aus meinem Tagtraum. „Ähm ja", räusperte ich mich, um Zeit zu gewinnen.

„Du bist mitten im Sabbatjahr Schwesterchen, also keine Ausreden", nagelte sie mich fest. Und kaum dass die gelbe Farbe der frisch gemalten Jakobsweg-Markierungen in Ruhe trocknen konnte, stand Biggis Plan.

„Wir pilgern auf Norddeutsch und starten auf heimischem Acker direkt vor unserer Haustür."

Bepackt mit Vaters olivgrünem NVA-Rucksack und Mutters Bouletten wurden die rüstigen Pensionäre unseres Dorfes, von ihren Gemahlinnen in den Krieg gegen das Unkraut geschickt, auf uns aufmerksam.

„Wat macht ihr?", brüllte einer über den Zaun. „Pilgern? Seid ihr bescheuert oder wat?", formulierte er seine völlig berechtigte Frage. Denn nur zwölf Kilometer weiter hatte Biggi „ganz schlimm Hüfte", und ich hatte „Knie".

„Papa hol' uns ab! Wir können nicht mehr", jammerte ich in die Hörmuschel meines Mobiltelefons.

Nur mit letzter Kraft schleppten wir uns wie zwei Kriegsheimkehrer zum Edeka der nächstgelegenen Ortschaft, um diese posttraumatische Belastungsstörung mit Streuselschnecken und Filterkaffee zu verarbeiten.

„Na dat war ja wohl nix", konstatierte Vater als er schmunzelnd unsere Rucksäcke in seinen Kombi verlud.

Weitere zwei Jahre später, in einer anderen Filiale des landläufig bekannten Sportartikelfachgeschäftes ...

Ich hatte mal wieder über das Pilgern gelesen und die Knieschmerzen längst vergessen. Übrig blieben die Bilder meiner norddeutschen Heimat, gepaart mit der Idealvorstellung einer federnd am Meer entlang wandelnden Nati. Als ich das Buch zuklappte, entschied ich einen weiteren Versuch zu starten. Meine Wanderschuhe waren inzwischen eingelaufen und meine beiden Freundinnen Tanya und Inga wollten mich unbedingt begleiten – beste Voraussetzungen also, das Wagnis „Via Baltica" endlich praktisch anzugehen; fehlte nur noch die passende Ausrüstung für das Wanderabenteuer. Während die Rucksack-Frage mit einem preisreduzierten Fünfunddreißig-Liter-Kompakt-Modell blitzschnell erledigt war, gestaltete sich die Sache mit der Wandermode schon schwieriger.

„Oh Gott, wenn ich dieses Teil hier trage wächst mir über Nacht noch ein Penis", entrüstete ich mich und gab dem dackeläugigen Verkäufer kopfschüttelnd die Verpackung mit den atmungsaktiven Boxershorts zurück.

„Aber da steht doch für Damen", antwortete der Einzelhandelskaufmann verstört. „Abgelehnt", bellte ich entschieden – ebenso wie das Bündel an sackförmig geschnittenen, grauenvoll gemusterten atmungsaktiven Damenblusen und den Outdoor-Hosen, deren Seitentaschen meine Beine so fett machten wie die einer Eisschnelllauf-Olympiasiegerin.

Dies ist nicht nur ein Reisebericht, nein, es ist auch ein Appell an die gesamte Textil-Industrie mit der Bitte: „Produziert doch endlich mal eine Wanderbekleidung, welche Frauen nicht in aschgraue Mannsweiber verwandelt oder schlimmer noch: in die rotweiß karierte Tischdecke meines Lieblingsitalieners!"

Aber wie auch immer: Nach drei Anläufen (der dackeläugige Verkäufer kannte mich inzwischen schon ganz gut) war mit einer Beute von zwei blauen Goretex-Oberteilen, einer farblich schwer definierbaren Hose, einer hellgrauen Softshell-Jacke, dem Rucksack, einem sechshundert Gramm leichten Schlafsack und einer 3,5 Zentimeter dünnen, selbst aufblasenden Iso-Matte nach ziemlich genau acht Jahren die Vorbereitung auf meine Pilgerreise schon beendet.

Erster Teil - Pilgern zu dritt

Montag, der 20. Juli: Ich werde offizielles Mitglied der Kelly Family

Es herrscht das absolute Chaos. Wäscheberge, Versicherungspolicen, vermutlich nutzlose Belege der viel zu spät abgegebenen Steuererklärung und diverse Drogerie-Produkte verteilen sich gleichmäßig auf den Dielen meiner Dreiundvierzig-Quadratmeter-Wohnung. Ich summe die Flötenmelodie einer YouTube-Playlist namens „Carribean Sounds“ mit, tänzele fröhlich auf einer der freien Flächen umher, schiebe einen der textilen Haufen beiseite und eröffne einen neuen Wäschestapel. Dieser Stoß wird mich in den nächsten fünf Wochen begleiten, mich wärmen und versorgen. Dass ich schon seit Wochen meinen Pilgerpass vermisse, tut der Vorfreude keinen Abbruch. Statt weiter nach ihm zu suchen, arbeite ich lieber die Packliste des gelben Via-Baltica-Führers ab, öffne den Rucksack, presse Schlafsack, Isomatte und Kulturbeutel hinein und stelle fest, er ist voll. Argwöhnisch schiele ich auf den noch zu verstauenden Stapel am Boden, kippe die Waschtasche kopfüber aus, ersetze Shampoo, Duschbad, Sonnencreme, Sheabutter und Fön radikal durch ein Stück Kernseife, was meine Chancen auf eine Ehrenmitgliedschaft bei den Kelly`s drastisch erhöht. Der Situation völlig angemessen, fluche ich lautstark aktuelle Ausdrücke der Jugendsprache in die karibische Melodie hinein, presse Kraft meines Bizeps den Oberdeckel des mckinleyschen Ungetüms zu, zerre die Wuchtbrumme vor die letzten unvertrockneten Blätter meiner Yukka-Palme, platziere die Wanderschuhe davor und schieße ein Selfie. Noch ein allerletzter Facebook-Post mit dem brandheißen Titel: „Ich bin dann mal weg“, und ich bin dann endlich mal offline.

Ich sitze im Zug in Richtung Heimat. Mein Dorf liegt nur acht Kilometer von Stralsund entfernt. Und von dort aus kann man mit der Usedomer Bäderbahn, kurz UBB, ohne Umsteigen nach Swinemünde, dem Ausgangspunkt der Via Baltica, fahren.

Am elterlichen Kaffeetisch warten neben den üblichen guten Ratschlägen (nein Mama, ich pilgere nicht allein im Dunkeln) die nötigen zweitausend leeren Kalorien für den Weg. Vater zeigt seine Liebe, indem er die Löcher meiner Raichle-Treter mit Zweikomponentenkleber auffüllt und dabei den Satz: „Einen Sommer schaffen sie noch" in seinen Vollbart nuschelt.

Mutter wirbelt durch die Küche und pfeift Operettenmelodien. Zur blauen Stunde liege ich auf meinem alten Kinderzimmerbett, das Fenster weit offen und lausche der Stille des Dorfes. Ein Windhauch zwirbelt durch den Birnenbaum. Die Straßenlaternen erlöschen Punkt zehn. Hin und wieder blökt ein Schaf. Ist das die Ruhe vor dem Sturm?

Dienstag, der 21. Juli: Verloren in Polen (ca. 5 km)

Unser hyperaktiver Hahn weckt mich. Regentropfen perlen vom Fenster herab. Der Blick hinaus ist vertraut. Wie in Loriots Cartoon sehe ich Mutter durch die Küche flitzen – Eier kochend, pfeifend. Vater studiert die Ostseezeitung. Wie alle Ehemänner dieses Planetens möchte auch er „einfach nur so sitzen".

„Die Hühner legen gut", flötet Mutti. „Und die Katze hat schon wieder gejungt, aber sie versteckt die Kleinen noch im Heu."

Würde die UBB nicht Punkt 12.17 Uhr von Wüstenfelde (ja, so heißt unser Bahnhof, und er macht seinem Namen auch alle Ehre) abfahren, würde ich genau hier sitzen bleiben und mich einfach nur zu Hause fühlen. So aber stehe ich leicht verloren am Gleis des gottverlassenen heimischen Bahnhofs und warte auf den Zug. Es hat längst aufgehört zu regnen, der Himmel will trotzdem nicht recht aufreißen, und der Wind zerrt an der sündhaft teuren Outdoor-Garderobe. Aber genau das liebe ich an Nordvorpommern (von uns Einheimischen auch liebevoll NVP - „Noch-Vor-Polen" genannt) – dieses frische Meereslüftchen, welches einem das Gefühl gibt, auch wirklich draußen zu sein. Nicht nur deswegen bin ich wieder zurück in meine Heimat gezogen, habe beruflich noch einmal komplett neu angefangen und nach zwei Jahren harter Arbeit eine Auszeit bitter nötig. Blass und leicht übergewichtig lächle ich zufrieden als die weißblaue Bahn in Wüstenfelde einrollt, steige nach nur acht Minuten Fahrt am Stralsunder Hauptbahnhof wieder aus und umarme meine beiden dick bepackten Mitpilgerinnen am Gleis Vier. Wir kaufen ein Sparticket und besteigen die nächste UBB nach Swinemünde.

Die aus Bulgarien stammende Anästhesistin und passionierte Fleischesserin Tanya, die wir liebevoll „die Carnivore vom Balkan“ nennen, kuschelt sich embryoartig in ihren Doppelsitz und döst noch vor der Abfahrt ein. Ich halte ihr ein Stück Salami unter die Nase, nur um zu testen, ob sie auch wirklich schläft. Doch sie zeigt keine Regung - und das bei einer guten Ungarischen – der letzte Nachtdienst muss wirklich anstrengend gewesen sein. Inga und ich sind viel zu aufgeregt zum Schlafen, präsentieren stolz unsere neu erworbenen modischen Sahnestücke und verputzen den eigentlich für den Weg gedachten Proviant. Eine reichliche Stunde später erwacht Tanya und mit ihr das Interesse an der Wurstware.

„So kennen wir dich“, scherzt Inga und reicht ihr einen Happen hinüber.

Als der Zug zur Nachmittagsstunde endlich im westpommerschen Seebad einrollt, sind wir uns nicht sicher, ob der Lokführer nicht vielleicht falsch abgebogen und aus Versehen in Rostock Lichtenhagen herausgekommen ist. Aber nein, da steht es ja: Witamy w Swinoujscie – Herzlich Willkommen in Swinemünde.

„Gar nicht mal so schön hier“, höre ich Inga sagen als sie und ihr Rucksack walfischgleich auf dem Trottoir des Bahnsteiges anlanden. Irgendwo in dieser urbanen Hässlichkeit soll sich die Jugendherberge des Ortes befinden, genauer gesagt in der Gdynska 26. Mein Blick klebt an einem besonders schönen Block postsozialistischen Charmes fest, und wir zerfließen in der Nachmittagssonne, weil Betonklötze nicht einmal zum Schattenwerfen taugen.

„Das ist Stalins letzte Rache“, flucht Tanya als sie einigermaßen angeekelt an der steingrauen Fassade des vermeintlichen Ziel-Hochhauses empor blickt.

„Ist ja nur für eine Nacht“, ermuntere ich.

Selbstverständlich haben wir nicht reserviert. Wozu auch? In Polen ist doch immer alles verfügbar und für uns Deutsche super günstig, pflegte ich mein Vorurteil. Die beiden Damen schweigen, wir treten ein, und das Innere hält was das Äußere verspricht. Die Frau im haselnussbraun (und das ist noch das netteste Adjektiv, das mir dazu einfallen wollte) getäfelten Empfangsraum redet konsequent Polnisch. Doch ihr genervtes Abwinken und ein vehement ausgesprochenes „niez, niez“ bedeutet wohl frei übersetzt:

„Es ist kein Zimmer mehr frei.“

Wenn sie konsequent Polnisch reden kann, rede ich konsequent Russisch, und sie scheint mich zu verstehen. Oder will sie uns nur loswerden, als sie uns den Weg zum nächstgelegenen „Hotelarstwo“ beschreibt?

Kinderärztin Inga, die nichts mehr liebt als zu organisieren und zu planen, ist auf derartige Unwägbarkeiten bestens vorbereitet und bemüht süffisant grinsend ihre Pilger-App. Diese sagt, wir müssen in die Uliza Gdanska 20 zum Seminarhaus für Priester und Laien, welches als offizielle Pilgerherberge ausgewiesen ist.

Gdynska, Gdanska - eine komische Sprache dieses Polnisch. Aber egal. Von den Straßenlaternen prangende frisch geklebte gelbe Jakobsmuscheln geben frischen Mut, führen sie doch direkt auf einen Kirchturm zu.

„Hier muss es doch ein Bett für uns geben", hoffe ich und betätige schwungvoll den altmodischen Türklopfer, welcher an der kitschigen Pforte der Herberge klebt. Eine reife Dame öffnet. Ich verliere mich im violetten Farbfasching ihrer zeltgroßen Bluse und bestelle drei Betten für die Nacht.

„Drrrrei Nacht Minimum", bellt es in gebrochenem Deutsch. „Macht sechzig Eurrro prrrro Perrrrson."

Beschwörerisch hebe ich meine tellergroße Jakobsmuschel in die Höhe, welche ich extra für derartige Anlässe am Rucksack befestigt hatte. Dazu zückt Inga den gelben Wanderführer, auf dessen Cover in fetten Lettern „Via Baltica" geschrieben steht. Die Dicke tätigt einen kurzen Anruf, guckt grimmig, eine weitere Frau erscheint. Diese guckt noch freundlicher als ihre Kollegin und keift ein lebensbejahendes: „niez" über den Flur.

Niez ist dann wohl das polnische Pendant zu „fuck off", denke ich, als ein älterer Herr mit Sporttasche die Herberge betritt. Er hat für drei Nächte gebucht und dem polnischen Klerus somit sechzig Euro in die geldgeile Fratze geschoben. Immerhin bemüht die Buntgescheckte erneut ihr Telefon, um uns dann endgültig zum Teufel zu schicken.

„In Uliza Mazowiecka 21 werrrden sie finden eine Mann in schwarrrrze Kleid", proklamiert sie, als erfüllten sich just in diesem Moment alle Prophezeiungen des Nostradamus.

„Dziekuje", stottere ich, schlage die Tür hinter mir zu und krame meine Kruzifixkette aus der Bauchtasche hervor. Regina hat sie mir vor einer Italien-Reise geschenkt, und mein Bauchgefühl sagt mir, dass sie unsere Chancen auf ein Bett im wilden Katholistan erhöhen könnte.

„Egal, dann bin ich eben Katholik", fluche ich als Erwiderung auf Tanyas ironische Bemerkung und lege mir das Kreuz um den Hals. „Schließlich brauchen wir ein Bett, Herrgott."

Dem hat niemand etwas hinzuzufügen. Die Mazowiecka ist eine endlose Straße, und wir zerfließen in der Abendsonne. Jetzt verstehe ich, warum Inga unbedingt vorbestellen wollte. Unfassbar, dass wir im Vorfeld sogar darüber stritten. Die kleine Kinderärztin wollte unbedingt alle Etappen exakt vorausplanen, während ich es vorzog, spontan aus dem Bauche heraus zu pilgern. Wie es aussieht hat sie recht, aber das würde ich natürlich nicht zugeben.

Die 21 ist ein mickriges, weiß gekalktes Einfamilienhaus, umringt von einem rostigen Metallzaun. Malvengewächse wuchern im Vorgarten, ein Hund kläfft, eine Schar Hühner gackert wild durcheinander. Zaghaft öffnet Tanya die abgeblätterte Pforte, und ich habe ein ungutes Gefühl im Magen.

„Wenn das hier eine Pilgerunterkunft ist, bin ich Mutter Teresa", zische ich mit künstlichem Lächeln.

„Hallo", ruft Tanya schüchtern über die Mützchen der Gartenzwerge hinweg.

„Wir sind die Pilger", ergänze ich verwegen.

Nichts geschieht oder verformen sich die Larven bürgerlicher Spießigkeit justament zu einer hämischen Grimasse? Viele Atemzüge später humpelt ein Mütterchen mit Dutt und Schürze aus der Tür, das Hundegebell wird lauter.

„Prrrivat", zischt die Alte.

Ein glatziger Mann mit reichlich wenig Zähnen auf der Kauleiste, vermutlich ihr Sohn, stapft grimmigen Blickes hinterdrein, und das diffuse Bauchgrummeln crescendiert zu nacktem Entsetzen. Immerhin trägt der Spießgeselle ein schwarzes Heavy-Metal-Shirt mit totenkopfähnlichen Elementen.

„Prrrrivat", dröhnt es aus dem Bauche des Totenschädels. „Nummerrrr 11", johlt es noch lauter. Doch wir haben längst schon unsere geschwollenen Beine in die Hand genommen und einen respektablen Mittelstreckensprint hingelegt.

Keuchend trotten wir die Mazowiecka entlang, die in der Sommerhitze anmutet wie eine dieser leergefegten Straßen des Wilden Westens. Nur, dass hier die geladenen Geschütze hinter Hängegeranien und Rüschengardinen lauern.

„Arscharschpimmelarsch", flucht Inga.

Die von Mr.-Death-Metal so wärmstens empfohlene Hausnummer 11 sieht nämlich aus wie ein Diplomatendomizil. Herunter gezogene Rollläden und ein schwarz glänzendes Hochsicherheitstor versprühen nicht gerade Gastlichkeit. Wir klingeln, ein weiß gelockter Frauenkopf schaut zum Fenster heraus (gibt es denn in Polen nur alte Frauen oder was?) und schüttelt diesen entschieden.

„Herberge? Niez!", sagt der Kopf.

Seufzend lassen wir uns auf das aufgeheizte Trottoir fallen.

„Wir sind am Arsch", konstatiere ich.

„Nein, wir sind obdachlos", korrigiert Tanya.

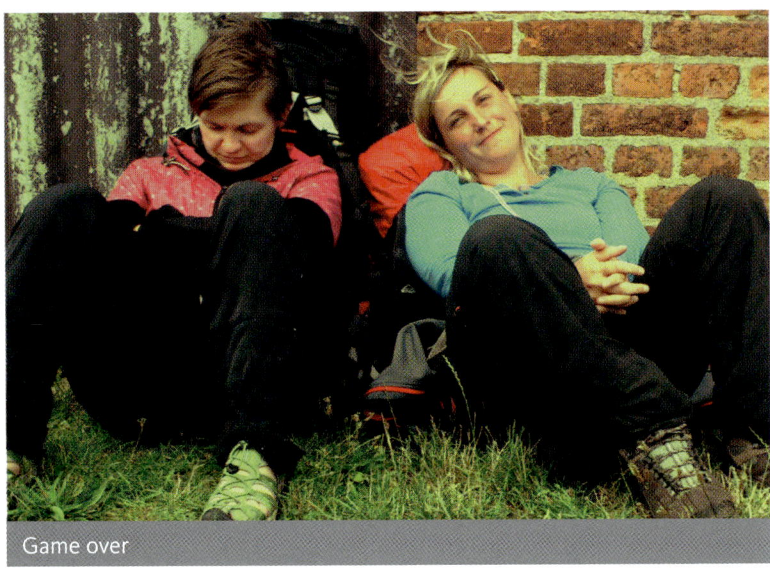
Game over

Inga, von allem unbeeindruckt, zückt erneut ihr Smartphone und wählt die bereits eingespeicherten Nummern der Jugendherbergen Heringsdorf und Golm auf deutscher Seite.

„Aber was denken Sie, wir sind mitten in der Hauptsaison", heißt es am anderen Ende der Leitung. „Klick!"

„Nein, jetzt sind wir am Arsch", stellt Inga sachlich fest, steckt ihr Handy in die Hosentasche, löst die Klickverschlüsse ihres überdimensionierten Rucksackes, und lässt die vierzehn Kilo-Wuchtbrumme langsam zu Boden gleiten.

„Und jetzt?", frage ich resigniert.

„Schlafen wir am Strand?", erkundigt sich Tanya, während sie vorsichtig ihre Sonnenbrille lupft.

„Aber nur auf deutscher Seite", insistiert Inga.

„Darf man das denn?", frage ich bange.

„Keine Ahnung", raunzt es.

Fragen brausen durch die Hirnsuppe - Gedankenfetzen, Gigaschnell. Wo schlafen heute Nacht? Am Strand? – Lebensgefahr! Im Hotel? – Zu teuer! Im Zug zurück nach Stralsund? -Dann plötzlich Stille. Eine Stille, die immer nur dann entsteht, wenn das Hirn keine Pläne mehr macht. Gesichter verformen sich zu weinerlichen Larven. Haare werden gerauft. Knarzende Gartentore intonieren eine Ballade des Scheiterns. Schweißtropfen zerplatzen zeitlupenartig auf dem Zement. Der Himmel dimmt sein Licht, schaltet um auf „blaue Stund". Und es ist Zeit, einzusehen: Aus die Maus. Schicht im Schacht. Tschö mit Ö. Saionara Che Guevara. Pogo in Togo. Tschüss, aus und Ende Allende. Game over. Diese Reise ist vorbei.

„Brauchen Sie Hilfe?", fragt eine jugendliche Stimme aus dem Vorgarten gegenüber in fast aktzentfreiem Deutsch.

„Jaaaaa, wir suchen ein Zimmer", fleht der dreistimmige Pilgerchor.

Wortlos lässt uns die Blonde zurück, wechselt ein paar Worte mit ihrer Nachbarin über den Zaun, die stützt sich auf ihrer Harke ab, schüttelt ihr welliges Haupt und brüllt etwas Polnisches hinüber in die nächste Rabatte. Auch dort schüttelt man den Kopf, fragt aber den Nachbarn von nebenan. Eine ganze Straße spielt „stille Post", doch überall heißt es nur „niez niez". Wie es scheint, will uns die Uliza Mazowiecka nicht.

„Kommen Sie doch zu uns", sagt plötzlich das Mädchen.

„Wirklich?", fragt Tanya unschlüssig.

„Ja wirklich", antwortet der blonde Engel, der sich kurz zuvor als Jagoda vorgestellt hatte.

Wenige Augenblicke später stehen wir, frisch vom Bürgersteig gefischt, im Korridor des hübsch gepflegten Einfamilienhauses der Mazowiecka Nummer 12 und begrüßen staunend das Empfangskomitee der Swinemünder Großfamilie, bestehend aus Oma Baba, Opa Dedek, Jagodas kleinem Bruder Julek, Jagodas Mama, die einen unaussprechlichen Namen trägt, Mischlingshund Ada und einer glänzenden Perserkatze namens Filemon. Mit einem mulmigen Gefühl streife ich die klobigen Raichle-Treter ab, wohlwissend, dass meine Füße nicht gerade nach Rosen duften. Wir werden auf dem Ecksofa in der Wohnstube platziert und nippen achtsam am „Herbatka", was auf Polnisch so viel bedeutet wie Kräutertee.

„Möchtet ihr Swinemünde sehen?" fragt Jagoda plötzlich.

„Jaaaaa", rufen wir, wohlwissend, dass wir wahre Glückskinder sind und besteigen umgehend den rostroten Honda der Familie Jaruszewska. Die attraktive Dame mit dem komischen Namen fährt einen heißen Reifen. Dass die hiesigen Straßen nicht gerade intakt sind, scheint sie dabei nicht sonderlich zu stören. Bange umklammere ich den Haltegriff, Inga unterdrückt ein Lachen, während Tanya ihr berüchtigtes balkanesisches Pokerface hinter ihrer Sonnenbrille versteckt. Vor einer Art Festung stoppt plötzlich der Wagen.

„Möchte jemand ins Museum?", fragt Niki Laudas polnische Schwester.

Die Begeisterung hält sich in Grenzen. Wir brausen weiter. Wieder quietschen die Reifen, bis wir ein paar Häuser weiter erneut ruckartig zum Stehen kommen.

„Das ist das Fort Zachodni", jubelt Jagoda.

Sie scheint Mamas Fahrstil schon gewöhnt und hüpft unbekümmert aus dem Auto. An der Kasse entbrennt der übliche Kampf um die Rechnung, den ich gewinne. Fünfzig Zloty kostet der Spaziergang durch die polnische Kriegsgeschichte. Von den Preußen Mitte des neunzehnten Jahrhundert errichtet, in beiden Weltkriegen gut frequentiert und von den Sowjets im Kalten Krieg weiter bewirtschaftet, entpuppt sich die Festung als Eldorado für Waffennarren und Kriegsinteressierte. Über das gesamte Areal sind Kanonen verteilt, von denen Jagoda jede einzelne freudig in Beschlag nimmt.

„Da drüben ist unser Haus", ruft sie und richtet das Rohr diabolisch grinsend in Richtung Uliza Mazowiecka aus.

Auch Tanya und Inga beklettern diverse Feldgeschütze. Ich hingegen klettere nicht. Ich habe mit dem dreizehnten Lebensjahr aufgehört, Dinge zu besteigen, die größer sind als ich selbst.

„Bist du sicher, dass du nicht zum Militär willst?", necke ich Jagoda, als sie nächste Flak besteigen will.

„In Warschau gibt es eine Akademie für Militärmedizin. Dort bewerbe ich mich, aber ich brauche ein Einser-Abitur", antwortet die Elftklässlerin spitzbübisch. Ich beobachte sie eine Weile wie sie fröhlich auf dem Geschütz herumturnt und traue ihr all das und noch viel mehr zu. Selten habe ich eine so blitzgescheite Sechzehnjährige erlebt. Weil sie einen deutschen Kindergarten besuchte, spricht sie unsere Sprache fließend. Sie spielt Gitarre und Klavier, interessiert sich für organische Chemie und möchte später einmal Anästhesistin werden. Aber es würde mich auch nicht wundern, wenn Polens zukünftige Präsidentin Jagoda Jaruszewska heißen würde. Zwischen den Kanonengängen plaudere ich mit ihrer Mama, die zurecht Stolz auf ihr Töchterchen ist. Ihr Mann arbeitet als Importeur in Venezuela und sie bei der städtischen Bußgeldstelle (also doch nicht bei Mc Laren), was ich für einen mirakulös cleveren Schachzug halte. So kann sie in Ruhe „The fast and the furious" weiterspielen und nach Dienstschluss heimlich die Beweisfotos der Radarfallen liquidieren. Kaum dass ich diesen Gedanken fassen kann, rasen wir schon weiter Richtung Hafen, auf dessen Mole eine schneeweiße Windmühle stehen soll. Mir wird übel, doch wir erreichen das Ziel zu schnell, als dass ich mich exzessiv übergeben könnte. Noch bevor wir richtig stehen, knalle ich die Autotür hinter mir zu und atme tief durch. Hundertschaften Sonnenhungriger verdecken das stolze Wahrzeichen der Stadt, und mein Handy gleitet zurück in die Hosentasche – muss ich es eben ohne digitale Hilfe als hellweißen Leuchtturm mit Windmühlenflügeln in Erinnerung behalten. Wir spazieren barfuß am Strand entlang. Mama und Tochter plaudern aus ihrem Leben, wir von unseren Via-Baltica-Plänen und freuen uns, dass die rosarote Sonne so formschön in der Ostsee versinkt.

Die Rückfahrt in unsere erste „Pilgerherberge" beschreibe ich besser nicht. Viel lieber erzähle ich von Dedeks und Babas warmherzigen Empfang mit süßen Brötchen und Kakao in der gemütlichen Stube. Kater Filemon schnurrt auf Tanyas Füßen, und Mischlingshund Ada jagt Juleks Spielzeuginsekten hinterher.

„Fünfhundert Kilometer zu Fuß? Fürchten Sie sich nicht?", fragt Baba plötzlich ernst.

„Nicht solange es Menschen gibt wie Sie", danke ich und schüttele ihre Hand.

Jagoda überlässt uns ihr Kinderzimmer. Ich darf auf die Couch, bastele mir ein textiles Kopfkissen, Inga breitet ihre Isomatte in einer Abseite aus, und Tanya schnarcht schon längst zufrieden auf dem Boden direkt unter mir. Milde lächelnd streichle ich das Kruzifix an meinem Hals. Es hat uns Glück gebracht, obgleich ich es nicht aus religiösen Gründen anlegte. Ich werde es weiter tragen. Man kann ja nie wissen ...

Mittwoch, der 22. Juli: Steffi Peters pilgert (Swinemünde - Zirchow, 12 km)

Es ist 7.30 Uhr. Durch das Dachfenster lugen fahle Sonnenstrahlen. Eine Möwe brüllt. Der Leib ist steif. Seichter Kaffeeduft weckt erste Lebensgeister, ich strecke die verkürzten Glieder. Ein Kopfkissen fehlt erst, wenn man keins hat. Ich deponiere meine restlichen einhundert Zloty auf Jagodas Schreibtisch, und es beginnt: Reißverschlüsse sirren, Plastiktüten rascheln, Isomatten zischen, Kulturbeutel, Schlafsäcke und Badetücher stöhnen, weil sie zu Miniaturen gefaltet und in Rucksäcke gepresst werden. Ein textiles Häuflein raunt die Weise minimalistischen Lebens. Das ist er also, der Soundtrack meines Sommers, denke ich und krächze ein heiseres „Moin" in die Runde. Obwohl sie auf dem Boden geschlafen haben, wirken die Mädels erschreckend munter. Vor allem Tanya scheint unnatürlich wach für diese gottlose Tageszeit. Ärztinnen können scheinbar ohne Schlaf leben.

Ich hingegen bin erst ab dem dritten Kaffee ansprechbar und meide morgendliche Konversationen wie der Veganer tierisches Fett.

Aus der Dusche kleckert es müde. In der Hauptsaison gebe es keinen Wasserdruck, warnte man uns bereits gestern vor. Schuld sei das kleine Wörtchen „Ferien", welches Swinemünde um ein Vierfaches zu einem gefräßigen Bettenburgenmonster aufbläht. Die hiesigen Stadtwerke hätten bereits kollabiert. Was soll`s? Das Tröpfeln spiegelt mein Energielevel perfekt wider, finde ich und tupfe vorsichtig die kostbaren Spritzer mit dem extra für diese Unternehmung gekauften, ultraleichten Mikrofaserhandtuch vom Leib. Baba serviert pochierte Eier und Würstchen zum Frühstück.

„Sie brrrauchen Stärrrke für Wanderrrung", sagt sie.

Die quicklebendige Inga und der pensionierte Mathelehrer Dedek plaudern über Medizin. Carnivore Tanya labt sich an den Fleischwaren.

„Bei welchem Bäcker haben sie denn das leckere Brot gekauft?", wechselt Inga plötzlich das Thema.

Essen kaufen ist nämlich ihre Passion, und ich muss grinsen, als ich an ihren stets zum Bersten vollen Kühlschrank denke, welcher von schimmeligen Delikatessen überquillt. Ich ahne, dass wir bei eben diesem besonders tollen Bäcker mindestens drei Kilo Backwaren werden kaufen (und später auch schleppen) müssen.

„Ich hole es Ihnen", ruft Baba und springt sofort auf.

„Sie ist wie ein Flugzeug", erklärt Dedek, der die Fragezeichen über unseren Köpfen schon richtig deutet.

„Aber sie brauchen doch nicht extra ...", stottere ich.

Doch die rüstige Rentnerin ist schon längst in Richtung Backstube unterwegs.

„Sie ist immer so", lacht Jagoda.

Um die peinliche Situation zu überspielen, lobe ich die sonnengelben Eidotter, welche mich stark an die Produkte Vaters glücklicher Hühner erinnern.

„Die sind von meiner Tante, die ihr schon von gestern kennt", erklärt Jagoda.

„Hausnummer 21?", frage ich schmunzelnd.

„Genau", grinst sie.

Die Uliza Mazowiecka hat ihren Schrecken verloren. Baba kehrt mit einem duftenden Brotlaib zurück, worauf sich Inga mit einer überschwänglichen Umarmung bedankt.

„Ich bringe euch noch zum Jakobsweg", sagt Jagoda.

Wir schießen ein Abschiedsfoto, umarmen uns und versprechen, wiederzukommen.

„Bis zum nächsten Jahr in Swinemünde mit eurem Hippie-Bus", scherzt sie.

Denn wir Mädels haben die Vision eines Bulli-Roadtrips entlang der Atlantikküste - wahrscheinlich weil wir ahnen, dass die Pilgerei zu anstrengend werden könnte, um es wieder zu tun.

Durch einen Kiefernwald führt ein Radweg Richtung Grenze. Tanya und Inga laufen federnden Schrittes voran, bewaffnet mit Giesela Johannßens gelbem Reiseführer. Ich lasse mich ein paar Bootslängen zurück fallen und betrachte verträumt ihre tänzelnden Rucksäcke, wobei Ingas so riesig ist, dass ihr Kopf gänzlich dahinter verschwindet und sie droht, jeden Moment nach hinten umzukippen. Tanyas Exemplar hingegen geht deutlich mehr in die Breite, so dass ihr schwarzer, halblanger Pferdeschwanz für mich gut sichtbar auf und nieder hüpft. Kurz hinter dem Kiefernwald endet Polen an einem schlichten Holzsteg, der über ein schmales Bächlein führt. Kein Grenzturm, keine Zaunanlage, kein Kolonnenweg, keine Tankstelle oder Duty-Free Shop in Sicht, nicht einmal ein braver Zollbeamter darf hier seine Brötchen verdienen. So schlendern wir, ohne dass jemand Notiz davon nimmt, unbekümmert in ein anderes Land. Das kommt mir, wie auch die Begegnung mit Jagoda, wie ein unfassbares Wunder vor. Auf deutscher Seite angekommen danke ich der Familie Jaruszewska, St. Jakobus – dem Schutzpatron der Pilger – und nicht zuletzt dem Schengener Abkommen.

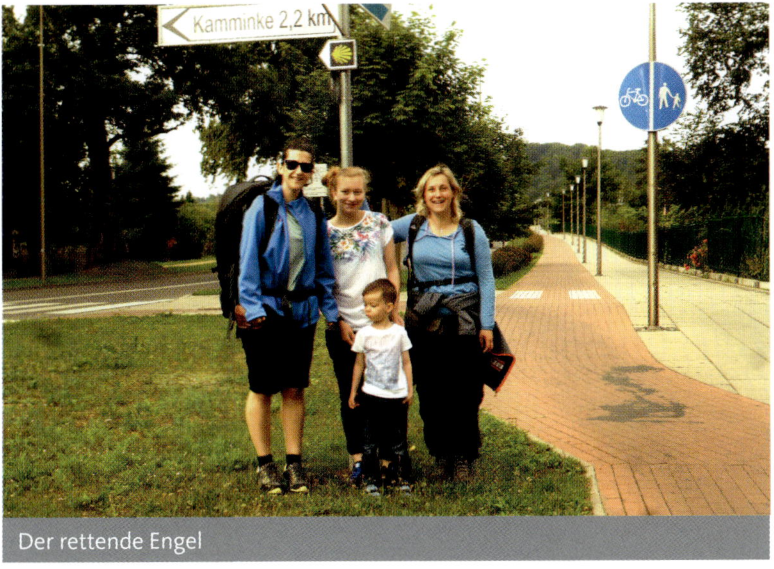

Der rettende Engel

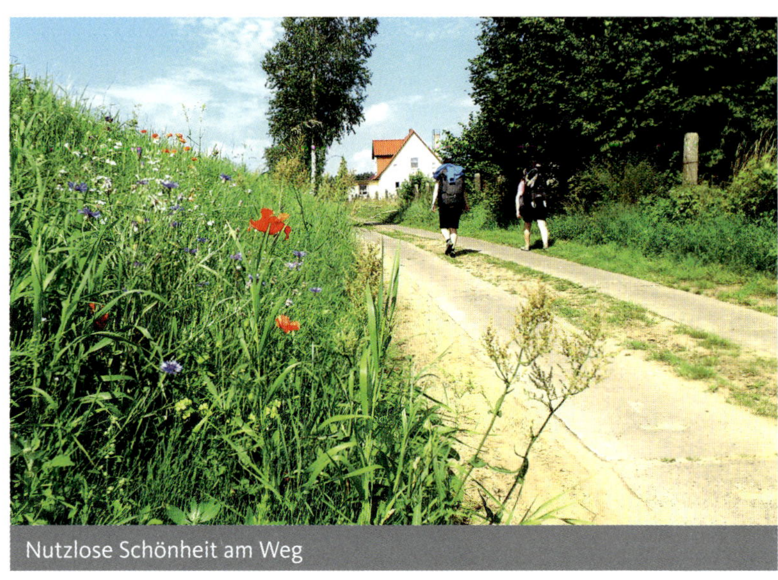
Nutzlose Schönheit am Weg

Hinter dem Torfkanal liegt Kamminke, das erste Dorf auf deutscher Seite, das neben einem Hafen sogar eine Gaststätte zu bieten hätte. Doch Babas herzhaftem Frühstück sei Dank, passieren wir gleichmütig und landen in einer unerwartet hügeligen, sattgrünen Pampa, in der mannshohe Strohballen die einzige Attraktion darstellen. Ich schwitze, trinke viel zu hastig und schiebe den lästigen Rucksack auf der Schultermuskulatur von A nach B, während meine Füße beginnen, auf eine subtile Art zu brennen. Da ich als Hedonistin ein paar Kilo zu viel auf den Rippen trage, wundert mich das nicht – muss ich eben lernen, den Schmerz zu akzeptieren, meine Schritte achtsam zu setzen und mich auf die Schönheit des Weges zu konzentrieren. Kürzlich hat er die Gestalt einer Plattenstraße angenommen. Sommerblumen blühen am Feldrain, nutzlos schön. Es ist wolkenlos, der Duft eines Gerstenfeldes weckt die Lust auf ein kühles Bier. So fühlt sich also pilgern an, denke ich – durstig, verschwitzt und (noch) ein wenig unbequem ...

Das vom Tourismus verschonte Dörfchen Garz, das auf Haff-Seite der Insel Usedom liegt, wirkt fast wie ein natürliches Segment der Bodden-Landschaft und fällt kaum auf im weiten Grün. Selbst die Häuschen erscheinen wie steinerne Tupfer, geformt vom vorvorletzten Pleistozän. Erst kurz vor der Jugendherberge Golm, die uns gestern nicht beherbergen wollte, werden wir aus unserer mittäg-

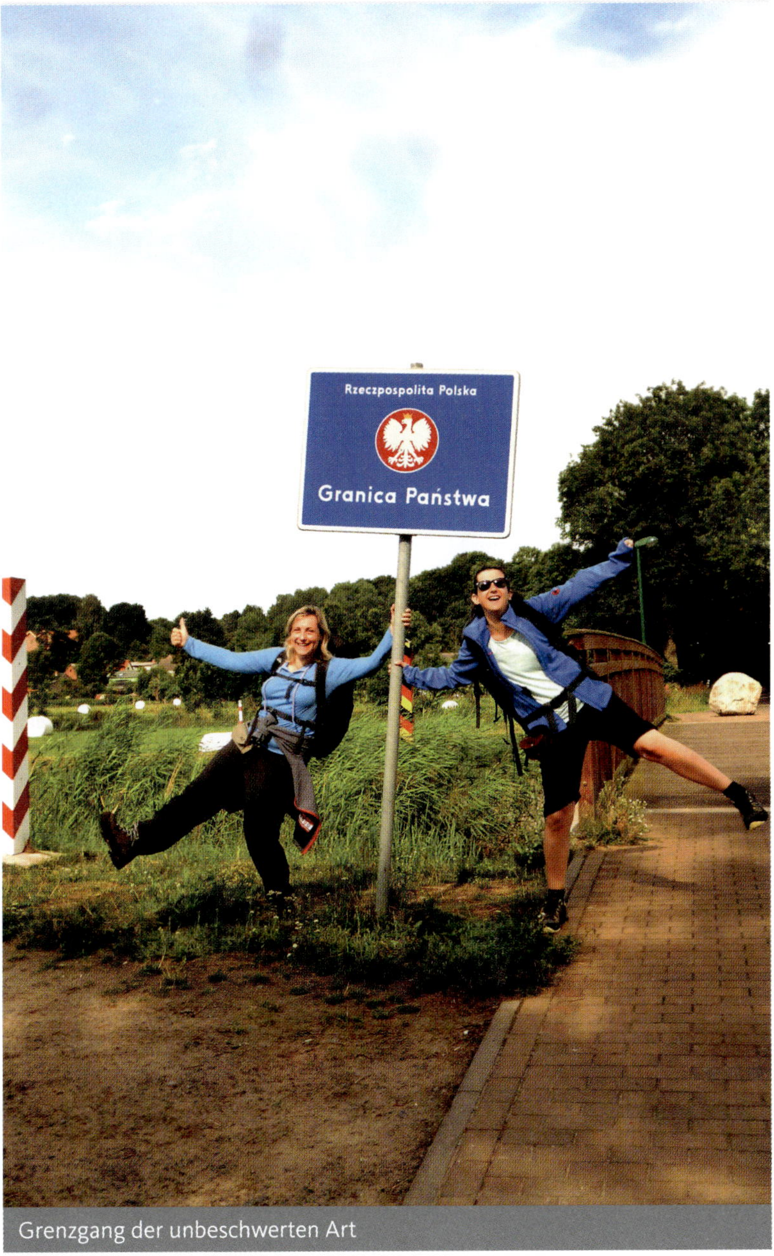

Grenzgang der unbeschwerten Art

lichen Apathie gerissen, erblicken wir doch plötzlich einen frisch markierten, gelben Pfeil, der uns schräg auf eine Wiese weisend, dazu ermuntern möchte, den Plattenweg verlassen. Wir halten Kriegsrat und beschließen, ihm zu folgen – allein schon deswegen, weil es im Pilgerführer steht.

„Gisela", wie wir seine hochgeschätzte Autorin liebevoll nennen, „wird`s schon wissen", findet Tanya.

Am Horizont liegt ein Dorf, von dem wir hoffen, dass es unser Etappenziel Zirchow sein könnte. Doch ob wir auf dem richtigen Weg sind, wissen wir nicht. Der letzte gelbe Pfeil liegt schon ein paar Kilometer zurück und es ist nicht leicht, sich in Gefilden zu orientieren, in denen Storchennest und Kirchturm die einzigen Landmarken sind. Auch damit werden wir lernen müssen, umzugehen, sinniere ich und laufe schweigend meinem zweiköpfigen Navigationssystem hinterher. Solange die beiden entspannt sind und wir uns die Wiese nicht mit einer Kuh Herde teilen müssen, brauche ich mich nicht zu sorgen. Die Endprodukte ihrer Darmausscheidung liegen nämlich als stummes Mahnmal und gut sichtbar auf dem Boden herum. Furchtsam blicke ich mich um, und da sind sie auch schon, die lieben Tierchen. Gleich schräg hinter uns schauen sie uns mit ihren hübschen Kuhaugen treudoof und einfältig wiederkäuend an. Aber sie können, Gott sei`s getrommelt und gepfiffen, keinen Schritt mehr weiter. Oh seliger Erfinder des elektrischen Weidezauns, wer immer du auch bist, ich danke dir! Da kann das kleine Hasenherz ja getrost wieder aus der Hose rutschen. Notiz an mich selbst: Nicht einfach so, ohne dezidierte Analyse der Ausgangslage, über Kuhweiden pilgern. Das kann böse enden.

Die beiden Damen scheinen die Präsenz der milchgebenden Säuger wesentlich lockerer zu nehmen und erwarten mich grashalmkauend am nächsten Feldweg kurz vor einer Brücke.

„Are you going to Santiago?", fragt plötzlich eine Männerstimme.

Sie gehört einem Radfahrer in grellbunter Funktionsbekleidung, der gerade eine achtbare Vollbremsung hinlegt.

„Not really", antworte ich verdutzt, als eine Frau, auf ebensolch rasante Weise hinzu schnellt.

Argwöhnisch blicke ich nach vorn. Tanya und Inga kauen noch immer seelenruhig auf ihren Grashalmen.

„Beeing a pilgrim is quite an experience, you know?", beginnt Mr. Bike mein erstes Pilgerfachgespräch.

Das Ehepaar aus L.A. entdeckt die Welt am liebsten per Velo. Sogar in Santiago de Compostela waren sie schon, wobei mir schon beim Gedanken an diese Wegstrecke die Waden schmerzen. Neidvoll scanne ich ihre faltigen Leiber auf vorhandenes Körperfett ab – kein Gramm – nur Muskeln und goldbraune Haut, die, wohl aus aerodynamischen Gründen, von knallenger, atmungsaktiver Kleidung eingeschnürt wird.

„Buen camino", rufen sie zum Abschied, und ich verspüre unnachahmlichen Stolz, ab heute zum Stamm der vitalen Pelegrinos zu gehören.

Die beiden Schnellläuferinnen vor mir haben indes ihre Wanderschaft wieder aufgenommen und furchtlos das Geheule aus „the lion sleeps tonight" angestimmt.

„Oooooiiiiidiiidiiidiiiiiiowimoweeee", tönt es über Feld und Flur, und Mr. und Mrs. Bike treten noch ein wenig kräftiger in die Pedale als zuvor. Erst ein vom Flughafen Heringsdorf startendes Kleinflugzeug vermag dem Kunstgenuss ein glückliches Ende zu setzen. Durch erheblichen Kraftaufwand schließe ich zu den beiden Operndiven auf. Jetzt marschieren sie schnaufend einen Hügel empor – klein Inga mit ihrer Riesenkraxe vorneweg, Tanya hinterdrein, und ich bilde, fast schon wie gewohnt, das Schlusslicht des illustren Gänsemarsches.

Nach einem gefühlten Tagesmarsch durch die ostvorpommersche Steppe stoppt endlich der Tross und legt sich im Schatten einer Birke nieder. Ein Wurzelstrang durchbohrt mein linkes Schulterblatt, und das Surren der Schmeißfliegen bringt mich um den Verstand. Aber alles ist besser als Laufen im Moment.

„Na Speedy, kann`s denn weitergehen?", fragt plötzlich Tanya, die auf magische Weise in den aufrechten Stand gekommen sein muss.

Auch Inga steht bereits wieder auf ihren kurzen Läufen, fertig zum Aufbruch.

„Ist ja schon gut ihr Sklaventreiber, ich komme ja schon", maule ich.

„Ist auch gar nicht mehr weit", besänftigt Tanya.

Nur weil ich in der Ferne die Umrisse einer Ortschaft erahne, hieve ich meinen Kadaver auf den Camino zurück und fantasiere von schäumenden Bierkrügen. Unmittelbar vor dem Einsetzen des klinischen Todes erreichen wir unsere erste Pilgerherberge in der Langen Straße 38. Schon vor Wochen hat Inga mit Frau S. vom evangelischen Pfarramt telefoniert und diesen Boxenstopp somit lange im Voraus klar gemacht. Völlig ausgemergelt von zwölf Kilometern, bin ich nicht mehr in der Verfassung, über ihren Mangel an Spontaneität zu lästern, sondern einfach nur froh, in das nächstbeste Bett zu fallen.

Frau S. ist eine sympathische, grauhaarige Dame, die uns gnädiger Weise ohne viel Gerede die Tür zu unserer Unterkunft aufsperrt. Müde halten wir ihr unsere Pilgerpässe und je zehn Euro entgegen. Laut meines Credencials heiße ich Steffi Peters, da meines weiterhin verschollen blieb und sich die echte Steffi kurzfristig für eine bequemere Art des Reisens entschied – eine weise Entscheidung, liebe Frau Peters und gut für mich. So bin ich trotz meiner Schusseligkeit im Besitz des lebensnotwendigen Dokuments und darf ganz nebenbei auch noch eine andere Identität annehmen. Und wer weiß, vielleicht gefällt mir das neue Leben so gut, dass Nati Rasch spurlos auf der Via Baltica verschwinden und gleich einer kehlmannschen Romanfigur, ein neues Leben in einem fernen Land beginnen wird. Diese frisch erschaffene Personalie lebt dann selbstverständlich schwielenfrei, reich und sorglos vor sich hin.

„Plock!"

Der dumpfe Aufprall eines Stempels auf gräuliches Papier beendet meinen Tagtraum und macht es hiermit offiziell: Steffi Peters pilgert. Gut, dann kann Nati ja jetzt Urlaub machen. Doch Scheiße war`s und kein Kompott. Während Tanya und Inga bereits häuslich eingerichtet sind, klebe ich noch am Handlauf des Treppengeländers fest und ringe um Luft. Endlich auf der Bettkante angekommen, löse ich die Schnürsenkel meiner Wanderboots, die sich eher wie die Hufe eines Flusspferdes anfühlen und befreie den ersten Fuß. Er ist angeschwollen, schmerzt dumpf und sondert einen seltsamen Geruch ab. Dem anderen geht es auch nicht besser und ich ahne, dass mein Körper sich gegen diese anormale Art der Fortbewegung wird wehren müssen. Seufzend öffne ich eine Tube Hirschtalg, reibe die tauben Stinker gründlich damit ein, krieche in meinen Schlafsack, murmele etwas von Powernapping und falle in ein zweistündiges Koma.

Unterdessen haben meine beiden fleißigen Arbeitsbienen den Konsum um einige Genussmittel erleichtert, drei Biere geköpft und einen Berg Chickenwings in die Pfanne gehauen. Glückselig erhebt Tanya ihre Flasche und verkündet froh: „Auf die Via Baltica! Nasdrave und Cin Cin!"

Inga läuft mit einer Matratze hinaus in den Garten, während Tanya einen Schaukelstuhl auf den Rasen hievt und ich leise rülpsend den Garungsprozess der Hühnerbeine überwache. Nach dem Essen verlassen wir die Wiese nicht mehr, liegen in einer Art Pilgerstarre regungslos herum. Inga erwacht als erste, ergreift ihr Handy, reserviert drei Betten für die morgige Nacht und schließt mit dem lebensklugen Satz: „Besser als man hätte, ist, man hat."

Die Kurze hat schon eine geführte Pilgertour mit dem Pastor ihrer Gemeinde hinter sich und weiß, dass Wallfahrten hier im Nordosten wohl geplant sein wollen, wenn man nicht im Freien übernachten will.

„MV ist eben nicht Spanien", seufzt sie.

Helles Glockengeläut zerbimmelt ihre Kritik. Es ist Schlag sechs.

„Ich muss dringend ein paar Apostel anbeten, damit ich das hier überstehe", stöhne ich und mache mir einen ordentlichen Zopf.

Die Damen gucken entgeistert und wenden sich wieder ihrem Gespräch zu.

„Schon gut, schon gut, dann bete ich eben für euch mit", empfehle ich mich und krauche mit letzter Kraft die Kirchentreppe hinauf.

So sehr mir volle Gotteshäuser auch ein Gräuel sind, so sehr liebe ich die Erhabenheit menschenleerer, christlicher Bauwerke. Eben weil ich, so wie mein Vater, über die göttliche Gabe verfüge, stundenlang auf die Gnubbel der Raufasertapete starren zu können, ohne dabei etwas zu vermissen, sind leere Kirchen einfach der perfekte Ort für mich. Da es hier aber an Raufasertapete mangelt, betrachte ich die blassen Fresken neben dem Altar und frage mich, warum in Zirchow kein Jesus am Kreuz, sondern ein riesiges Schiffsmodell von der Decke baumelt.

„In Kirchen findet man Ruhe, nicht wahr?", fragt eine Stimme aus dem Off.

Ich reibe mir die Augen, schaue leicht verträumt in das Antlitz der Frau S. Dankbar, nicht eingeschlossen worden zu sein, folge ich dem feminen Redeschwall hinaus ins Freie.

„Hier beim Glockenturm regnet es rein", klopft sie zur Demonstration des unhaltbaren Zustandes auf einen besonders dicken Holzbalken. „Die Kirche in Garz ist genauso alt wie unsere, anno 1820", überbrückt sie die peinliche Stille. Gesprächspausen sind für manche so angenehm wie Stockschläge, denke ich.

„Unser Pastor hat so viel zu tun. Hoffentlich ist er nicht eines Tages überfordert und geht weg", plappert die gebürtige Hallenserin im urigen Bördedeutsch. „Wir waren so lange ohne Pastor", fährt sie fort.

Wieder sage ich nichts, denn mit älteren Damen ist es meist so wie mit Müttern und redseligen Chefs. Wenn ihr Wortvorrat erschöpft ist, hören sie von ganz alleine auf.

„Wir sind eben kein Seebad, uns hilft man nicht. Und wissen Sie, die Treppe zur Orgel und auch die Galerie sind ebenfalls morsch, aber die Fenster sind neu. Aber woher soll es auch kommen? Im Gottesdienst sitzen, wenn`s hoch kommt, zehn Mann, und der Pastor muss mit einem Kassettenrekorder singen, weil kein

Kantor da ist, um ihn zu begleiten. Aber das klingt auch schön. Mein Sohn hat kürzlich den Fliederbusch vor der Kirche gerodet. Das gab Ärger, sage ich Ihnen, aber man hat die Kirche ja nicht mehr gesehen."

Irgendwann hört sie auf zu reden, denke ich. Langsam laufen wir die Treppe hinunter, würdigen den vom Sohnemann liebevoll gestutzten Strauch und kommen vor der Herberge zum Stehen.

„Seit 2008 kommen die Pilger nach Zirchow, und ich habe mich damals breit schlagen lassen, mich um ihre Belange zu kümmern, weil wir auch damals keinen Pastor hatten. Die Gisela Johannßen aus Hamburg hat damals den Reiseführer geschrieben. Leider ist sie tot. Sie ist alles zu Fuß abgelaufen, hat alle Adressen und Telefonnummern selbst zusammen getragen. Den neuen komischen Gelben, den mir die Pilger immer zeigen, da haben sie doch nur abgeschrieben, und die Herrschaften sind alles mit dem Auto abgefahren. Aktuell ist der aber auch nicht mehr, und um Erlaubnis gefragt, ob sie meine Adresse veröffentlichen dürfen, haben sie auch nicht. Das ist doch nicht in Ordnung sowas, finden Sie nicht?", redet sich die gute Frau langsam in Rage.

Hilflos zucke ich mit den Schultern. Mein Plan der passiven Gesprächsvermeidung geht leider nicht auf.

„Ach und sagen sie ihrer kleinen Freundin, beim Pilgern geht es um Verzicht. Da braucht man nicht solch einen großen Rucksack. Der ist doch viel zu schwer. Ich würde an ihrer Stelle zur Post gehen und die unnötigen Sachen nach Hause schicken. Mensch, man braucht doch nicht viel. Man kann doch auch Einlagen nehmen. Das spart Schlüpfer!", referiert sie mit todernster Miene, und ich muss mir das Lachen arg verkneifen.

Obwohl sie unheimlich viel redet, fange ich an, sie zu mögen, steckt doch viel Wärme in ihren Worten.

„Und den Schlüssel werfen Sie morgen einfach in den Briefkasten, ja?"

„Geht klar. Haben Sie vielen Dank für alles und schlafen Sie gut", verabschiede ich mich höflich.

„Wo warst du denn die ganze Zeit?", ruft mir Tanya von der Gartenbank entgegen.

„Ich habe Erstaunliches über Körperhygiene erfahren", flachse ich.

„Hier, trink` mal einen Schluck. Die Hitze scheint dir nicht zu bekommen", bemerkt Inga frech und köpft eine Flasche Bier.

„Unsere Herbergsmutti meint, dein Rucksack ist zu groß", kontere ich. „Du sollst deine Schlüpfer nach Hause schicken und Einlagen nehmen."

„Ach, du hast ja `nen Knall", empört sich diese und verpasst mir einen Klaps auf den Hinterkopf.

Ich erläutere den Vorschlag der Frau S., und die beiden biegen sich vor Lachen.

„Na, ganz Unrecht hat die Gute ja nicht", findet Tanya als erste ihre Fassung wieder. „Sieh mal Inga, was wir beide alles mit uns herum schleppen, während Nati nur ein Stück Seife braucht, um glücklich zu sein", stellt die Bulgarin nüchtern fest, bevor sie sich durch den nächsten Lachanfall schüttelt.

„Besser stinken als schleppen", verteidige ich mich.

Doch für sachliche Argumente hat keiner mehr ein Ohr.

„So, ihr Lästermäuler, ich gehe jetzt Duschen, und nein danke, euer Duschbad benötige ich nicht", lüge ich und verdrücke mich ins Bad.

Das Gelächter der Mädels kann ich trotz des Wasserstrahles hören. Als ich wiederkomme, liegen sie schon in ihren Kojen. Inga verliest eine Kurzgeschichte aus ihren extra für die Abendunterhaltung mit geschleppten „morddeutschen Krimis", bis um Neun bereits das Licht ausgeht. Das eben aufgebaute Gesellschaftsspiel mit dem vielversprechenden Namen „Zickzacke Hühnerkacke" möchte auch niemand mehr spielen. Die morgige Etappe von achtzehn Kilometern ist ein allzu dicker Brocken.

Donnerstag, der 23. Juli: Heim für schwer erziehbare Kinder (Zirchow - Usedom, 18 km)

Stumm schlürfen wir unseren Kaffee. Hinter uns liegt eine furchtbare Nacht. Nur, weil Inga mitten in der REM-Phase aufspringen musste, um zu gucken, ob die Tür auch verschlossen sei – wegen der Einbrecher – versteht sich.

„Dann mach' doch das Licht an", stöhnte Tanya und weckte mich gleich mit.

Doch was sind schon Einbrecher im Vergleich zur Gemeinen Stechmücke?

Lächerlich zu glauben, eine Culex pipiens ließe sich verscheuchen. Eiskalt saugt sie dein Blut, während ihr Summen und das juckende Sekret ihres Speichels deine Seele martert. Das rettende Autan unauffindbar in den Untiefen des Rucksackes verschollen, musste ich die Kampfhandlungen abbrechen, um niemanden zu stören. Ich bin nämlich ein höflicher Mensch. Doch was habe ich davon? Immer stechen sie mich. Als um Sieben dann endlich der Wecker klingelte, hatte ich bereits abgewaschen, das Frühstück vorbereitet und meine Garderobe nach Farben sortiert, nur um jetzt übernächtigt in den Kaffeesatz zu starren. Aber das

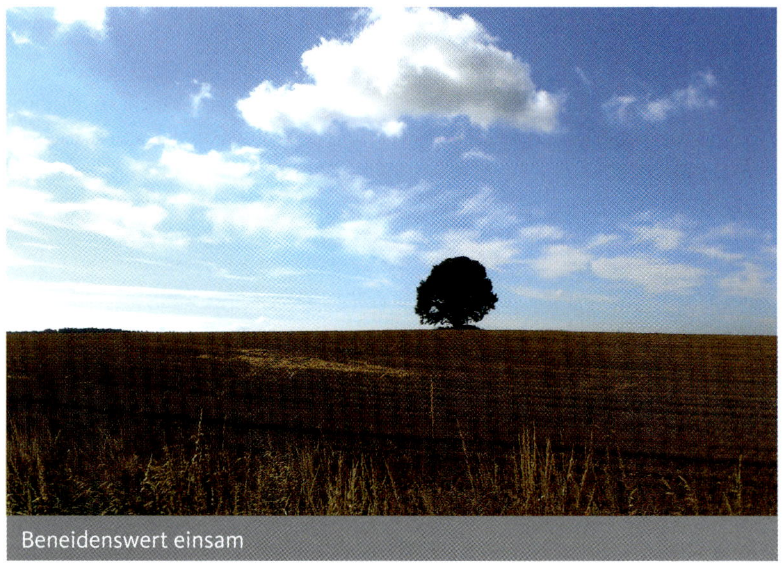
Beneidenswert einsam

interessiert ja keinen, im Gegenteil, man wird noch belächelt. Mädels, ihr solltet mich nicht reizen, denn an Tagen wie diesen habe ich nur Hass übrig.

Kaum halb neun werfe ich die Schlüssel in den Briefkasten der Frau S., winke ein letztes Mal zu ihrem Wohnzimmerfenster hinüber (wobei ich eingedenk meiner Gemütslage lieber einen Stinkefinger gezeigt hätte, aber was kann die arme Frau schon dafür) und folge meinen Scouts – bis diese kurz hinter dem bedeutungslosen Örtchen Kutzow in einen zu gewucherten Waldweg einbiegen möchten und damit meinem stumpfsinnigen Mitläufertum ein jähes Ende setzen.

„Lasst uns lieber auf dem Hauptweg bleiben. Mir ist nicht wohl dabei", gebe ich zu bedenken.

„Keine Sorge, laut Karte stimmt die Richtung, und es ist ein Sandweg", argumentiert Inga.

„Asphalt belastet nämlich die Füße", kommt Tanya ihr zur Hilfe.

Ich bin überstimmt. Blöde Demokratie. Immerhin führt der Irrweg hübsch am Feldrand unter einem dichten Baum Dach entlang, dessen Blätter hin und wieder den Blick auf ein Stoppelfeld freigeben. Dort steht beneidenswert einsam, stolz auf einem Hügel ein wohlgeratener Baum, dessen Krone bis zum Boden reicht. So laufen wir zwar falsch, aber schön.

„Da vorne ist die B 110", ruft Inga aus heiterem Himmel.

„Wir sind richtig", jubelt Tanya.

„Und da ist die Nebenstraße nach Bossin. Genau wie es in der Karte steht", bestätigt Inga.

„Toll", applaudiere ich.

Fast schon niedlich wie sich die beiden an ihren topographischen Husarenstreichen freuen können. Aber es ist allemal besser, sie lesen die Karte und nicht ich.

„Wo sammer denn hier?", stört ein Radler den Triumph.

Der attraktive Mann im unverschämt engen, zartrosa Dress bedenkt den pilgernden Pöbel mit einem gewinnenden Lächeln und steigt extra für uns ab. Ohne mit der Wimper zu zucken tippt Inga auf unseren Standort in der Wanderkarte, während ich noch nach einem gesellschaftsfähigen Gesichtsausdruck googlen muss. Sein Sozius, ebenfalls adrett, in optimistischem Froschgrün gekleidet, erstickt die unliebsame Nettigkeit im Keim: „Komm, wir ham doch koane Zeit", mosert er auf Bayrisch, wodurch er mir wenigstens ein bisschen sympathischer wird.

Denn egal wie fesch die Herren auch sein mögen, ich habe schlecht geschlafen und einen mit Pestbeulen übersäten Leib. Kurz, mir ist nicht nach Plaudern zumute.

„Mir ham olle Zeit der Welt", entgegnet sein Kompagnon charmant, während der Grüne unruhig mit den Pedalen scharrt.

„Hammer net, wir wollen heute noch nach Anklam", tadelt der.

„Na dann, Reisende soll man nicht aufhalten", balle ich mein Gesicht zur Faust.

„Ja mei", seufzt der Schöne, schwingt seinen Adoniskörper zurück aufs Rad, und das bunte Duo saust davon.

„Was sind wir wieder charmant heute", grinst Inga.

„Ja, du mich auch", setze ich stieselig meine Wanderung als Ekel-Schlusslicht fort.

Es gibt so Tage, da hat man besser keinen menschlichen Umgang. Aber welchen Grund zur Freude sollte es auch geben? Bimmelnde Kohorten von Radfahrern drängen uns vom Weg. Die Via Baltica muss nämlich jetzt unbedingt Berlin-Usedom-Radweg heißen. Ab Prätenow kommen noch enervierende PKW hinzu, die in den Radlern ihren natürlichen Feind ausgemacht haben, der unbedingt, samt Pilgerungeziefer, in den Straßengraben geschoben werden muss. Grässlich. Wie abstoßend diese Handvoll Autos jählings wirkt. Dagegen sind meine zweirädrigen Freunde ein wahres Gottesgeschenk. Während mein Energie-Lämpchen rötlich blinkt, merke ich wie wichtig äußere Umstände für meine Pilgermoral sind. Untergrund, Streckenverlauf, Landschaft, Temperatur – all das sollte sich möglichst angenehm gestalten. Ein Buddhist würde fraglos darüber lächeln. Doch jeder einzelne Schritt scheint mich eher vom Paradies wegzuführen, als in die Erleuchtung hinein. Aber das ist ja auch nicht das Ziel, sondern weiter zu kommen als damals mit Biggi.

Zielformulierungen hin oder her, die Formkurve nähert sich asymptotisch der Zahl Null, bis plötzlich ein Backsteinhaus am Wegesrand auftaucht, an dessen Mauer gut sichtbar das vertraute Zeichen der Jakobspilger klebt. Beim Anblick der gelben Muschel auf blauem Grund, deren Zweige sternförmig gen Santiago de Compostela weisen, straffen sich die Glieder, bedeutet sie doch: Man hat uns nicht vergessen. Rechts und links der roten Tür kleben zwei kleine Täfelchen mit der Aufschrift „Heim für schwer erziehbare Kinder". Verstohlen greife ich zur Kamera. Als ob ein Foto klären könnte, ob es sich um eine Pilgerherberge handelt, oder etwa um das, was die Schilder sagen.

Ein schwarzer Saab rauscht auf den Hof und beendet die Grübelei. Ein gepflegter Weißhaariger von schätzungsweise siebzig Jahren öffnet die Haustür. Vermutlich, er wird uns auffordern, die Bilder seines Privatbesitzes von unseren Apparaten zu löschen. Da winkt mich Tanya zu sich heran. Sie ist im Gespräch mit der aparten Dame, die justament so schwungvoll eingeparkt hatte.

„Wollen Sie mit uns frühstücken?", fragt diese.

Ich gucke verdutzt, denn immerhin ist es gleich Zwölf.

„Ja wollen Sie nun oder wollen Sie nicht?", hakt sie nach.

„Ingaaaa", rufen wir, denn der kleine Wirbelwind läuft mal wieder vorneweg.

Neugierigen Blickes kommt sie zurück.

„Wollen wir frühstücken?"

Wir wechseln einen kurzen Blick und nicken hastig. Wer weiß, wie lang das verlockende Angebot noch gilt. Der Hausherr lässt uns herein, und ein schwarzweiß gescheckter Foxterrier springt auf uns zu. Reflexartig sammle ich die Prospekte auf, die der Kleine durcheinander gewirbelt hat, lege sie auf einen Holztisch im Flur und lande in einer Art Showküche der „Landlust"-Redaktion. Nur dass diese hier vor Töpfen, Pfannen, Tiegeln, Kochlöffeln und Tongeschirr überquillt. Tanya hievt den Einkaufskorb, aus dem ein tellergroßer Salatkopf guckt, auf den ebenfalls vollgestellten Küchentisch.

„Ich bin Ute, und das ist Götz. Setzt euch hinaus in den Garten. Ich bin schnell", flötet die gut gelaunte Dame, und wir folgen ihrem Gatten in ein von Himbeerhecken umzäuntes Gartenparadies mit Blick auf das Haff. Hölzerne Gartenmöbel stehen einladend unter einem hellen Sonnenschirm. Alte Obstbäume, zwischen denen zwei Hängematten aufgespannt sind, verheißen Himmlisches. Zumindest kommt dieses Setting meiner Vorstellung vom Garten Eden ziemlich nah.

Hundchen Paule lässt seinen Kunststoffknochen vor meinen Füßen nieder plumpsen und schaut erwartungsvoll zu mir hoch. Herzlichen Glückwunsch. Ich wurde auserwählt, das „Hol-das-Stöckchen-bis-zum-Erbrechen-Spiel" mit ihm zu spielen.

„Wir haben ihn ganz bewusst nicht sozialisiert wie andere Hundebesitzer. Wir wollen ihn nicht beschränken", erklärt Götz, der meine Schweißperlen auf der Stirn bemerkt.

„Aha", setze ich das verbissene Spiel fort.

„Ist doch schön, dass er sich frei entfalten kann", schaut das Waldorf-Herrchen sehnsüchtig seinem tollenden Vierbeiner hinterher.

Das ist schön für Paule. Aber warum muss sich der freiste Hund der Welt ausgerechnet einen abgewirtschafteten Pilger als Sparringspartner aussuchen? Tanya bemerkt meinen verzweifelten Blick und lächelt mir aufmunternd zu.

„Hier war mal die alte Dorfschule, 1907 erbaut", referiert Götz, während Paul zwielichtige Bewegungen an Tanyas Bein vollführt. Vermutlich hält er es wegen der zarten Behaarung und seines aromatischen Geruchs für das Hinterteil eines Foxterrier-Weibchens.

Dann tischt die Hausherrin auf: Caprese, Oliven, Rucola, Parmesan, Tomaten- und Kartoffelsalat, Brötchen, Käse, Wurst, Erdbeeren, Pfirsiche und eine große Kanne Kaffee. Eben noch Landstreicher, speisen wir nun feudal mit Blick auf das Haff.

„Was für ein toller Zufall, dass du uns vom Weg gefischt hast", lobe ich.

„Zufälle gibt es nicht!", erwidert Ute mit fester Stimme.

„Warum hast du uns eigentlich eingeladen?", fragt plötzlich Inga. „Wir sehen doch wie Landstreicher aus."

„Die Jakobsmuschel am Rucksack macht aus Landstreichern Pilger", antwortet Götz mit spitzbübischem Lächeln.

„Wir haben uns 2004 auf dem Camino kennengelernt, in einer Herberge bei Pamplona", fällt Ute ihm ins Wort.

„Da wollte ich unbedingt allein gehen und was passiert? Ich verliebe mich", lacht Götz. „Im Doppelbett über mir lag eine rassige, rothaarige Französin, doch ich hatte nur Augen für Ute."

„Endlich mal ein Deutscher, rief ich zu dir rüber. Von da an pilgerten wir zusammen und verliebten uns", schwärmt Ute und schenkt ihrem Schatz ein jugendliches Lächeln.

„Was für eine Geschichte", schwärmt Inga. „Die ist ja filmreif."

„Filmreif ist das, was zu DDR-Zeiten in dieser Gegend hier passierte", wendet Götz ein. „Bildhauer Engelmann, der Schöpfer der berühmten Statue, die ihr vielleicht aus dem Film Goodbye Lenin kennt, hatte im Nachbarort Gummlin sein Atelier. Es war komplett aus Glas. Honecker ließ sich extra mit dem Hubschrauber einfliegen, um der Schöpfung seines Lenins beizuwohnen. Schriftsteller Heinz Kahlau wohnte ein paar Häuser weiter. Der konnte unglaublich viel trinken und wusste schon damals wie man Caipirinha mixt. Am kuriosesten aber ist die Geschichte eines lebensmüden Nachbarn, der sich den Ausspruch „Held der Arbeit" auf sein Gemächt tätowieren ließ und dafür ins Kittchen ging. Das sollte man verfilmen", berichtet Götz, während Paule erneut Tanyas Bein in Beschlag nimmt.

„Gut, dass ich eine lange Hose trage", flüstert sie mir zu.

Mein Bein bleibt gottlob verschont, und ich danke innerlich dem dackeläugigen Verkäufer, dass er mir die hässlichste Hose der Modewelt an die Backe geschnackt und mich somit vor dem promiskuitiven Hundetier bewahrt hat.

„Das ist schon das zweite Wunder in drei Tagen. Habt vielen Dank ihr Lieben", umarme ich die beiden.

„Für Pilger immer", sagt Götz.

„Pilgern fetzt", winken wir den beiden hinterher.

Nach ein paar Kilometern erreichen wir das von Götz so farbenfroh beschriebene Dorf Gummlin. Doch an diesem schönen Julitag hält es seine Sensationen gut versteckt. Wenn man von der akkurat aufgehängten, blütenweißen Wäsche und den kultivierten Rabatten der Gummliner Hausfrauen einmal absieht.

Eine junge Blondine aus dem Sächsischen spricht mich auf meine Jakobsmuschel an, und es ist niedlich wie sie dabei das Wort „Pilgor" ausspricht. Zuletzt war sie auf den Jakobswegen Spaniens, Portugals und der Via Regia unterwegs und fährt jetzt den Berlin-Usedom-Radweg.

„Fohrrodreisen ist gut, abor bilgorn ist bessor", seufzt sie.

„Konfuzius sagt: Nur wo du zu Fuß warst warst du wirklich", bestätigt Inga.

„Nu genau, nächstes Johr wird widdor gebilgort. Machts guddi“, sächselt es zum Abschied.

Sehnsüchtig schaue ich ihr hinterher, würde ich doch sofort mit ihr tauschen.

Zur besten Kaffeezeit stapfen wir nämlich durch einen Nadelwald, der außer dem Duft von Latschenkiefer und geschwollenen Füßen rein gar nichts zu bieten hat.

Ich presse meine Zehen in Richtung Stiefelspitze, um die wund gescheuerten Hacken zu entlasten und stakse daher wie eine Kuh auf Stelzen durch den Tann.

Komischerweise kann ich aber das Tempo meiner beiden Mitstreiterinnen halten. Auch sie sind verstummt und gucken verkniffen drein.

„Ich kann keine Kiefern mehr sehen“, fasst Inga die Lage fachgerecht zusammen.

„Scheiß Natur“, pflichte ich ihr schimpfend bei.

„Abholzen und Cola-Automaten aufstellen“, schlägt Tanya vor.

Als Pilger weiß man die Natur eben zu schätzen.

Schlag sechs erreichen wir die Stadt, die der Insel ihren Namen verleiht und an deren Ortsschild Pilgerweg und B 110 zusammentreffen. Die ächzt unter einem beidseitigen Stau. Die Abgase brennen in der Nase, und schon wünsche ich mir den langweiligen Nadelwald zurück. Vorbei an unsanierten DDR-Blöcken und Laternen, an denen vergilbte Körperwelten-Reklame klebt, schleppen wir uns fußlahm in Richtung Innenstadt.

„Das ist Erichs letzte Rache!“, zücke ich meinen Fotoapparat. „Na wer weiß, wie lange es so etwas noch gibt“, rechtfertige ich die Zeitverzögerung und richte mein Objektiv auf eine besonders hässliche Fassade.

„Quasi ein Kulturdenkmal“, ergänzt die verständnisvoll nickende Inga.

„Und darin wohnen Menschen?“, fragt die fassungslose Tanya.

„Nein, darin wohnen Ossis“, korrigiert Inga.

Die Straße Richtung Kirchturm ist menschenleer. Vom „Deutschen Haus“, bröckelt der Putz. Gastronomie gibt's hier schon lange nicht mehr.

„Ihr müsst die Pilger sein“, ruft uns eine ältere Dame vom Marktplatz aus entgegen.

Es ist Kirchenfrau Edeltraut Manthey, die uns die Türe zu einer besonderen Herberge öffnet, deren Schlafsaal bis zur Decke mit sperrmüllreifen Möbeln und uraltem Hausrat vollgestellt ist. Nur ein schmaler Korridor bietet Platz für die ausklappbaren Liegen, die verheißungsvoll an einem Biedermeier-Buffet lehnen.

„Sie müssen verzeihen, das Pfarrhaus wird gerade renoviert. Wundern sie sich nicht, wenn es heute Nacht raschelt oder ein wenig zieht“, entschuldigt sich Frau Manthey und lupft ein grünes, wandlanges Stück Folie, das den Blick auf einen mittelalterlichen Innenhof freigibt.

„Oh, offenes Wohnen“, entfährt es mir, worauf mir Inga in die Seite boxt.

„Das Fachwerk wird erneuert, aber der Lehm fehlt noch“, ergänzt sie kleinlaut.

Wie bestellt flattert ein Windhauch durch die Plastikwand und legt für einen kurzen Moment den Usedomer Himmel frei. Aber das schreckt mich nicht. Es ist Hochsommer, ich muss hier nicht alleine schlafen, es gibt Liegen und sogar eine Dusche. Außerdem bin ich so müde, dass ich auch in einer Fabrikhalle schlafen würde.

„Ach, das passt schon, vielen Dank“, liest Tanya meine Gedanken und drückt der bescheidenen Frau dankbar die Hand.

Inga und ich schieben unsere Liegen in die Mitte des Raumes. Tanya bezieht ihr Quartier neben der Tür und schiebt eine deckenhohe Leiter aus dem Weg, als ein Mann in Shorts und Jesuslatschen ins Zimmer gestakst kommt.

„Willkommen in Usedom, ich bin Pastor Schäfer“, sagt der hagere Mann, der mit Zopf und Nickelbrille, eher aussieht wie die Reinkarnation von Jesus.

„Nicht erschrecken, wenn es heute Nacht etwas knistert. Das sind keine Mäuse, sondern nur die die Folie in eurem Zimmer“, belustigt er sich und steigt unbeholfen die Treppe zur Pfarrerswohnung hinauf.

Frau Manthey legt uns Ohropax für die Nacht und das Gasthaus Natzke für die kulinarische Abendgestaltung ans Herz. Offenbar steht es uns auf den schweißbedeckten Stirnen geschrieben, dass jede von uns imstande ist, ein Schwein zu verdrücken und selbiges in drei Fässern Pils zu baden.

„Sie finden es ganz leicht. Es ist direkt am Europaplatz“, erklärt die kluge Frau.

Europaplatz, welch stolzer Name: Paris, Mailand, Brüssel, Rom und Usedom. Aber das Beste daran ist, Bratwurst, Bier und Bratkartoffeln warten nur einen Steinwurf entfernt.

„Den mach` ich jetzt nicht an“, antwortet die dickliche Kellnerin auf meine Bitte, den Heizpilz in Betrieb zu nehmen. „Ist doch noch warm draußen“, rechtfertigt sie sich.

Das nenne ich mal norddeutsche Gastlichkeit – oft kopiert, nie erreicht.

Trotzig ziehe ich den Reißverschluss meiner Softshelljacke hoch bis zum Kinn.

„Gibt nüscht Großes, ist teuer genug“, sächselt die Mutter einer dreiköpfigen Familie am Tisch nebenan.

Der picklige Filius zeigt indes nur wenig Verständnis für die klamme Haushaltslage und zieht einen Flunsch.

„Och Muddi", mault er.

„Nüscht is!"

Urlaub in Europa ist schön. Doch was geht mich fremdes Elend an. Ich habe genug eigene Probleme – und zwar in Form von abgestorbenen Füßen und Frostbeulen vom Scheitel bis zur Sohle. Da kann ich nicht auch noch Mitleid für ein verzogenes Balg aufbringen.

„Die Rechnung bitte", rufe ich entschieden.

Wenn es am schönsten ist, soll man bekanntlich gehen. Zurück in der Herberge geht es nur noch um Schadensbegrenzung – in Pilgerkreisen auch Fußpflege genannt.

„Besteht Hirschtalg eigentlich aus dem, was der Name sagt?", frage ich bange.

Eine Morphemanalyse des Wortes würde Schreckliches ergeben, nämlich, dass die Zaubertinktur aus dem Endprodukt abgekochter Hirsche bestünde, oder vielmehr aus dem Talg derselben. Schwer vorstellbar, aber der beißende Geruch ließe die Vermutung durchaus zu. Um Licht ins Dunkel zu bringen, entreißt mir Tanya die Tube und verließt die Ingredienzen: „Aqua I Caprylic/Capric Triglyceride I Adeps Cervidae I Diisostearoyl Polyglyceryl – 3 Dimer Dilinoleate ..."

„Schon gut", würge ich sie ab.

Rücklings auf meiner Pritsche liegend, betrachte ich argwöhnisch den korpulenten Kronleuchter über mir und überschlage seine grobe Flugbahn vor dem Absturz, während sich eine Sprungfeder des Campingbettes sanft in meinen Rücken bohrt. Wieso liege ausgerechnet ich unter diesem Monstrum, von dem sechs diskokugelgroße Leuchten als stummes Mahnmale mutmaßlicher Zerstörung über meinem Kopfe hängen. Meine Berechnungen ergeben, dass sein Holzring zuerst meinen Brustkorb zertrümmern wird. Dass zwei Ärztinnen im selben Raume selig schlummern, beruhigt mich dabei wenig. Ein Moped knattert an der entblößten Hauswand vorbei. Laut allen Regeln des Feng Shui müsste es absolut unmöglich sein, an einem solchen Ort zu schlafen. Doch knapp zwanzig Kilometer Fußmarsch und die Pommersche Landesküche setzen sämtliche fernöstliche Lebensregeln außer Kraft. Ich drehe mich vom Lüster weg und schlafe ein.

Freitag, der 24. Juli: Menschliche Abgründe (Usedom - Pinnow, 18 km)

„Hilfe", wimmert es aus Tanyas Ecke.

Solange es nicht um Leib und Leben geht, bewege ich mich kein Stück, denke ich, registriere schlaftrunken die Sieben auf dem Handy und drehe mich noch einmal um.

„Also Leute, das ist kein Spaß hier", ächzt es nun schon vehementer.

„Sag` das doch gleich", stelle ich mich qualvoll auf die Hinterbeine und sehe die Bulgarin unter einem Haufen Sperrmüll zusammengekauert auf dem Boden liegen. Dieser putzige Anblick weckt mich schlagartig. Oder ist es die Windböe, welche durch die „Hauswand" flattert?

„Das ist aber auch ein Biest", hieve ich die sperrige Leiter in die Höhe.

„Davon müsste man ein Foto machen", amüsiert sich Inga.

Auch sie ist inzwischen sichtlich erheitert auf ihren kurzen Beinen und grinst verschlagen zu mir herüber.

„Wie ich sehe, hast du gut geschlafen, Tanya", lästert sie.

„Wer solche Freunde hat, braucht keine Feinde", versucht sich die arg Gebeutelte die hoffnungslos der Schwerkraft preisgegebenen Pfarrhausmöbel vom Leibe zu halten.

„Herrlich", frohlockt Inga und rückt in aller Ruhe das Regal zurecht, das eben noch auf Tanya ruhte.

Sichtlich angeschlagen schlurft die Arme ins Bad, und ich zücke mein Tagebuch, um den Vorfall taufrisch für die Nachwelt fest zu halten. Wie sehr doch ein fremdes Missgeschick die Stimmung heben kann.

„Ganz prima, die Eine will ein Foto machen und die Andere schreibt darüber, na vielen Dank auch", kommt sie murrend aus der Dusche.

„Fast hätte mich ein Kronleuchter erschlagen", lenke ich vom Thema ab. „Ewig fand ich keinen Schlaf, weil ich grübelte, wo er mich wohl zuerst treffen würde", jammere ich.

„Erst hätte er deinen Brustkorb und dann deine Aorta zertrümmert", schätzt Inga die Sache medizinisch ein. „Oder hätte er erst die Aorta ...?"

„Ist ja schon gut, ist ja schon gut", unterbreche ich ihr perfides Gedankenspiel.

„Ach guck` nicht so bedröppelt, mich hätte fast ein Küchenschrank erwischt. Das ist auch nicht besser", wendet Inga ein.

„Hallo, ich bin hier das Opfer", hebt Tanya theatralisch die Arme zur Decke.

„Tschuldigung", erwidere ich kleinlaut und packe grinsend meine Sachen zusammen.

Dass das Pilgern den Menschen nun unbedingt besser macht, wage ich zu bezweifeln.

Wie verabredet öffnet uns Frau Manthey Punkt Acht die Kirchentüre zur Andacht. Schade, dass das Beichten hierzulande außer Mode ist. Gerne hätte ich das Erlebnis mit einem Geistlichen geteilt. Der Dackelblick eines Pfaffen, der unsere Schadenfreude milde lächelnd als kleine menschliche Schwäche abgetan hätte, wäre unbezahlbar gewesen. Tanya ist schon unterwegs zum Fleischer. Sie zieht jegliche Form der Nahrungsbeschaffung dem Gebet vor und kauft vermutlich just in diesem Moment, wo ich mein Signum unter meinen Gästebucheintrag setze, eine Wagenladung Aufschnitt. Mit kundigem Auge hatte sie bereits gestern die „Bäckerei Haß" als den Ort ausgemacht, der die Unterlage zur Wurst liefern würde. Während Inga noch im Gotteshaus verweilt, humpele ich zur Apotheke hinüber, um mich mit Mückenspray und Blasenpflastern einzudecken. Beide Hacken sind wund gescheuert, und aufgrund des morgendlichen Zwischenfalles hatte ich noch keine Gelegenheit, meinen Gesundheitszustand gebührend zu beklagen. Inga half mir mit zwei Exemplaren aus, nicht ohne ihre Wirkung in den höchsten Tönen zu preisen.

„Die offene Blase wird flüssig gehalten und bildet mit der Gelschicht des Pflasters eine gallertartige Einheit, bis sie nach drei Tagen wie von Zauberhand ganz von selbst abfällt", flötete sie. „Es wirkt vom Prinzip her wie ein Schwamm, der vollkommen eins wird mit der Haut", erklärte sie verklärten Blickes.

„So genau wollte ich es gar nicht wissen", würgte ich die Medizinerin ab.

Da macht es doch viel mehr Spaß, einer wehrlosen Pharmazeutin am Schalter einer Kleinstadt-Apotheke die Wunde in all ihren Facetten plastisch zu beschreiben.

„Na dann gute Besserung", wünscht diese, als sie die heilsbringenden Waren über den Tresen schiebt. Und ich kann ihr erleichtertes Seufzen hören, als ich endlich die Tür hinter mir zu schlage. Unterdessen hat Tanya mit Kaffee, Brötchen und Aufschnitt Stellung vor der Bäckerei bezogen und stippt milde lächelnd eine der Knackwürste in den Senf.

„Na, Traumabewältigung?", frage ich frech.

„Geht schon", erwidert sie cool.

Das Mobiliar der Backstube erzählt von Zeiten, in denen Fertigteig noch ein Schimpfwort war.

„So wie es hier riecht, könnte ich schwören, man backt hier noch selbst“, lobe ich, was die Zunge der Bäckersfrau augenblicklich lockert.

„Ganz recht, aber so etwas geht leider nur noch im Familienbetrieb“, antwortet sie geschmeichelt. „Lehrlinge findet man kaum. Niemand möchte mehr nachts arbeiten, und die großen Ketten sind eine starke Konkurrenz. Im Westen weiß man, dass selbst gebackenes Brot besser schmeckt. Bloß hier im Osten kapiert es keiner“, klagt sie.

„Nati, maximal fünf Minuten pro Passant. Wir wollen heute noch ankommen“, klopft es von draußen an die Scheibe.

„Ich habe nur das edle Bäckerhandwerk gelobt“, rechtfertige ich mich und winke Frau Haß ein letztes Mal wehmütig zu.

Nur drei Brötchen später sind wir wieder unterwegs, pilgern über saftige Wiesen am Peenestrom entlang.

„Glückliche Grüße vom Weg“, tickert Tanya zu Jagoda in die Mazowiecka hinüber. Ein Smiley kommt zurück. Ich hingegen bin ja sowas von Neunziger, nutze mein Handy nur noch als Kamera mit Weckfunktion und tue nichts weiter als zu gehen und zu atmen. Ein und aus, ein und aus, puste ich den Ramsch aus meinem Kopf. So leise war es Jahre nicht in mir. Nichts kümmert und nichts drückt. Nur die Beine sind unsagbar schwer. Die Mädels laufen weit voraus. Erst an der Mönchower Kirche hole ich sie ein und sehe sie über der Karte brüten. Das Festland ist noch weit.

„Geht schon mal vor. Wir treffen uns an der Brücke“, gähne ich.

Es ist kaum Elf, und ich bin so erschöpft, dass ich nur noch schlafen will.

„Findest du den Weg denn allein?“, sorgt sich Inga, weil sie weiß, dass ich den Orientierungssinn einer Küchenschabe habe.

Obwohl ich mir nicht sicher bin, nicke ich entschieden. Regungslos liege ich auf der Kirchenbank, und die sorgenvollen Gedanken kehren zurück. Schaffe ich es auch allein? Oder bin ich verloren ohne die Mädels? Über mir eine Baumkrone, mattblauer Himmel, Vögel, alles verschwimmt, Schlummer setzt ein. Die Mücke, die ihren Stachel zielsicher neben dem Stich ihrer Kollegin platziert, bemerke ich noch. Getöse schreddert in die Stille. Ich schrecke auf. Ein Greis stützt sich auf einem Rasenmäher ab. Wie er die Grabpflege überleben will, ist mir ein Rätsel. Ich träume von einer Seebestattung, hieve stöhnend mein Mobilheim auf den Buckel und meinen Kadaver zurück auf die Landstraße. Unter den Alleebäumen zeichnen sich die gebeugten Silhouetten meiner Mitpilgerinnen ab. Oh selige norddeutsche Weite. Im Stechschritt schließe ich zu ihnen auf.

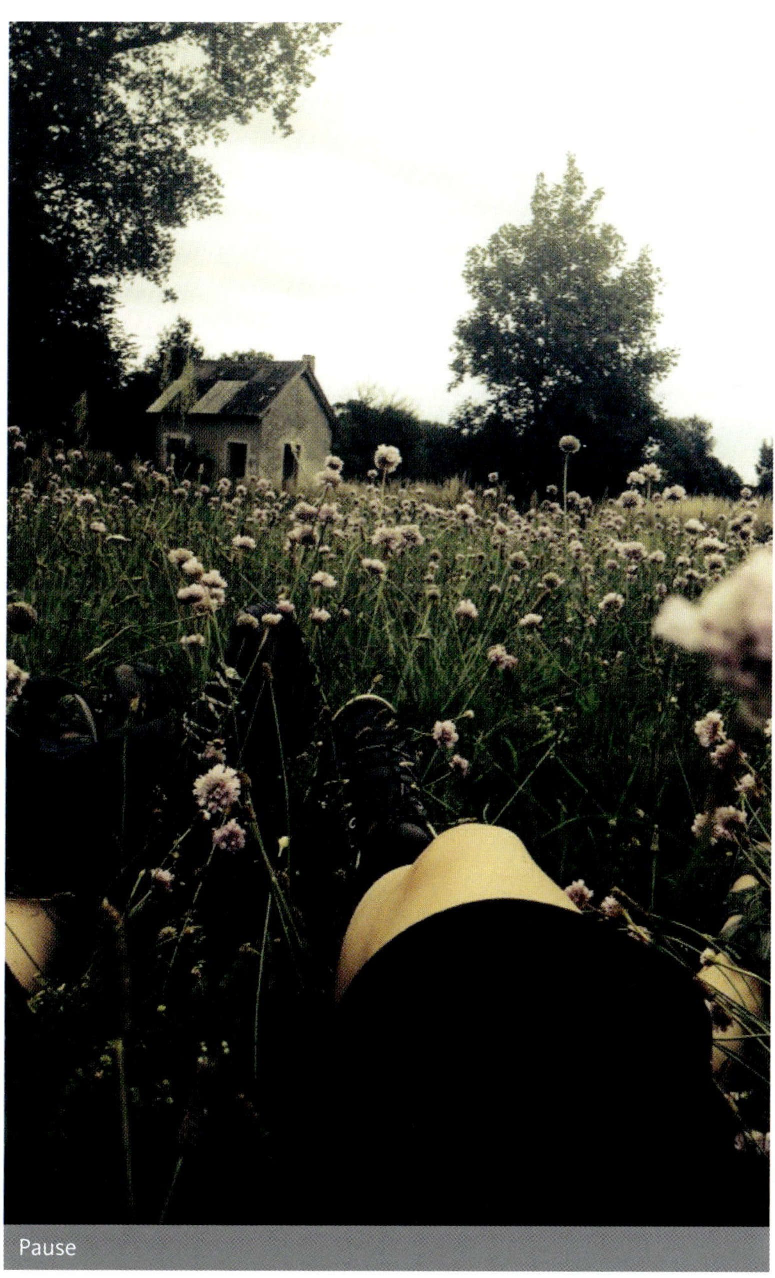

Pause

„Bist du getrampt?", fragt Tanya als ich ihr stolz von hinten auf den Rucksack tippe.

„Nein, ich bin so schnell", keuche ich.

„Aber nur, weil wir uns verlaufen haben", lästert Inga.

„An der Brücke gibt es ein Café", motiviere ich, weil mir die labende Wirkung der Gastronomie auf angeknackste Pilgerseelen durchaus bekannt ist.

„Na denn los", hüpft Inga über den Straßengraben und rennt querfeldein auf die azur strahlende Brücke zu, die von den Einheimischen „Das blaue Wunder" genannt wird. Tanya folgt entschlossen, selig, nicht mehr über Asphalt laufen zu müssen, und ich bin einfach nur froh, wieder bei meiner Herde zu sein. En passant wird ein Erbsenfeld geplündert, Tanya dokumentiert den Mundraub per Handy, und ich schreite, erstaunlich vital, erstmalig voran. Mit der seit Kindertagen bestens vertrauten Speisegaststätte „Peene-Idyll" als Ziel vor Augen klappt das wunderbar.

Tot aber zufrieden sinke ich in ein vergilbtes Gartenmöbel, starre auf den Fluss und bestelle drei Alsterwasser. Dann kommen die Mädels. Der Offroad-Abschnitt hat auch ihre letzten Kräfte gezogen. Das steht auf ihren schweißbedeckten Stirnen.

„Heute haben wir den ganzen Usedomer Winkel durchquert und nur noch acht Kilometer vor uns", erhebt Inga ihr Glas.

Dann ist Zeit für eine Siesta. Tanya und Inga legen sich auf die Wiese, und ich, weil am Kunststoffstuhl festgeklebt, bestelle noch zwei Alster.

Der Wind macht das Verlassen der Insel in doppelter Hinsicht schwer. Ich spanne meine Arme auf, lasse die wandartigen Böen an mir fetzen – das liebgewonnene Eiland im Rücken, unter mir die Peene, während die, wie üblich weit voraus laufenden Mädels, erneut ihre Nasen in die Karte stecken.

„Der steht sogar als Via Baltica in der Karte", zeigt Tanya triumphierend auf einen Trampelpfad mitten durch den Schilfgürtel der Peene.

„Sicher?", frage ich bange, denn Sumpfgewächse waren mir noch nie geheuer.

„Den nehmen wir", ignoriert Inga meine Bedenken und nimmt Kurs auf den giftgrünen Vietkong. Die Sonne knallt, weil Schilf nun mal keine Schatten wirft. Ich trotte missmutig hinterher, habe ein mieses Gefühl bei diesem „Weg" und lande vor einer Mauer aus Röhricht.

„Eine Sackgasse, so ein Mist!", flucht Tanya.

„Ich wusste, wir sind falsch", schimpfe ich.

„Heißt das, wir müssen den ganzen Weg zurück?", fragt Inga ohnmächtig.

„Jep“, mache ich auf dem Absatz kehrt.

„Warum hast du denn nichts gesagt?“, empört sich Tanya.

„Ich dachte, ihr beiden irrt euch nie“, antworte ich entgeistert.

Wir durchschreiten weitere Trampelpfade, doch alle enden sie im Schilf. Schilf, Schilf, Schilf, Schilf. Ich kann das Zeug nicht mehr sehen. Es ist überall.

Wo Röhricht, da auch Sumpf, schießt es mir durch den Kopf, und ich fühle Panik in mir hoch steigen. Wenn wir hier versinken, findet uns keine Sau. Dann verfaulen wir in dieser Einöde.

„Diese Wärme“, höre ich Inga klagen. „Da hätten wir auch gleich in Spanien pilgern können“, meckert sie.

Mit zunehmender Hitze verengt sich der Pfad. Angustia ist das lateinische Wort für Enge, und es ist fast schon witzig, dass Psychologen daraus den Begriff Angst ableiten. Noch witziger ist, dass man diese Enge hautnah erleben kann, wenn man inmitten eines gräsernen Korridors eingeklemmt ist.

„Wir müssen unbedingt dem Verlag schreiben, dass dieser Weg nicht die Via Baltica ist“, entrüstet sich Tanya. „So eine Frechheit!“, flucht sie.

Ich hingegen bin damit beschäftigt, diesen Tunnel aus dem Kopf zu kriegen.

„Seht nur, ein Pilgerpunkt“, entdecke ich einen gelben Farbklecks, der mir von einem Starkstrommast entgegen leuchtet.

„Das ist ein Gütesiegel vom TÜV Nord“, entgegnet Tanya trocken.

„Achso“, erwidere ich kleinlaut.

„Guck mal, da ist ein kleiner gelber Punkt. Das muss ein Pilgerweg sein“, ätzt Inga mit hämischer Stimme.

„Wo?“, frage ich verdutzt.

„Da“, zeigt sie auf ein gelbes Starkstromdreieck mit einem schwarzen Blitz in der Mitte.

„Ich kann zwar keinen Zylinder von einer Raute unterscheiden, aber einen Kreis kann ich sehr wohl erkennen“, erwidere ich trotzig.

Jetzt muss sogar Tanya lachen, obwohl sie die schlechteste Laune aller Zeiten hat, und dann sehen wir das „Blaue Wunder“ endlich wieder. Die Pommern-Meseta ist durchschritten – schön, haben wir das auch mal gesehen.

„Jetzt müssen wir an der blöden B 110 entlang“, murre ich, doch niemand antwortet.

Hier wird still gelitten. Nicht einmal über den echten gelben Pfeil am Straßenrand möchte sich jemand freuen. Blechlawinen donnern vorbei, die Sonne brennt im spanischen Bereich. Tanya lässt sich weit zurückfallen –wahrscheinlich, um

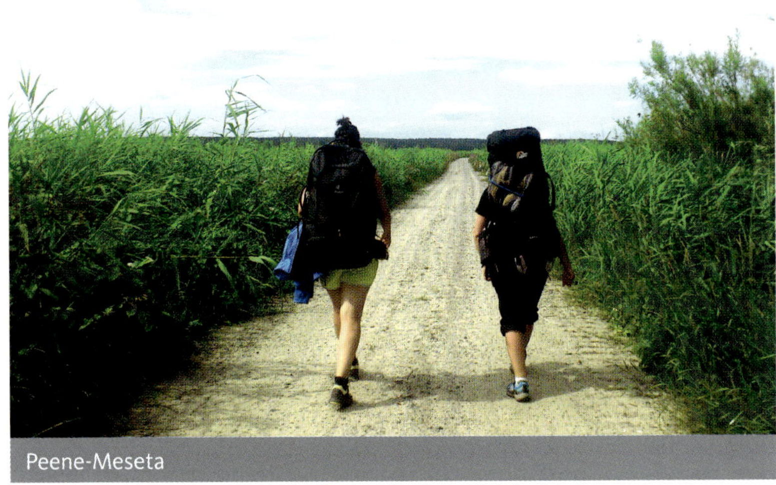

Peene-Meseta

uns vor ihrer schlechten Laune zu verschonen, während Inga und ich einen seltsamen Galgenhumor entwickeln.

„Weißt du noch, wie du unseren Pastor um eine Einsegnung gebeten hast und er dachte, wir wollen heiraten?", feixe ich.

„Hach ja, der Klassiker", lacht Inga.

„Und, gefallen dir die Flitterwochen?", frage ich.

„Galaktisch", schwärmt Inga.

Fast hätte uns Ingas freudscher Versprecher in den heiligen Stand der Ehe gebracht. Doch unser jugendlicher Pastor erklärte glücklicherweise die wahre Bedeutung des Wortes Einsegnung und hat es spitzbübisch lächelnd durch das Wort Pilgersegen ersetzt. Ich erinnere mich noch genau, wie er nach einer Chorprobe zu mir sagte: „Ach, lasst euch doch von mir den Pilgersegen geben, ganz egal, ob ihr getauft seid oder nicht. Dann ist in der Kirche endlich mal was los."

So wurden wir am letzten Sonntag vor der Abreise vorne am Altar mit dem 23. Psalm extra für diese Wallfahrt gesegnet: „Der Herr ist mein Hirte, mir wird nichts mangeln (...) Er führet mich auf rechter Straße um seines Namens willen (...)" Wahrscheinlich ist er genau für solche Momente gedacht.

Endlich am Waldrand erwarten wir Tanya, die mit einer desolaten Körpersprache daher geschlichen kommt.

„Hinter diesem Wald liegt Pinnow", motiviert Inga.

„Bist du dir da sicher?", keucht die Bulgarin.

„Ja, aber die Markierung ist vermoost, und es gibt drei Wege", gebe ich zu bedenken.

Mein Bauchgefühl sagt, der mittlere ist der Richtige, doch die beiden Superhirne überlegen erstaunlich lange, bis sie gleichzeitig ausrufen: „Mitte". Das nenne ich mal geballte weibliche Intuition. Obwohl ich den Schatten und den Duft des Waldes als reinste Wohltat empfinde und sein Boden gemeinhin als fußfreundlich gilt, bereitet mir jeder Schritt Schmerzen. Alles brennt: Zehen, Ballen, Sohle, Ferse, Rist und Spann ... Meine Füße scheinen für das Pilgern nicht geschaffen.

„Es ist so dunkel hier. Nicht einmal die Vögel singen", wimmert Tanya.

„Doch bestimmt singen sie, ganz leise, irgendwo", tröste ich.

Warum tue ich mir das eigentlich an, frage ich mich. Es macht absolut keinen Spaß und bereitet nur Schmerzen? Wenn es nicht bald besser wird, gebe ich auf.

„Pinnow voraus", ruft Inga in meine Bedenken hinein.

„Keine Sekunde zu früh", entgegne ich müde.

Ein fieser Duft von gebratenem Speck und der Blick auf das hell erleuchtete Gasthaus „Zur Linde", beweisen die absolute Wahrhaftigkeit des Pawlowschen Reflexes. Was mag es dort wohl geben? Rührei, Schnitzel, Sauerbraten?

Ein Kleinbus bremst.

„Können wir euch mitnehmen?", fragt eine Blondine vom Beifahrersitz.

Dreifaches Kopfschütteln.

„Wir sind fast am Ziel, aber trotzdem danke", antworte ich tapfer.

Sehnsüchtig winken wir hinterher, husten den Staub aus der Lunge. Wir müssen die letzten Meter selber laufen. Alles andere wäre Frevel. Inga tippt die Nummer unserer Herbergsmutter in ihr Smartphone. Schon vor Wochen hatte sie Kontakt mit Frau Schmidt aufgenommen, die uns im Namen ihrer Gemeinde freundlich empfängt. Sogar ein riesiges Via Baltica-Transparent prangt uns vom Kirchhof entgegen, und meine Schmerzen sind plötzlich wie weggeblasen. Ich empfinde Freude, Erleichterung, Dankbarkeit, Stolz und könnte heulen vor Glück.

Inga hängt ihre Wäsche zum Trocknen an die Hauswand, Tanya versorgt ihre Füße, und ich haue einen C-Dur-Akkord in die Tasten des Klaviers. Es ist so verstimmt, dass es bei diesem einen Akkord bleibt. Tanya hat vor, auf dem Tisch zu schlafen, Inga und ich breiten unsere Matratzen zu ihren Füßen aus.

„Na los, wir wollen in die Kneipe", drängele ich.

„Erst müssen wir die Öffnungszeiten am Kiosk checken", wendet Tanya ein.

Er öffnet um acht Uhr. Gottseidank, sonst müssten wir Pumpernickel und Ingas gesammelte Erbsen zum Frühstück essen.

Als wir die „Linde“ betreten, fühle ich die besoffenen Blicke lokaler Männlichkeit an uns kleben. Doch mit tausend Kalorien auf dem Teller stören sie mich nicht. Zufrieden erheben wir unsere Humpen, und der Pilgerfeierabend ist perfekt.

Zurück in der Herberge legt sich Tanya tatsächlich auf den Tisch. Inga und ich haben noch Energie für eine Kirchenbesichtigung. Sie zündet drei Kerzen an, schreitet zum Altar und beugt sich mit breit aufgestützten Armen über die aktuelle Predigt.

„Aber da ist ja alles vorgegeben“, entrüstet sich der sakrale Nachwuchs, kaum, dass er zwei Sätze gelesen hat.

„Ist doch wunderbar, dann hat man wenigstens keine Arbeit mit den Vorbereitungen“, lobe ich.

Ob die Kirche auch Seiteneinsteiger nimmt? Schließlich ist es nie verkehrt, über neue berufliche Möglichkeiten nachzudenken.

„Ach, das ist doch langweilig“, bemerkt Inga enttäuscht.

„Aber sieh mal, morgen ist der Tag des Sankt Jakobus“, tippe ich auf die entsprechende Textstelle. „Wir werden seine Hilfe brauchen“, seufze ich.

Zurück in der Herberge ist Tanya bereits eingeschlafen und sieht in ihrem „Hochbett“ wie eine Mumie im Schlafsack aus.

„Lieber Jakobus, morgen musst du es für uns richten. Sonst werden wir die nächste Etappe von fünfundzwanzig Kilometern nicht schaffen“, schreibe ich in mein Tagebuch, lächle und klappe es zufrieden zu. Das letzte Gefühl dieses Tages ist Dankbarkeit.

Samstag, der 25. Juli: Der Pilger im Roggen (Pinnow - Hohendorf, ca. 30 km)

Sieben Uhr. Weckerklingeln. Inga springt aus dem Bett.

Ich frage mich, wie sie es schafft, um diese unchristliche Zeit so widernatürlich wach zu sein. Trotzig drehe ich mich um. Tropfen perlen vom Fenster herab, Rosenbüsche schaukeln im Wind, der Himmel ist schwarz, Regen rauscht, fällt schnurgerade vom Himmel herab. Tanya liegt immer noch regungslos auf ihrem Tisch.

„Es regnet wohl ein bisschen“, murmelt sie im Halbschlaf.

Ob das geht, Pilgern im Regen?

„Wir lassen uns doch von dem bisschen Regen nicht einschüchtern“, beantwortet Inga meine nicht gestellte Frage. Doch Petrus` Antwort folgt auf dem Fuße: Heftiger Donner grollt, etwas zu laut für meinen Geschmack, mit passenden Blitzen.

„Mmmmhhh ... Schon ein bisschen unheimlich“, stutzt Inga. „Ich gebe zu, ich bin ein `Gewitterschisser`.“

„Na, wir werden ja sehen“, entgegne ich.

Um diese Uhrzeit kann ich nicht emphatischer sein. Tanya hingegen ist bestens gelaunt, schält sich galant aus ihrem Schlafsack und pfeift unverfroren ein Liedchen an. Ein weiterer Pilgertag beginnt. Schon kurz vor acht stehen wir vor einer Wasserlache, die den Eingang zum Imbiss direkt neben dem Gasthof versperrt.

„Wir haben doch Wanderschuhe. Die müssen wasserdicht sein“, überquert Inga als Erste die Pfütze.

„Stimmt auch wieder“, läuft Tanya hinterdrein.

Meine Boots sind trotz Vaters Zweikomponentenkleber deutlich über ihren Zenit, und ich weiß jetzt schon, dass ich nasse Füße bekommen werde. Gesenkten Hauptes durchschreite ich die Brühe und erkenne sofort das Kindheitsgefühl von klammen Socken auf erschrockener Haut wieder. Zusammen mit einem knurrenden Magen ergibt das unter dem Strich eher eine gedimmte Morgenlaune.

Doch der Blick auf das Frühstücksangebot (Rührei, Strammer Max und andere Variationen gesättigter Fettsäuren – Pommernfrühstück eben) hellt die Stimmung auf. Deftiges Essen ist ein probates Mittel gegen morgendliche Ressentiments und natürlich Bohnenkaffee.

„Dauert abä `n büschn“, knurrt die erstaunlich schlanke Dame hinter dem Tresen als sie unsere Bestellung aufnimmt.

Sofort atme ich auf. Denn, wenn ein Norddeutscher sagt, es dauert „`n büschn“, meint er, er sei zwar durchaus bereit den erhaltenen Auftrag zu bearbeiten, jedoch nicht in kleinbürgerlicher Hatz, sondern in seinem Tempo. Das heißt also, wir sitzen hier erst einmal eine Weile fest. Zufrieden fläze ich mich in die rustikale, durchaus gemütliche Sitzgruppe. Meine Wanderlust an diesem Morgen geht nämlich gegen Null, und in Tanyas Augen ist Ähnliches zu lesen.

Unser Essen kommt. Inga wird, im Gegensatz zu uns, die leichte Version eines Spiegeleis – ohne den Fettsee, in dem je drei triefende Schinkeninseln mit glänzenden Eidottern obendrauf schwimmen, kredenzt. Ein Salatblatt und die zwei kärglichen Tomatenstücke links daneben können diese kulinarische Sünde nicht vertuschen.

„Dreißig Punkte", schätze ich mit fachkundigem Blick auf den Teller.

Ein Grund, von jedem Weightwatchers-Treffen ausgeschlossen zu werden. Ich liebe es jetzt schon, obwohl ich weiß, dass es zwanzig Kilometer brauchen wird, bis der Körper diese Bombe verarbeitet haben wird. Aber egal, dafür pilgert man doch, um endlich mal zu essen, was man will. Meine beiden Begleiterinnen kennen meine Sorgen übrigens nicht. Inga ist hyperaktiv, hat vermutlich eine nicht erkannte ADHS, rennt sich in krankenhausüblichen Vierundzwanzig-Stunden-Schichten die Kilos vom Leib, und Tanya hat die Fettverbrennung eines Hochleistungssportlers. Mein Stoffwechsel hingegen befindet sich in perfekter Harmonie mit meinem Phlegma. Er ist zwar träge, aber ausgeglichen.

Nachdem der Hunger gestillt ist, gleitet der Blick in die Runde. An halbrunden Polstergarnituren sitzt ein gutes Dutzend beleibter Herren in khakifarbener Bekleidung, denen vermutlich die schlammfarbenen Jeeps jenseits der Wasserlache gehören – wie auch das Rudel stachelbehalsbandeter Deutschdrahthaarrüden, das unter den Tischen parkt. Zwei ebenfalls beleibte Damen, gepresst in lilafarbene Synthetikschürzen aus dem Asialaden, mit Clogs und Dauerwelle sind ihre Begleitung. Diese illustre Runde redet eine lautstarke Melange aus Nord- und Plattdeutscher Mundart, verwendet aber noch ein allgemeingültiges „weißt?" als ständigen Suffix. Vermutlich ein charmantes Lokalkolorit, weißt?

„N` elfer Kasten muss abä leer, weißt?", prosten sie sich zu.

„Abä da fehlt doch noch uns Jung, Dirk kommt noch von Gülle fahr`n, weißt", erwidert darauf ein nächster.

„Wenn de ma` Zeit hast, mach` noch `n Kaffee", ruft ein anderer zum Tresen rüber.

„Löppt", ruft es zurück.

Vermutlich hat einst Meister Brösel genau an einem solchen Regentag hier gefrühstückt und sich die Inspiration für seinen ersten „Werner-Film" geholt.

Auch wenn ich der pommerschen Seele noch stundenlang lauschen könnte, wird es Zeit: De Klock sächt 9.45 Uhr, draußen ist es trocken, nun gut, meine Socken sind es nicht, aber was soll`s? Wir sind gestärkt und fertig zum Aufbruch.

Über matschige Feldwege kehren wir der Zivilisation erstaunlich schnell den Rücken, waten schweigend aber harmonisch um die Pfützen herum. Über dem Land klebt eine neblige Suppe, Dampf steigt aus den Wiesen. Jedes einzelne

Wölkchen ist mir lieb und besonders die kühle Brise, die von Westen her über den Lassaner Winkel weht. Das Bündel auf meinen Schultern ist mit meinem Rücken verschmolzen. Nichts drückt, kein Riemen schneidet, und auch die schrundigen Füße schmerzen nicht mehr und sind endlich trocken.

„Der menschliche Körper ist ein Wunderwerk nicht wahr?", rufe ich in die Runde, aber niemand antwortet. „Wie schnell er sich doch regenerieren kann."

Tanya läuft zu weit voraus, um mich zu hören. Inga schweigt. Vermutlich ist ihr Körper heute kein Wunderwerk, und rücksichtsvoll wie ich nun einmal bin, schwärme ich nicht weiter.

Abrupt hält sie inne, steckt ihr hochrotes Köpfchen in die Karte und grübelt.

„Tanya, wir sind hier falsch", brüllt sie bockig zur Bulgarin hinüber.

Obwohl ich jeden Autoatlas dreißig Mal umdrehe, bis ich erkenne, wohin ich fahre, werfe ich jetzt einen Blick in die Wanderkarte – allein schon, um Inga zu beruhigen.

„Markierungen gibt es nicht, aber die Karte sagt, wir müssen nach rechts", blickt sie kritisch drein.

„Tanya, wir sind hier falsch", brülle jetzt auch ich.

„Nein, nein, wir sind richtig", dreht sich Tanya verwundert um und setzt ihren Marsch unverdrossen fort.

Murrend stampfen wir hinterher. Brauchte ich bisher nur tagträumend meinen beiden Blindenhunden zu folgen, sehe ich mich jetzt, da sich die Schaltzentrale uneins ist, gezwungen, selbst zu denken. Tanya wartet an einer Koppel, wo sie ein Pferd mit den alten Matschbananen füttert. Ich halte Abstand, denn seit meinem siebten Lebensjahr weiß ich, dass die Viecher Hufe haben, mit denen sie gerne mal ausschlagen.

Das Pentagon tagt, dann nehmen wir Tanyas Weg. Immer noch im Dissens, läuft es stumm nebeneinander her. Ich träume von gelben Pfeilen auf Feldsteinen und einer heißen Tasse Kaffee. Tanya prescht voraus, Inga und ich traben immer noch bedrückt hinterher.

Es wird Mittag, die Wolken verfliegen, die Sonne knallt, und schon ändern sich die kulinarischen Gelüste. Was eben noch ein Heißgetränk war, ist jetzt das kühle Alster, das ich lechzend in einer Gedankenblase vor mir her trage.

An einem Tümpel, welcher irrsinniger Weise den Namen Berliner See trägt, tauchen sie endlich wieder auf – die verloren geglaubten Via-Baltica-Pfeile.

„Sag` ich doch, wir sind richtig", frohlockt Tanya, stolz auf einen der Wegweiser zeigend.

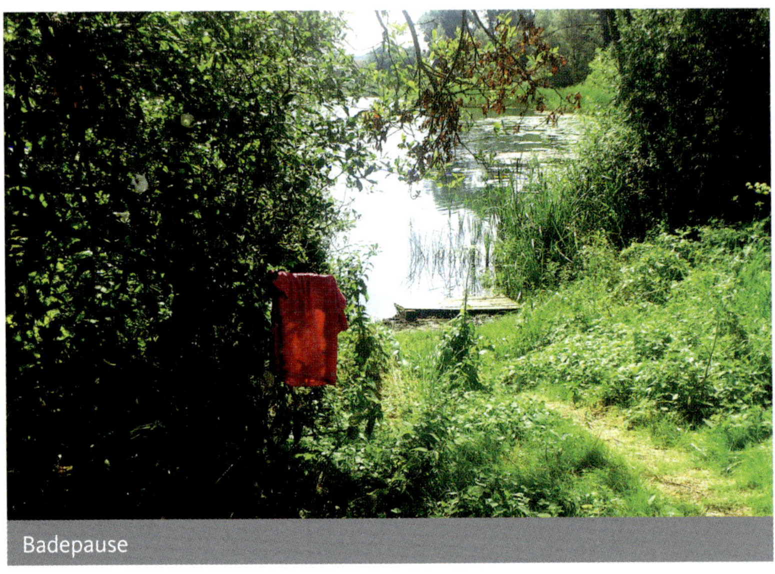

Badepause

„Krass“, entfährt es Inga, die es nicht gewöhnt ist, unrecht zu haben.

„Gott sei Dank“, entgegne ich.

Mein medizinischer Thinktank ist wieder versöhnt. Das muss mit einer Rast am Teich gefeiert werden. Doch ehe ich das vorschlagen kann, ist Inga schon längst entkleidet in die braune Brühe gehüpft.

„Kalt“, mault sie und hüpft ebenso schnell wieder heraus.

In diese mit Seerosen bespickte Plörre bekämen mich keine zehn Pferde hinein.

Tanya sitzt auf einem Stein, schaut rauchend in die Pommersche Weite und sieht mit ihrer grünen Hipster-Mütze und ihrer lässigen Sonnenbrille aus wie jemand, der wirklich unverschämt oft recht hat. Ich hocke mich auf den Stein nebenan und notiere „Etappe des Schweigens“ in meinem Tagebuch. Inga, die ihre Sachen dekorativ an einer Weide aufgehängt hat, sitzt auf dem Steg und trocknet in der Sonne. Bald werden wir Lassan erreichen, wo sich laut Gisela Johannßens Pilgerführer der „Duft und Tastgarten des Mirabell e. V.“ befinden soll. Dort möchten die beiden Damen unbedingt pausieren. Meine Euphorie hält sich diesbezüglich zwar in Grenzen, aber ich würde es nicht zugeben. Schließlich weiß ich, wie wichtig es ist, sich unterwegs auf etwas zu freuen – und wenn es bloß ein Kräutergarten ist.

Trotz Schweigen und navigatorischer Unsicherheiten war dieser Wegabschnitt der bisher schönste – gesund die Landschaft, urig und naturbelassen, kein Asphalt, überall Wiesen und Felder und reichlich Wildspuren im Sand.

„Ich ziehe schon mal los zum Tastgarten", sagt Tanya plötzlich.

„Was, aber warum denn?", entfährt es mir.

Doch der Energiebolzen hat ihr Bündel schon geschultert und ist bald hinter den Hügeln verschwunden.

„Ok, dann kommen wir eben nach", ruft die noch entblößte Inga verdrossen.

Sie hat genug zu tun, sich die Entengrütze vom Leib zu reiben. Ich hingegen war zu sehr in mein Tagebuch vertieft, um Tanyas innere Unruhe zu bemerken.

„Tanya, unser Balkanturbo", seufzt sie als sie die letzte Wandersocke vom Ast zieht.

Müde schlage ich mein Tagebuch zu und richte mich qualvoll auf. Wenn man sich erst einmal hingesetzt hat, ist man verloren. Wir setzen unseren Marsch fort und reden einsilbig, bis fehlende Hinweisschilder uns eine Konversation aufzwingen.

„Mist, das ist nicht der echte Pilgerweg", murmelt Inga verdrossen.

„Ich pfeiffe auf den Weg, Hauptsache wir kommen an. Wenn wir einfach die Landstraße weiter laufen, kommen wir doch auch nach Lassan", wettere ich.

Meine Wanderlust steckt nämlich immer noch im Mittagsloch. Widerwillig wählen wir den Weg über den Asphalt.

„Nee, guck mal, da drüben müssen wir doch hin", frohlockt sie und zeigt auf eine kleine Sträucher-Allee jenseits eines Rübenfeldes. Angewidert blicke ich nach links zu den Runkeln hinüber und weiß dabei, dass dieses bestimmt nicht der richtige Weg sein wird.

„Nicht durch die Rüben", interveniere ich.

„Ganz ruhig", beschwichtigt Inga.

„Aber ich hasse Rüben", bocke ich, und es fehlt nicht mehr viel, und ich schmeiße mich auf den Boden wie ein Kind, das im Supermarkt keine Schokobons bekommt.

„Guck mal da hinten ist schon der Lassaner Kirchturm", tröstet Inga.

„Der ist mindestens noch zehn Kilometer weit weg", lamentiere ich.

„Ach Quatsch, das sind maximal fünf, sonst könnte man ihn doch gar nicht sehen", korrigiert sie.

„Hast du `ne Ahnung, wie weit ein Mensch gucken kann?", schimpfe ich.

„Ach was, an der nächsten Hecke führt bestimmt ein Weg über das Feld, der uns direkt auf den Jakobsweg führt", behauptet Inga mit selbstsicherer Stimme.

„Wenn du meinst“, stöhne ich und schlurfe missmutig hinterher.

Sich in der Mittagshitze zu verirren, macht keinen Spaß.

„Siehste, hier geht es nach links weg“, verkündet Inga und biegt in einen saftig grünen Grasweg ein. Sanft geht es bergauf, die Sonne beißt, und der Schweiß läuft stromlinienförmig vom Rücken herab. Ich habe Durst, aber meine Wasserflasche ist schon leer, und dessen nicht genug, endet der Weg vor einem Meer aus Brennnesseln.

„Da können wir auf gar keinen Fall durch“, bocke ich.

„Dann gehen wir eben drumherum“, schlägt Inga langmütig vor.

Der kleine Wirbelwind ist viel zu fröhlich für meinen Geschmack. Es wäre leichter, wenn sie ebenso mies drauf wäre wie ich. Dann könnten wir uns gegenseitig herunter ziehen und gemeinsam fluchen. Nicht, dass die Hitze schon genug Strapazen verursachen würde, geht es für norddeutsche Verhältnisse jetzt auch noch steil bergan, auf matschigem Boden um die Brennnesseln herum. Missmutig entblöße ich meine mozzarellafarbenen Waden, indem ich den Reißverschluss meiner Hose seitlich aufziehe. So werde ich bei der Quälerei wenigstens braun, klügele ich aus. Inga hebt eine Augenbraue und grinst schelmisch. Wie rote Leuchtbojen erklimmen wir Hügel um Hügel, die Funktionsmode saftet im Schweiß, und wir finden keinen Camino, sondern nur ein Roggenfeld.

„Is nich wahr, oder?“, stöhne ich.

Motivierend erwidert Inga: „Schau mal, der Kirchturm ist schon näher gekommen und da vorne ist bestimmt der Weg.“

Ich glaube ihr kein Stück. Um mich herum wabert ein Ährenmeer mit einem mickrigen Baum in seiner Mitte – vom Jakobsweg keine Spur.

„Umkehren ist zwecklos“, seufze ich und suche die kleine Inga, die soeben im Getreide verschwindet.

Hier drinnen gibt es Wildschweine, schießt es mir durch den Kopf. Försterskinder, die seit dem Erwerb der Vorschulreife mit signalgelben Warnwesten jede Drückjagd als Treiber verschönern mussten, wissen das. Mit selbstgesammelten Stöcken und bruststimmgewaltigen „Ho-ho-ho-Rufen“ zogen wir durch Wiese, Wald und Moor, nur damit unsere Väter vom sicheren Hochsitz aus ihre Flinten betätigen konnten. Da ich, wie durch ein Wunder, diese frühkindlichen Szenarien überleben durfte, wird sich das Schicksal jetzt rächen und mir einen mordlustigen Keiler auf den Hals hetzen.

„Wo bleibst du denn?“, ruft Ingas ungeduldige Stimme aus dem Felde heraus.

Die hat gut lachen in ihrer grenzenlosen Ahnungslosigkeit.

Ich versuche, sie einzuholen, doch meine Hacken brennen wie Feuer, und die Hacheln des Roggens pieken an den Knöcheln. Dass ich nebenbei noch sohlentief im Matsch versinke und mich nur mit Mühe auf eine Traktorspur rette, ist dabei mein kleinstes Problem. Ich bin stehend k.o. Wäre dies hier ein Boxkampf, würde der Ringrichter jetzt anfangen zu zählen. Ich pfeffere den Rucksack zu Boden, breite mein Cape als Feldbett aus, krame nach dem Blasenpflaster, plumpse zu Boden und verstehe erstmalig die Bedeutung des Wortes „Feldlazarett".

„Ich weiß nicht, was du machst, aber ich brauche jetzt mal eine Auszeit", schnaufe ich mit hochrotem Kopf zur belustigten Inga hinüber.

„Ist gut, ich laufe schon mal voraus und suche den Weg", entgegnet sie ohne eine mikroskopische Regung menschlichen Mitgefühls.

Dampf steigt aus meinen Boots empor. Der Geruch von nassen Socken, Fußschweiß und Hirschtalg benebelt die Sinne. Vorsichtig ziehe ich das Blasenpflaster ab. Eine fingerlange Fleischwunde klafft am linken Hacken, und rechts sieht es auch nicht besser aus. Dann bricht der Lachanfall aus mir heraus, was ganz klar als Anzeichen frühen Wahnsinns gedeutet werden kann. Gefallen im Roggen, kurz vor Polen, wird auf meinem Grabstein stehen.

„Lass` mich zurück, ohne mich kannst du es schaffen", spiele ich Platoon, die letzten Todeszuckungen eines Soldaten imitierend.

Doch Inga zeigt sich immer noch unbeeindruckt. Sie hat auf der Intensivstation ganz andere Wunden gesehen, wenn nicht sogar Gliedmaßen amputiert. Pah, wer braucht schon Mitleid? Frische Pflaster auf die Wunden, die Socken ausgeschüttelt, den Lehm aus den Boots geklopft, Stiefel geschnürt, und weiter geht es. Ein Hoch auf den Erfinder des Blasenpflasters.

„Na siehste", klopft mir Inga beschwichtigend auf die Schulter.

„Ist doch ein schöner Pilgertag, und den Jakobsweg habe ich auch entdeckt."

„Ja, ganz toll, der schönste Tag meines Lebens", zische ich.

Immerhin laufen wir jetzt auf der richtigen Trekkerspur, direkt auf den Lassaner Kirchturm zu.

„Das verdammte Ding kommt einfach nicht näher", nörgele ich.

„Das ist nur eine optische Täuschung, in Wirklichkeit ist er ganz nah", belügt mich Inga wie Mütter ihre Kinder belügen, die ganz genau wissen, dass das Ziel noch weit ist. Solange sie lügt, quengele ich. Doch dann zeigen sich die lang ersehnten Muscheln wieder. Ganz unspektakulär kleben gleich zwei an einem Baum. Erst kommen ewig keine, dann plötzlich zwei auf einmal.

„Jetzt geht`s aufwärts", triumphiere ich, als wir endlich die Via Baltica betreten.

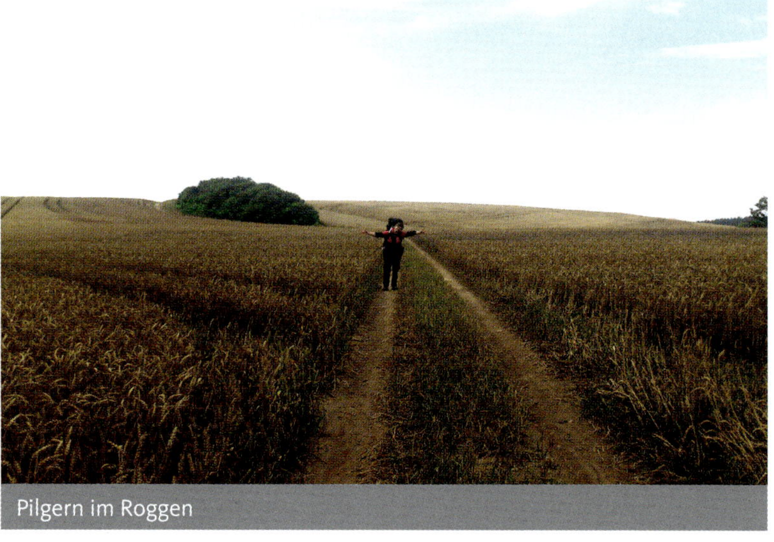

Pilgern im Roggen

„Wir sind Helden", klatscht mich Inga ab.

„High five!"

Wie Lego-Duplo-Figuren schrubben wir über die Hügel, bis wir verdreckt und nah dem Kreislaufkollaps das Ortschild von Lassan passieren. Mit erhobenem Mittelfinger begrüße ich die kleinste Stadt Vorpommerns.

„Tausendfünfhundert Einwohner und schon Stadtrecht, dass ich nicht lache", flapse ich, immer noch mit erhobenem Stinkefinger.

Ein Radfahrer quittiert die pubertäre Geste mit einem Kopfschütteln. Gehässig grinse ich zurück und stecke dem arglosen Mann meine Zunge heraus. Pilgern macht böse.

„Unmöglich sowas", schimpft er.

Ach, der hat doch keine Ahnung, was ich erlebt habe, denke ich. Wenigstens sind meine Unterschenkel jetzt nicht mehr weiß, sondern krebsrot vom Roggen-Kontakt. Ja, das sieht dämlich aus. Was musste ich auch in einem Anfall von Eitelkeit die Waden entblößen? Jetzt habe ich zum handelsüblichen Sonnenbrand noch eine hübsche Allergie dazu bekommen.

„Hier steppt aber auch der Bär", fasst Inga die ersten lokalen Impressionen sehr richtig zusammen.

„Leben am Limit“, entgegne ich trocken.

Es ist 14 Uhr, das Reklameschild des Cafés „Lassanerie“ schimmert verschwommen in der Hitze. Es ist das einzige am Platze und wir sind somit Kunden.

„Is` das eene Pilgermuschel?“, sächselt es vom Tresen herüber.

Ich bejahe und schiele sehnsüchtig auf die vier mit Kräuterwasser gefüllten Karaffen.

„Nehmt eusch“, sächselt es weiter.

„Das Wassor is` umsonst. Alles aus eigenem Anbau und vegan hier.“

Mit Argwohn überfliege ich die Karte. Kaffeegenuss wird schon mal schwer ohne Milch. Doch warum so engstirnig, ermahne ich mich und bestelle die erste Soja-Latte meines Lebens, dazu einen quietschegrünen Blattsalat und ein Stück Gemüsepizza, und fertig ist das vegane Wunder. Mit letzter Kraft wuchten wir ein paar Gartenmöbel in den Schatten, fallen matt hinein, ziehen die Schuhe von den Füßen, rümpfen kurz die Nasen und legen die Beine hoch.

Die Wirtin, die sich als Sonja vorstellte, ist äußerst redselig und erklärt, dass viele Wege von den Landmaschinen umgepflügt wurden.

„Keen Wunder, dass ihr eusch verlofen habt“, tröstet die freundliche Gastronomin.

„Na da sind wir ja beruhigt“, entgegnet Inga, während ich forschend am Soja-Milchschaum schnüffele.

Ich nehme einen Schluck, und sofort wird mir klar: Das ist nicht nur der erste, sondern auch der letzte Soja-Latte meines Lebens – widerliche Plörre!

„Sollen wir einen Suchtrupp nach Tanya schicken?“, frage ich, als ich das Latteglas weit von mir schiebe.

„Um Tanya mache ich mir keine Sorgen“, beschwichtigt Inga. „Wahrscheinlich chillt sie längst in ihrem geliebten Tastgarten.“

Im Gegensatz zu mir kann die clevere Bulgarin nämlich Karten lesen ohne sie ständig drehen zu müssen und verfügt nicht nur über einen schnellen Schritt, sondern auch über einen ausgezeichneten Orientierungssinn.

„Noch vierzehn ein halb Kilometer bis Hohendorf! Ruf mal Pastor Brendel an, gewählt ist schon“, drückt mir Inga plötzlich ihr Handy in die Hand.

„Die Pilgerherberge ist voll, aber Sie können in der Scheune schlafen“, brummt ein Bariton am anderen Ende der Leitung.

„Zu großzügig, vielen Dank“, lüge ich und hoffe mal, dass keiner von uns allergisch auf Gräser reagiert.

„Eine Dusche haben wir nicht, aber Sie können ja in den See springen", beantwortet er die Frage nach den sanitären Möglichkeiten.

„Ok, danke, ciao", würge ich den Geistlichen ab.

Von Natur pur möchte ich im Moment nichts hören. Ich träume von einem Wellnesshotel, dessen Whirlpool ich nie wieder verlassen werde.

„Eines noch: Bei aller Gottesliebe, pilgern Sie nicht bei Gewitter", mahnt Pastor Brendel mit sonorer Stimme. „Bei Unwetter suchen Sie sich sofort eine Pension vor Ort und melden sich nochmal bei mir", bittet er.

„Alles klar. Danke", klick. „Bei aller Gottesliebe", äffe ich den Pfaffen nach.

Schon setzen wir unsere gepeinigten Kadaver erneut in Bewegung. Gerade einmal die Hälfte des Weges ist geschafft, und der Leib ist müde wie nach einem Iron Man (nicht, dass ich jemals an einem teilgenommen hätte). Träge kriechen wir über den Marktplatz und werden an der Kirche von einer Grauhaarigen gestoppt, die just aus ihrem Sitzmöbel hüpfte, als sie uns erblickte.

„Wollt ihr keinen Pilgerstempel?", pfeift sie durch ihre Zahnlücke.

Inga und ich wechseln einen kurzen Blick und nicken. Wer weiß, ob wir Hohendorf jemals erreichen werden.

„Danke, nett von Ihnen", stammele ich und krame Steffi Peters Pilgerpass aus meinem Hosenbein.

Die alte Dame stempelt falsch herum, so dass das riesenhafte Via-Baltica-Kruzifix aus Lassan zum Symbol des Satans mutiert. Ich hoffe inständig, sie ist nicht der Teufel persönlich ...

„Guck mal, Steffis Pilgerpass, entsetzlich, nicht wahr?", lästere ich, als wir die Stadt hinter uns gelassen haben.

„Wirklich ein sehr hässlicher Pilgerstempel", pflichtet Inga bei.

Das teuflische Mütterchen hatte uns eine Abkürzung über das Dorf Bauer empfohlen. Aber der Ort will einfach nicht auftauchen. Wahrscheinlich ist er eine Außenstelle der Hölle – ein Ort, wo Pilger im Feuertopf geschmort werden.

Dank unserer Ortsunkenntnis aber wandern wir völlig unbescholten durch die Rückseite des Lassaner Winkels mit seinen saftig grünen Wiesen und den knorrigen Bäumen ohne in Luzifers Fänge zu geraten.

Unverschämt ausgeruht fläzt Tanya auf einer Holztreppe vor dem Café des Tastgartens und erwartet uns bereits.

„Da seid ihr ja endlich", ruft sie uns mit breitestem Grinsen entgegen. „Ich hab` mich schon gelangweilt", flötet sie.

Ich könnte sie erwürgen. Während wir ein pilgertechnisches Waterloo erlitten, trank die Dame Kräutertee.

„Jetzt müssen wir aber los", mahnt Tanya und springt auf wie ein junges Reh. „Hohendorf ist noch weit."

„Na klar, auf geht`s, kein Problem", zischt Inga zynisch.

Eher fräße sie einen Besen als sich vor Tanya die Blöße zu geben. Ich verspüre diesen Stolz jedoch nicht und würde lieber zusammenbrechen und laut losheulen, statt auch nur einen Schritt zu gehen. Meine Fußsohlen sind heiße Herdplatten.

„Nati, wo bleibst du denn?", ruft Tanya.

„Ich komme ja schon", murre ich.

Warum musste ich nur mit zwei Extremsportlern pilgern? Ultreia: Vorwärts, immer weiter, heißt dieser Ausruf auf dem spanischen Camino, und die Damen nehmen es wörtlich. Wäre ich allein, hätte ich längst ein Taxi bestellt.

An einer Kirche stören wir eine Frau bei der Grabpflege.

„Noch sechs Kilometer bis Hohendorf", versetzt diese meiner Pilgermoral den finalen Todesstoß.

„Ich weiß nicht, was ihr macht, aber ich gehe keinen Schritt weiter", fluche ich und setze mich auf die Bank einer Bushaltestelle, ziehe meine Boots aus und wechsele erneut das Blasenpflaster. Ein See aus Eiter schwappt mir entgegen.

„Lasst mich zurück, ohne mich könnt ihr es noch schaffen", spiele ich erneut das Platoon-Spiel. Wieder lacht niemand.

„Komm` schon. Nur noch sechs Kilometer", ermutigt Tanya.

„Nix da, ich bleibe genau hier sitzen", antworte ich entschlossen und verschränke die Arme als Bastion kindlichen Trotzes.

„Dann nimm wenigstens mein Wasser und die Karte", schlägt Inga vor. „Tanya und ich teilen unser Wasser".

„Danke und buen camino", winke ich den beiden Sportskanonen hinterher.

Dann sinke ich rücklings auf die Bank und atme tief durch. Meinem Körper ist es egal, ob er mitten an einer Hauptverkehrsstraße verwest. Der Leib will liegen und augenblicklich sterben. Er hat das letzte Wort. Das ist es also, dieses allen Menschen bevorstehende Gefühl, wenn man nicht mehr so kann wie man will.

Ich wische mir ein paar Tränen aus den Augen und krame nach meinem Mobiltelefon. Wozu gibt es denn schließlich Taxis. Aber der Akku ist leer. Das war`s dann wohl. Ein Unwetter zieht auf. Ich muss weiterlaufen, irgendwie und erinnere mich an das zweite Telefonat mit Pastor Brendel, um mich zum Gehen zu motivieren.

„Ich kann Ihnen Positives vermelden. Ich habe ein richtiges Quartier für Sie, bei Frau Plath auf dem Pfarrhof. Unwetter ist angesagt, und da sind Sie in der Scheune nicht sicher. Alles Gute für Sie auf Ihrem Weg", tröstete er.

Diese Verkündung des Pfaffen hatte mich die letzten Kilometer aufrechterhalten, doch jetzt hilft auch sie nicht mehr. Vielleicht kann ich ja trampen, denke ich, als mich ein Sohlenkrampf zurück in die Gegenwart holt. Ich blicke mich um, doch kein Auto weit und breit. „Hohendorf 3,6 Kilometer", steht auf einem Feldstein mit einem fetten gelben Klecks als Wegmarkierung. Gleichgültig lasse ich mein Gesäß auf selbigem nieder und trinke den letzten Schluck Wasser. Inga hatte es ja gesagt: Ein halber Liter ist zu wenig für einen dreißig Kilometer-Marsch. Wer nicht hören will, muss fühlen. Sollte ich dieses hier überleben, werde ich mir eine größere Wasserflasche kaufen.

Weiter, immer weiter, wiederhole ich mein inneres Mantra, meine Füße haben es bereits verinnerlicht. Obwohl sie längst nur noch Schmerz fühlen können, laufen sie auf Autopilot. Von Pilgern kann man allerdings an dieser Stelle nicht mehr sprechen – vielmehr von krauchen. Es dauert nicht mehr lange, und ich krieche auf allen Vieren über die Via Baltica mit Blick auf den Wolgaster Bodden. Obwohl ich mir nicht mal mehr sicher bin, ob dieser Trampelpfad hier überhaupt ein Pilgerweg ist. Irgendwo jenseits dieser Einöde muss Hohendorf sein, tröste ich mich, während mich eine seltsame innere Ruhe überkommt. Ist das der berüchtigte Pilgrims-Flow (nicht zu verwechseln mit dem „Runners-High") oder ein letztes Aufbäumen vor dem Zusammenbruch? In einer Gedankenblase wabert eine Maß Bier, was ich als weiteres Zeichen des Verfalls deute. Dann erscheint ein Wasserbett.

Ein Traktor der „Peeneland GmbH" verstreut seine Gülle. Sein Fahrer lächelt mir zu. Ich würde sofort mit ihm schlafen, wenn er mich nur mitnähme. Er hält nicht. Ich sage ja, diese Funktionalmode ist kontraproduktiv!

Hinter dem tausendsten Hügel blinzelt ein Kirchturm hervor. Hohendorf, endlich.

Wenn es im Norden schon mal Berge gibt, dann kommen sie immer zur denkbar unpassendsten Zeit. Ein Stechen in der linken Flanke durchzieht den Leib. Ich lege die Hand auf den Brandherd und verbrate meine letzten Kraftreserven beim Anstieg. Ich denke an den sterbenden Boten in der Schlacht von Marathon, der kurz nach dem Erreichen seines Zieles verstarb. Noch einen Schritt, und ich verende.

„Da bist du ja", jubelt es mir entgegen.

Ich hebe meinen Blick, und vor mir steht ein dreiköpfiges Begrüßungskomitee. Neben den Sportskanonen steht eine wettergegerbte Dame mit schneeweißen Haaren, die sich freundlich als Gerhild Plath vorstellt.

„Herzlich willkommen, du müde Pilgerin", begrüßt mich die sympathische Dame von schätzungsweise sechzig Jahren und öffnet die Tür zu einem leuchtend blauen Holzhaus. Der Tisch ist schon gedeckt. Zwei Stunden hat man mit dem Essen auf mich gewartet. Diese Charakterstärke hätte ich nicht aufbringen können. Hastig schaufele ich die dampfende Pasta in mich hinein, als wäre es eine Henkersmahlzeit, nippe am Pfefferminztee und wünschte, es wäre ein Bier.

Wir bestaunen das urgemütliche Blockbohlenhaus im finnischen Stil, das, nach ihren Wünschen erbaut, auf kleinstem Raum all ihre Wohnträume wahr werden lässt. Sogar das Bad ist aus Holz, und durch die fehlenden Decken hat man das Gefühl, man stünde unter einer hölzernen Kuppel.

Die ehemalige Krankenschwester, die einfach so drei wildfremde Menschen bei sich aufgenommen hat, spricht weise Worte.

„Wie wenige Gegenstände man braucht, merkt man beim Pilgern. Wie wenig Nahrung man braucht, merkt man beim Fasten", sagt die ältere Dame als sie vom intensivsten Geschmackserlebnis ihres Lebens berichtet – dem Moment als sie nach einer Woche Fastenkur zum ersten Mal in einen Apfel biss. Während sie spricht, leuchten die Augen der warmherzigen Rentnerin, und besonders hell werden sie beim Thema Dankbarkeit. „Wie froh man über ein Bett und eine Mahlzeit ist, nicht wahr?"

„... und über blasenfreie Füße", werfe ich ein.

„Blasen vermeidet ihr, wenn ihr aufhört eure Socken zu waschen", rät Gerhild.

„Aber das stinkt doch", erwidere ich.

„Irgendwann riecht man es nicht mehr", lacht sie, „außerdem sind Blasen viel schlimmer als ein bisschen Fußschweiß".

Wir rümpfen die Nasen und verständigen uns mit kurzen Blicken, dass wir dieser Empfehlung wohl nicht folgen werden.

„Auf Wanderschaft braucht man nur die essenziellen Dinge. Was man nicht auf dem Rücken trägt, wird plötzlich unwichtig", schließe ich das Fußthema ab.

Da diese Lektion nun gelernt ist, könnte Steffi Peters die Sache doch gleich morgen schon beenden und sich endlich ihrer Hängematte zuwenden. Doch hinfort mit dem teuflischen Gedanken.

„Wenn ihr noch etwas Einschlaflektüre braucht, lege ich euch den Bildband ‚Auf den Spuren vom Jakobsweg in Mecklenburg-Vorpommern` ans Herz“, verabschiedet sich die Gastgeberin zur Nacht.

Tanya und Inga sind zu müde zum Lesen. Also bleibe ich allein am großen Tisch zurück, öffne mein Tagebuch und versuche die intensiven Erlebnisse des Tages in Worte zu fassen. Mein Körper leidet. Das ist gewiss. Doch meine Seele ist sonderbar glücklich. Lange bin ich nicht mehr so zufrieden gewesen wie an diesem Abend. Vielleicht liegt das aber auch daran, dass ich nichts mehr spüre oder der Pilgersegen unseres Pastors endlich wirkt. Gedankenverloren öffne ich die Tür zum Gästezimmer. Doch diese führt nicht zum heiß ersehnten Bett, sondern direkt in Frau Plaths Schlafzimmer hinein.

„Um Gottes Willen“, rufe ich, peinlich berührt vom Anblick der reiferen Dame im Nachthemd. Diese guckt schläfrig über die Ränder ihrer schiefen Brille aus ihrem Schmöker hervor. „Ist nicht so schlimm. Das passiert öfter. Gute Nacht“, beruhigt sie, während ich mich frage, wie ein Mensch derartig entspannt und sanftmütig sein kann.

Ein wenig verstört öffne ich die Nachbartür und höre die beiden lachen.

„Ach Nati, was machst du denn schon wieder für Sachen?“, amüsiert sich Tanya, die sich die einzige freie Matratze geschnappt hat und frech aus ihrem Schlafsack guckt. Auch Inga, die sich wie ein Igel auf der Couch zusammengerollt hat, biegt sich vor Lachen.

„Kann doch jedem mal passieren“, rechtfertige ich mich und lege mich auf so ein aufblasbares Gästebett, bei welchem die Luft über Nacht ganz gewiss entweichen wird.

Wer zu spät kommt, den bestraft das Leben, sprach der Mann mit der Landkarte auf der Glatze, und er hatte recht – dieses Modell ist eine Strafe. Jetzt kann ich eine ganze Nacht lang der Luft beim Entweichen lauschen und meine „Nicht-Auf-Der-Schlafseite-Liegen-Kompetenz“ trainieren.

Der Sonnenbrand auf beiden Oberarmen und das Schaukeln des luftarmen Bettes kommen erschwerend hinzu. Als ich im Morgengrauen endlich auf dem Dielenboden anlande, klingelt der Wecker.

Sonntag, der 26. Juli: Sakrale Versuchung (Hohendorf - Kemnitz, 22 km)

Ich entsteige der luftleeren Mulde, die einst ein Bett gewesen war und strecke meine Glieder. Das Zimmer ist leer. Wenn ich Glück habe, sind die beiden schon losgegangen, schießt es mir durch den Kopf. Oft sind sie mir einfach zu schnell, beziehungsweise wäre ich gerne langsamer unterwegs.

„Naaaaati, Frühstück", höre ich Tanyas dunkle Stimme aus der Küche rufen und bekomme sofort ein schlechtes Gewissen.

Schließlich trägt niemand die Schuld an meiner anbrechenden Adipositas, außer ich selbst und vielleicht noch das Glutamat E 621.

„Man muss nur lange genug frühstücken, und das Wetter wird so, wie man es braucht", flötet Gerhild und platziert einen Teller Pfirsiche auf dem Tisch.

Wie es aussieht, ist es heute mal auf meiner Seite, vereitelt es doch sämtliche Frischluftaktivitäten – neumodische Trendsportarten wie Kitesurfen zum Beispiel oder ganz biedere wie etwa Nordic Walking oder bestenfalls stumpfsinnige Schlager-Festivitäten, während derer es schon Vormittags: „Ich bin der Anton aus Tirol" aus dem Bierzelt grölt. Doch vor allem aber verhindert es heute eines, das Pilgern, wie wunderbar! Und während wir so wunderschön prokrastinieren, bekommen wir sogar ein Quartier vermittelt, ohne vom Tische aufzustehen. Ein Anruf beim Pastor im zwanzig Kilometer entfernten Kemnitz genügt, und unser heutiger Schlafplatz ist gesichert. Na bitte, es geht doch.

Gerhild brüht Kaffee Nummer drei und plaudert aus ihrem Berufsleben. Da die Damen allesamt medizinisch unterwegs sind, verstehe ich zwar nur Bahnhof, lächle aber gleichmütig in mich hinein, weil mein Körper diese Pause liebt.

„Menschen sterben so wie sie gelebt haben", berichtet Gerhild von ihrem Ehrenamt im Hospiz. „Ich habe schon so manchen Sturkopf auf dem Sterbebett weinen sehen, aber es gibt auch die ganz Harten, die bis zum Schluss nicht aufmachen und ihre Sorgen mit ins Jenseits nehmen. Die schlafen dann mit verkniffenem Gesicht ein."

Als sie diese mir völlig neue Verbindung zwischen Lebensweise und Sterbeprozess herstellt, frage ich mich, ob ich wohl mit einem Lächeln von dieser Welt gehen werde und ob ich auch genug dafür tue. Bei Gerhild bin ich mir diesbezüglich ziemlich sicher, kann ich doch kein Fünkchen Angst oder Groll in ihrem Gesicht erkennen, sondern blicke in klare, gütige Augen, die sagen: Ich lebe ein rundum glückliches Leben.

„Und warum sind Sie so fasziniert vom Pilgern?“, lenkt Tanya das Gespräch zurück auf unser Lieblingsthema.

„Ganz einfach, weil man nicht denkt, sondern läuft“, antwortet die weise Frau.

„Dass es den Geist frei macht, habe ich auch schon festgestellt“, wirft Inga wissend ein.

„Wobei die Füße als deutlicher Verlierer aus der Sache heraus gehen“, beende ich ihren Satz, und jetzt lachen wir alle.

Was mich am Pilgern fesselt, kann ich noch gar nicht so genau sagen. Ich weiß nur, es tut gut, mit wenig Krempel unterwegs zu sein. Das Bisschen, was ich heute durch die Pampa trage, reicht mir vollkommen. Mehr Gegenstände brauche ich nicht. Mal sehen, wann ich beginne, etwas zu vermissen.

„Und ich habe schon zwei Kilo abgenommen“, jubelt Tanya.

„Du warst auf der Waage?“, frage ich, als handele es sich um ein mittelalterliches Folterinstrument.

„Ja natürlich, ich will doch wissen, wofür ich mich hier abrackere“, begründet Tanya ihre Heldentat.

„Auch wieder wahr“, lache ich.

„Dazu noch die gute Biokost, und wir werden schlank sein wie die Elfen“, fügt Inga augenzwinkert an.

„Möchtet ihr die Kirche besichtigen?“, beendet Gerhild das weibische Geschwätz.

„Gern“, antworten Inga und ich, während Tanya höflich schweigt.

„Gut, dann lernt ihr jetzt Pastor Brendel kennen.“

Seine Stimme erkenne ich sofort wieder. Es ist der sonore Bariton, der uns gestern per Telefon nach Hohendorf führte.

„Ah, da sind ja die drei Pilgerinnen“, begrüßt uns der stattliche Mann, der mit seiner dicken Hornbrille aussieht wie ein Professor für tote Sprachen.

„Na dann wollen wir mal“, beginnt er. „1095 von Zisterziensern erbaut, die ursprünglich aus Frankreich kamen, sind ihre Kirchen berühmt für die schlichten Kalkwände ganz ohne Bildnisse. Nur ein Kreuz prangt über dem Altar ...“

Ich schalte mal kurz ab. Das sind zu viele Informationen für meinen müden Geist. Mein noch müderer Leib klebt umgehend an der Kirchenbank fest. Tanya ist erst gar nicht mitgekommen. Sie sitzt draußen auf der Schwelle und raucht.

„Lasst uns singen“, beendet Gerhild meinen sakralen Sekundenschlaf.

„Ich schlage die Nummer 455 aus dem Gesangbuch vor“, sagt sie und trällert fröhlich zu einer Melodie, die verdächtig nach „Morning has broken“ klingt. Inga und ich singen die Mittelstimmen und Pastor Brendel den Bass. Ein für das ungeschulte Ohr wohlklingender a capella-Gesang entsteht, der mit einem beachtlichen Echo durch das Kirchenschiff wabert. Ich bekomme eine Gänsehaut, was aber auch daran liegen könnte, dass die Kirche kalt ist.

Wir schießen noch ein Abschiedsfoto mit Gerhild vor ihrem blauen Haus und stecken am frühen Mittag wieder in den Wanderschuhen. Wirklich ausgelüftet sind die zwar nicht, aber solange der Geruchsmix aus Schweiß und Hirschtalg nicht die Waden hochklettert, ist alles in Ordnung. Die alltägliche Fuß-Massage mit der gewöhnungsbedürftigen Creme ist längst zu unserem Morgenritual geworden, und keiner verzieht mehr das Gesicht, wenn die drei synchron geöffneten Tuben ihren höchst eigenwilligen Geruch verströmen.

Kurz hinter dem Ortsschild haben wir Inga an eine Herde Ziegen verloren, mit denen sie wortlose Kommunikation über den Maschendrahtzaun betreibt. Dabei schneidet sie Grimassen, die in Schönheit und Anmut kaum zu überbieten sind.

Vielleicht hat sie aber auch gerade ihr Krafttier entdeckt …

Tanya hat mal wieder einen schnellen Schritt heute, während ich eher so flott unterwegs bin wie eine Neunzigjährige kurz vor der Bandscheiben-OP. Im nächsten Dorf, Giesekenhagen, wartet sie netterweise am Ortsschild, entpackt Ger-

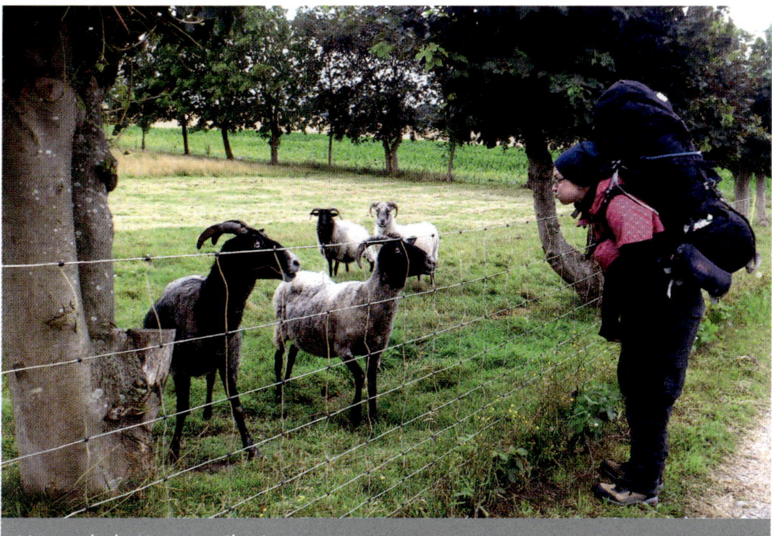

Nonverbale Kommunikation

hilds Käsebrötchen, begnügt sich aber mit einer Zigarette. Kein Wunder, dass sie so schlank ist, denke ich, schlauche eine und packe den Proviant wieder ein.

„Wenn ich genug Geld habe, gehe ich zurück nach Bulgarien und kaufe einen Bauernhof", sagt sie plötzlich ernst.

„Wie kommst du denn darauf?", frage ich verdutzt.

„Viele meiner Patienten sind mehr tot als lebendig, und ich darf sie nicht in Frieden sterben lassen. Da macht Bienen züchten mehr Sinn als die moderne Medizin", seufzt sie, und ihre Aussteigerfantasien sind mir bestens vertraut.

„Ach Tanya, Sinnlosigkeiten gibt es doch in jedem Beruf", tröste ich. „Und ich muss es wissen, ich bin Musiklehrerin."

„Danke Nati, dank dir weiß ich immer, dass es noch schlimmere Berufe gibt als meinen", belustigt sie sich.

„Wo ich helfen kann, da helfe ich", drücke ich schmunzelnd die Zigarette aus.

Auch wenn Tanya ihr Lächeln wieder gefunden hat, kann ich mir gut vorstellen, dass sie eines Tages ernst machen und tatsächlich ihren Beruf aufgeben wird. Wenn es soweit ist, werde ich sie auf ihrem Hof besuchen.

„Gisela schreibt, in Wrangelsburg gibt`s ein Schloss", gibt Inga das nächste Pausenziel vor, das jenseits eines überwucherten Sandweges auf unsere Entdeckung wartet.

„Erquicklich, würde Gisela jetzt sagen", zitiert sie, die den Schreibstil der Johannßen einfach wunderbar findet.

Seit fünf Tagen begleitet sie uns nun schon, und es ist fast so, als liefe sie direkt neben uns her. Dabei stelle ich mir die Reiseschriftstellerin als sehnige Siebzigjährige vor, die unentwegt „ultreia, ihr Weicheier" ruft.

Am See neben dem unspektakulären grauen Klotz, der ein Schloss sein will, breiten wir die Regenabdeckungen unserer „walking homes" aus, wie ich unsere Kraxen liebevoll nenne. Wir verteilen den Proviant darauf, ziehen die qualmenden Füße aus den Boots und atmen auf. Nicht nur dass sie brennen und bis ins Elefantöse anschwollen, hat sich nun auch noch eine juckende Flechte an beiden Knöcheln dazu gesellt. Pilgerallergie? Fragezeichen? Mein Körper scheint diese Art der Fortbewegung jedenfalls nach wie vor nicht zu akzeptieren.

„Guckt mal, in Hanshagen gibt es einen Gasthof", blickt Inga aus dem Reiseführer. „Da kehren wir ein."

Gisela, du bist eindeutig der Kopf der Sache, denke ich, während sich in meiner Hirnrinde eine flauschige Gedankenblase bildet, die nur eines zum Inhalt hat: Futter! Sämtliche Gerichte werden in allen geistigen Varianten neu zusammengestellt und mit einem kühlen Bier herunter gespült. Doch je später der Tag, desto schwerer der Schritt. In einem schier endlosen Kiefernwald mit gruselig knarrenden Bäumen kann ich erneut den Anschluss nicht halten.

„Komm` schon Nati, das Bier wartet", motiviert Tanya.

Doch ich will nicht motiviert werden.

„Lass` gut sein, wir sehen uns am Gasthof", brülle ich in die immer größer werdende Lücke hinein.

Nachmittags sind die Füße immer schwer. Das kenne ich schon, laufe ich eben langsamer, genieße den Duft des Nadelwaldes und denke schmunzelnd an Gerhilds Rat, die Socken nicht zu waschen. Ich könnte meine ja der Charité als Narkosemittel spenden, was die gesamte Anästhesie revolutionieren würde, weil man teures Propofol spart ...

„Na da bist du ja. Die Kneipe öffnet gleich", ruft Inga mir entgegen, und Punkt sechs beziehen wir Posten vor dem Wirtshaus. Aus Gründen der Pietät bleiben wir draußen, denn der Südpol muss mal wieder ausgelüftet und ein Hausverbot wegen Geruchsbelästigung unbedingt vermieden werden. Eine bräsige Gastronomin notiert unsere Bestellung und verschwindet auf unbestimmte Zeit. Inzwischen spielen wir unser Lieblingsspiel: „Was-ich-jetzt-alles-verputzen-könnte".

Beide haben nämlich unterwegs ganz ähnliche kulinarische Gelüste wie ich. Das ist tröstlich.

„Na denn man Buddä mang de Fische", schleppt die Fachkraft das Futter herbei.

Auf den Bratkartoffeln aalt sich ein tellergroßes Schnitzel, und der erste Schluck Bier schmeckt besser als der erste Kuss. Wäre dies hier mein letzter Atemzug, so klappte es mit dem seligen Lächeln auf der Totenmaske. Nach diesem Festmahl pilgern sich die letzten Wegkilometer fast wie von selbst.

Wir klingeln an der Tür, des postkartentauglichen Kemnitzer Pfarrhauses. Ein blonder Adonis stellt sich als Pastor der hiesigen Gemeinde vor, und wir gaffen den schönen Pfaffen unverhohlen an. Oder ist er etwa der Hauptdarsteller einer Lindström-Romanze? Groß, blond, stahlblaue Augen, Lausbubenlächeln – verstohlen schiele ich auf seinen Ehering. Solche Sahnestücke sind nur im Märchen Single.

„Bund kinderreicher Familien", lese ich an der Tür, die offenbar ins Reich der sakralen Versuchung führt.

Zum Beweis guckt ein zuckersüßer blonder Junge zur Tür heraus und ruft nach seinem Vater. Wäre ja auch zu schön, um wahr zu sein, wenn so ein Schnuckelchen noch zu haben wäre. Aber wir sind nicht hier, um Männer kennenzulernen,

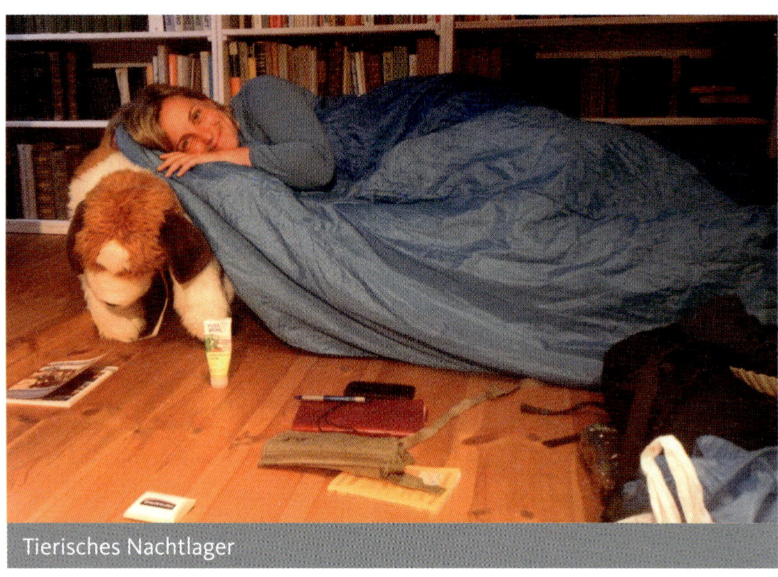

Tierisches Nachtlager

sondern um zu pilgern. Also Schluss jetzt mit dem albernen Gegaffe, ermahne ich mich, lobe artig die liebevoll sanierte Herberge und bedanke mich höflich für die Gastfreundschaft.

„Na das nenne ich mal ein Bad“, schwärmt Inga und verschwindet sofort unter der Dusche.

„Na das nenne ich mal einen hübschen Pastor“, schwärmt Tanya, als der Schönling die Tür hinter sich zuschlägt.

Verträumt blickt sie ihm hinterher. Dann beginnt der allabendliche Nestbau. Campingliegen werden ausgeklappt, die Spielecke nach potenziellen Kopfkissen durchsucht. Ich knautsche einen Plüschhund als Nackenrolle zusammen und kuschle mich in meinen Schlafsack. Es ist zwar erst kurz nach acht, doch heute bekommt mich hier niemand wieder heraus.

Auch Tanya hat es sich auf ihrer Pritsche gemütlich gemacht und vertieft sich in eine Zeitschrift. Nur Inga ist noch aktiv. Sie war in der Kirche und ist nun bestens informiert über das Kemnitzer Dorfleben.

„Stellt euch vor, ich habe den Bürgermeister getroffen. Er wusste schon, dass drei Pilgerinnen im Ort sind. Die Kellnerin aus der ‚Scheune‘ ist seine Frau“, plappert sie.

„Klein ist die Welt“, murmele ich, schalte auf Durchzug und streichle den Hund.

Montag, der 27. Juli: Der Rollstuhl des Grauens (Kemnitz - Greifswald, 11 km)

„Autsch", stöhnt es aus Tanyas Ecke.

„Ist dir etwa wieder eine Leiter auf den Kopf gefallen?", lacht Inga.

„Sehr witzig", antwortet die Bulgarin.

„Füße?", frage ich mit gespielter Anteilnahme.

„Nein, Körper", entgegnet sie trocken.

Mein Bodycheck fällt heute auch nicht besser aus. Eine Nacht auf der Campingpritsche genügte, um den Körper in ein Wrack zu verwandeln. Selbst die letzten Muskeln, welche sich gewiss irgendwo in meinem Körper befinden, schmerzen hoffnungslos verkürzt. Da hilft auch das beste Kopfkissen in Plüschhundform nichts. Wenigstens fällt das Aufstehen leicht, und die südlichen Gliedmaßen melden sich, dank Hirschtalgmassage, einsatzbereit für die nächste Etappe. Schmerzfrei pilgern kann ja jeder.

Mit sehnsüchtigen Blicken zum Fenster des schönen Pfaffen schlagen wir um dreiviertel Neun die Pfarrhaustüre zu.

„Jesus lebt", prangt in schwarzen Lettern vom weiß gekalkten Torbogen seiner Kirche.

„Jesus lebt, aber meine Füße sind tot", bemerkt Tanya lakonisch.

„Dann ruhet in Frieden", setzt Inga zu einer podologischen Bekreuzigung an.

„Nachdem das Religiöse nun geklärt ist: Können wir uns endlich mal um das Frühstück kümmern?", schnaufe ich und laufe ungewohnt zielstrebig auf den Dorfkonsum zu.

Jenseits der behindertengerechten Rampe, die zu einem dieser typischen DDR-Flachbauten hinauf führt, warten Brötchen und Kaffee. Das spüre ich.

„Guten Morgen die Pfadfinder", ruft uns ein Opi aus einem Krankenfahrstuhl entgegen.

Meine Urangst, eines Tages von so einem Ding überfahren zu werden, lässt mich instinktiv zusammenzucken, aber egal. Wir haben Wichtigeres zu tun als Smalltalk mit Gehbehinderten und passieren hastig das Tor zu einer neuen Dimension.

Am Tresen der vom Sanierungswahn der Neunzigerjahre vergessenen Zeitkapsel steht ein pommersches Original im übergroßen, veilchenblauen Karohemd und guckt uns hilflos durch seine Mitropa-Aschenbecher an. Hilfe, eine Bestellung, kann ich in seinen angstgeweiteten Pupillen lesen.

„Haben Sie Bauernfrühstück?", fragt Tanya ohne Rücksicht auf die Mitarbeitergesundheit des armen Mannes.

Sie ist vom Pinnower „Fettsee-Frühstück" verwöhnt und ahnt nicht, dass diese kulinarische Enklave nicht im Entfernesten pommersche Realitäten wiederspiegelt. Obwohl ich es besser wissen müsste, schweige ich. Ich möchte, boshaft wie ich nun mal morgens bin, sehen wie die Burnoutprävention des Alten aussieht.

„Wat, Bauernfrühstück? Neeeeeee! Dat is `n Mittach. Belegte Brötchen gübbt et", kontert er.

Touché, Burnout abgewehrt.

„Ok und ich nehme noch einen Cappuccino dazu", wirft Inga ungeduldig ein.

„Cappuccino?", fragt er mit wirrem Blick, und ich weiß genau, dass er uns spätestens jetzt mit der Kraft von tausend Sonnen hasst.

„Ham` wa nich`. Kaffee gübbt et", brummt er.

Dreifaches Kopfnicken. Willkommen in der Realität, grinse ich still in mich hinein und folge meinen beiden Großstadt-Gourmets in die Sitzecke vorsintflutlichen Designs. Das Original ist seither in der „Küche" verschwunden, und wir bleiben uns selbst überlassen. Doch Tanyas Stilblüte „Jesus lebt, aber meine Füße sind tot" sorgt für beste Unterhaltung. Wenn ihr Humor schon in der zweiten Fremdsprache so trocken ist, würde ich jetzt gerne Bulgarisch verstehen. Die Anwesenheit der beiden Sportskanonen ist der reinste Genuss, obwohl ich wegen ihres grausamen Laufpensums körperlich verfalle. Wäre ich allein unterwegs, wäre ich bestimmt noch auf Usedom oder hätte bereits ganz aufgegeben.

„Büdde", knallt der Veilchenblaue seine Ladung auf den Tisch und sinkt schnaufend auf seinen Stuhl.

„Moin", verlangt ein braungebrannter Weißhaariger nach Zigaretten. Der Tresen-Workaholic wickelt die Transaktion schnellstmöglich ab und setzt sich wieder – wobei ich mich frage, ob ich die serviceferne Attitüde der lokalen Dienstleister charmant oder lästig finden soll. Ein übermotivierter Lackaffe, der einem ständig mit „Kann ich Ihnen helfen-Fragen" in den Einkauf quatscht, kann auch lästig werden ...

„Sind die Pfadfinder noch da?", erkundigt sich eine Stimme aus dem Off, die mir verdächtig bekannt vorkommt. Sie gehört meinem Freund, dem Rollstuhlfahrer.

„Jo", rufe ich zurück.

Bedächtig rollt er auf uns zu, lächelt verwegen, zwinkert und rollt rückwärts wieder raus.

„War das jetzt schon Sex?“, flüstere ich in die Runde, und während ich mir zu diesem wirklich tollem Witz gratuliere, erschüttert ein dumpfes Grollen den Verkaufsraum. Casanova hat ein Regal gerammt, das nun bedrohlich hin und her wackelt. Wäre dies hier ein Wettbüro, würde ich zwanzig Mäuse auf abstürzende Tütensuppen setzen. Ich sagte ja, die Dinger sind gefährlich!

„Darf er damit fahren, wenn er trinkt?“, erkundigt sich Tanya vorsichtig.

Eine wirklich gute Frage, die ich nur zu gerne beantworten würde, doch Verkehrsteilnehmer mit Berechtigung zum Bedienen von Krankenfahrstühlen liegen außerhalb meines Kompetenzspektrums.

Ein Postboote betritt das Geschäft, (es geht aber auch Schlag auf Schlag hier) entdeckt uns und staunt: „Na hoi, wat is denn hier heute los?“

Hahnengleich posiert er am Tisch gegenüber und bedenkt uns mit notgeilen Blicken, beklagt ferner seine Scheidung, fragt sich und damit auch uns, wann seine zukünftige Ex dann endlich ihre Koffer packe. Da sage noch einer, auf dem Dorfe wäre nix los.

„Lass` uns lieber schnell bezahlen, ehe er uns noch einen Antrag macht“, feixt Inga.

„Schon überredet“, flüstert Tanya.

Doch vorher lasse ich es mir nicht nehmen, die guten Anklamer Wurstwaren zu loben. Diese Form der Wertschätzung habe ich von Inga gelernt, die bei jeder Gelegenheit den Satz: „Da können Sie stolz drauf sein“, sagt. Und es funktioniert tatsächlich, das Kompliment sitzt: Der Veilchenblaue grinst über beide Backen und wird sogar ein bisschen rot.

Nach so viel menschlicher Wärme wollen wir uns endlich bewegen. Doch der Regal-Rammler versperrt uns den Fluchtweg, faltet seine „Bild“ und beginnt sein Verhör. Woher wir kämen, was wir denn machten und wieso, weshalb, warum. Es folgen einige abschätzige Bemerkungen über das Pilgern und seine Lebensgeschichte in einer Sprache, die ich für Plattdeutsch halte.

„Ick bün sechsundsechzig und kann nix mehr. Aber immerhin häv ick sieben Enkelsöhne, bloß weil meine Jungs zu doof sind zum „Mädelsmachen“, wettert es aus dem Rollstuhl. „Und ick sach noch zu denen, wenn se Deerns häm wolln, müssen se erst aufn Schrank hochklettern und von da uff die Frau rauf springen, aber da sind se ja zu doof zu. Zu doof zum Mädelsmachen, sach ick“, zischt es durch seine löchrige Kauleiste.

Wir müssen schleunigst verschwinden, bevor wir noch laut los lachen. Das wäre politisch nicht korrekt. Aber solche Räuberpistolen von Furniermöbel-

Sprüngen zu Paarungszwecken kann man doch nicht teilnahmslos zur Kenntnis nehmen.

„So, jetzt aber", reißen wir uns los, folgen feixend der Jakobsmuschel und landen auf einem asphaltierten Radweg, der parallel zur stark befahrenen Wolgaster Landstraße aus Kemnitz heraus führt. Motorenlärm erstickt ein aufkeimendes Gespräch. Die Laune sinkt, und der Nieselregen trägt auch nicht gerade zur Aufheiterung bei. Da nützt auch der trübe Ausblick auf die Dänische Wieck nichts.

„Die reinste Pilgerautobahn ist das hier", stöhnt Tanya.

„Wenigstens müssen wir nur geradeaus laufen", tröste ich.

Das tun wir einen ganzen Vormittag, bis wir endlich die Klosterruine zu Eldena erreichen. Mit flauem Gefühl stehe ich vor diesem mystischen Ort, den der Greifswalder Maler Caspar David Friedrich nahezu leitmotivisch verwendete. Mutti musste mich damals in den Arm nehmen, weil ich mich in den dunklen Mauern des einstigen Zisterzienserklosters zu Tode fürchtete. Unter schwarzen Wolken wirkt es auch heute geisterhaft auf mich. Ich zeige es jedoch nicht, sondern platziere meinen Poncho auf der Grünfläche inmitten der Backsteinmauern und lege mich zu den anderen in den Regen. Pilgern macht wetterhart.

In der Sakristei reckt eine schwarz gekleidete, hoffnungslos überschminkte Dame mit hüftlangen Dreadlocks eine Geige in die Höhe. Eine Gestalt mit einer dunklen Aura verewigt die Obskurität mit einer Spiegelreflex. „Gretchen und Mephisto beim Reigen" taufe ich das Szenario. Ein Hauch von Patschuli weht zu uns herüber.

„Gar nicht mal so schön", bemerkt Inga sehr richtig.

„Sind das Gruftis?", erkundigt sich Tanya mit kindlicher Neugier.

„Eher Zombies", bemerke ich. „Hauen wir lieber ab, ehe sie uns noch in ihre Gruft ziehen", lotse ich meine kleine Gruppe zu einem gemütlichen Café im nahen Dörfchen Wieck. Die nächsten Etappen müssen nämlich perfekt geplant sein, was an einem trockenen Ort doch deutlich leichter fällt. Tanya wird uns in drei Tagen verlassen, und dann wollen wir natürlich ein Dorf mit einer guten Anbindung nach Rostock erreicht haben oder wenigstens eine Bushaltestelle. Aber das ist in diesen Breiten nicht ganz einfach, weiß ich doch aus leidvoller Erfahrung, dass Busse in MV nicht gerade im Fünfminutentakt fahren. Fragend hocken wir über der Karte und überschlagen die Distanzen.

„Mecklenburg Vorpommern ist, was Dienstleistungsgewerbe und ÖPNV angehen, im Vergleich zum benachbarten Schleswig Holstein immer noch rückständig", zitiert Inga aus dem Reiseführer.

„Was du nicht sagst“, zische ich. „Aber meine Heimat ist kein Entwicklungsland. Darauf bestehe ich, liebe Gisela!“

„Ganz ruhig, das wird schon“, klopft mir Tanya mitfühlend auf die Schulter und begleicht die Rechnung. Ich hoffe die Bulgarin hat recht. Nicht auszudenken, wenn sie aufgrund mangelhafter Infrastruktur ihren Dienst verpassen würde. Hab ich nicht mal irgendwo gelesen, dass Pilgern gelassener macht?

Von Wieck aus geht es am Ryck entlang, geradewegs auf den Greifswalder Dom zu, wo wir uns unsere ersten hundert Fuß-Kilometer besiegeln lassen können.

Rechts von uns glitzert der Strom, auf dem festgemachte Segelboote friedlich schunkelnd ihren nächsten Törn erwarten. Keine Seemeile von hier wird ihnen der Fluss das Tor zum weiten Baltischen Meer und somit zur Welt aufsperren. Stralsund, Rügen, Hiddensee ... strömen die Erinnerungen an das vertraute Gewässer – dümpelte ich doch früher solange in dem braunen Brackwasser herum, bis Mutti rufen musste: „Komm raus, du hast schon ganz blaue Lippen!“

Kaum hat der Wind die Regenwolken fortgeblasen, sticht die Sonne. Japsend schlingen wir unsere Jacken um die Hüften, steuern hungrig und durstig auf einen der rettenden Backfisch-Kutter am Museumshafen zu. Für die ehrwürdigen Zeesenboote, an denen dieser Tage besonders fleißig gebastelt wird, haben wir heute keinen Blick. Wir brauchen Fisch und Bier. Nach dem ersten Zug gleitet mein Blick argwöhnisch zu Boden. Die von Vater geleimten Sohlen lösen sich sachte von den Boots. Aber ich sage es nicht, weil ich fürchte, meine agilen Begleiterinnen würden mich sofort in ein Sportgeschäft zerren.

Satt und träge schleppen wir unsere Bierbäuche Richtung Innenstadt und halten der Weißhaarigen an der Dom-Info erwartungsfroh unsere Ausweise entgegen. Ihr Stempel ist wie ein Bienchen damals in der Schule: Und heute gibt eine Eins für braves Pilgern. Immerhin schritten wir durch schwieriges Terrain. Von einer pilgerfreundlichen Infrastruktur wie auf dem spanischen Camino kann jedenfalls kaum die Rede sein. Gelbe Pfeile und Herbergen muss man suchen. Wenn man Pech hat, irrt man durch den Roggen, weil der Weg umgepflügt wurde. Auf Oasen der Gastronomie würde ich auch nicht unbedingt setzen, doch vor allem aber auf eines nicht: andere Pilger. In sieben Tagen auf der Via Baltica ist uns bisher kein einziger Jakobsbruder begegnet. Immer hatten wir den Weg für uns allein. Aber jetzt sind wir ja hier, strahle ich, blicke mit Stolz auf mein Credencial und zähle sechs Stempel. Gleich werden es sieben ...

Im Inneren des gotischen Kolosses durchfluten mich zärtliche Gefühle. Der Blick zum Orchesterpodium hat sie ausgelöst. Voller Dankbarkeit denke ich an eine Schumann-Sinfonie zurück, die ich zu meiner Schulzeit in diesem ehrwürdigen Gemäuer mit dem Greifswalder Uniorchester spielen durfte. Obwohl das bald zwanzig Jahre her ist, sind die Klänge immer noch so präsent, als wären sie erst gestern aus meinem Instrument geschlüpft. Ich entzünde ein Teelicht und stelle es zu den anderen auf eine blecherne Skulptur, die wie eine Erdkugel aussieht. Ich schließe meine Augen und bedanke mich für alles Schöne, das ich in dieser Stadt erleben durfte. Es muss eine reichliche Weile vergangen sein, denn Inga und Tanya haben sich draußen auf zwei Bänken für ein Nickerchen niedergelegt.

Gleich um die Ecke, am Markt, entdecken wir einen Wegweiser. „Jakobsweg nach Santiago de Compostela 3.400 Kilometer“ steht da. Ach, Via Baltica, was bist du nur für ein kurzes Fädchen im weiten Netz der Pilgerwege?

Allesamt führen sie zum Grab des St. Jakobus: Von Swinemünde bis nach Bremen, von Bremen bis nach Köln, von Köln bis nach Trier, dann weiter durch ganz Frankreich, über die Pyrenäen, durch die Meseta bis nach Santiago de Compostela. Wie es wohl wäre, als Pilger ganz Europa zu durchqueren? Wäre da nicht die leidige Sache mit den Füßen, wäre es eine Überlegung wert.

Der Herbergsvater der katholischen Kirche scheint eine Sommerpause einzulegen. Zumindest meldete sich niemand auf meine freundlichen Sprüche auf den Anrufbeantworter zurück. Wie gut, dass es in Greifswald keine weiten Wege und vor allem eine Jugendherberge gibt. Unweit der Altstadt gelegen, erreichen wir sie schnell. Wir checken ein. Inga verschwindet sofort im Bad, während Tanya und ich fröhlich summend die Betten beziehen und uns dankbar in die Federn werfen. Schade, dass es erst Nachmittag ist. Ich wäre zu gerne liegen geblieben.

„Oh Gott, Mädels, es stinkt nach Fuß hier drinnen“, reißt Inga schwer atmend das Fenster auf, und sofort verbannen wir die Stinkbomben samt Socken nach draußen.

„Du brauchst neue Schuhe“, bemerkt Tanya mit kritischem Blick auf meine Boots.

„Vater meinte, einen Sommer schaffen sie noch“, entgegne ich unschuldig.

„Die Sohle hängt auf halb acht, und wir sind gerade an einem Ort, wo du noch Wanderschuhe kaufen kannst“, mahnt sie.

„Bin zu geizig“, murre ich.

„Ich würde das Geld ausgeben, sonst hast du keine Freude auf dem Weg“, gibt nun auch Inga zu bedenken.

„Das entscheide ich morgen“, würge ich die leidige Konversation ab.

Ich bin viel zu hungrig, um derartig tiefe Einschnitte in die Urlaubskasse zu beschließen.

Weil die Schuhe auslüften müssen, geht es in Flip Flops zurück in die Stadt. Tanya verliebt sich in die bunten Haustüren der Gründerzeitvillen, Inga in die gemütlichen Cafés und ich mich in die gastronomischen Möglichkeiten der Hansestadt. Nach sieben Tagen Pampa warten Club-Mate und Falafel statt Bratkartoffeln mit Sülze. Im Café Koeppen beobachten wir die coolen Typen mit ihren Hipsterbrillen und den camourflagefarbenen Parkas, wie sie sich hinter einer Tageszeitung verschanzen und nur stundenweise an ihrem Bier nippen. Dagegen sehen wir regelrecht altbacken aus, und auch unser Lieblingsthema „Füße“ ist wenig studentisch.

„Diese Pilgerei muss ja zwangsläufig zu einem Fußfetisch führen“, bemerke ich ironisch.

„Wenn das so weiter geht, werde ich noch in die Podologie wechseln“, witzelt Tanya.

„Soweit darf es nicht kommen“, beschließt Inga die tiefgreifende Konversation.

„Na dann, auf ins Nachtleben“, schlage ich alternativ vor.

„Also ich bin platt vom Tag“, stöhnt Inga.

„Ich auch“, gähnt Tanya. „Schlimm?“

„Nur ein Zeichen, dass die Studentenzeit endgültig vorbei ist“, lache ich.

Leute ab dreißig müsse man zum Ausgehen zwingen, habe ich mal irgendwo gelesen, und tatsächlich reizen eine warme Dusche und die Lage in der Waagerechten weit mehr als die Tanzfläche des nächsten Nachtclubs. Ich hätte es nur nicht zugegeben.

Kurz vor Mitternacht liegen wir steingleich in den Doppelstockbetten der Jugendherberge, deren Schlafsaal mir gerade wie eine Suite im Hilton vorkommt.

„Eine tolle Erfindung das Bett, nicht wahr?“, seufze ich beseelt.

Doch es antwortet niemand mehr.

Dienstag, der 28. Juli: Des Pilgers neue Schuhe (Greifswald - Gerdeswalde, 13 km)

„Und, gehen wir Schuhe kaufen?“, fragt Tanya, mit mitleidigem Blick auf meine Treter.

„Jep, aber ich gehe allein“, antworte ich entschieden.

Ich bin noch nicht in meiner Mitte und brauche mal etwas Zeit für mich.

„Gut so“, lobt sie.

Kurz vor zehn warte ich als einzige Kundin vor einer weiteren Filiale des landläufig bekannten Sportartikelfachgeschäftes, werde von einer drahtigen Verkäuferin in Empfang genommen und schildere mein Problem.

„Oh weh, mitten auf einer Pilgerreise die Schuhe wechseln, das ist heikel“, legt die Fachkraft ihre Stirn in Falten.

„Sehen Sie selbst“, hebe ich seufzend mein Bein.

„Ich verstehe“, führt sie mich umgehend zu einem Regal mit robustem Schuhwerk.

Preisbewusst wie ich nun mal bin, probiere ich zuerst ein günstiges Modell, das gleich auf Anhieb sitzt.

„Die ziehe ich nie wieder aus“, hebe ich triumphierend mein Bein auf den Kassiertisch.

„Ich pilgere“, erkläre ich der Kassiererin, welche verzweifelt versucht, den Barcode unter der Sohle abzuscannen.

„Aha“, brummt sie, wenig begeistert von meiner grenzdebilen Tat.

Milde lächelnd begleiche ich den zweistelligen Betrag, binde die alten Treter am Rucksack fest und schwebe samt Probiersöckchen wie auf Wolken hinaus in die Stadt. Die Fachverkäuferin empfahl, zwei Nummern größer zu nehmen, weil Füße unter Belastung anschwellen. Vielleicht ist das die Lösung meiner podologischen Probleme.

„Zeig` her“, ruft mir Inga vom Treffpunkt aus entgegen.

„Ausziehen“, befiehlt Tanya, die den Schuh sofort gründlich unter die Lupe nimmt.

Die Kundschaft des Lokals schaut belustigt zu. Kein Wunder, ich stehe ja auch barfuß in einem Café, und Tanya steckt mit ihrer Nase in meinen Schuhen. Wenn das mal kein Fußfetisch ist?

„Das ist ja ein zierliches Gepäckstück, das Sie da auf dem Rücken tragen“, amüsiert sich eine Rentnerin. „Seid ihr auf Wanderschaft?“

„Kann man so sagen“, antworte ich.

„Wir pilgern auf der Via Baltica“, erklärt Tanya stolz.

„Na denn man tau“, beginnt sie hemmungslos zu gackern.

Norddeutsche machen keine großen Worte, sie lachen lieber auf Kosten anderer.

„Alles Gute für Sie“, ruft sie zum Abschied.

„Dankeschöööön“, flöten wir zurück.

Draußen auf dem Markt hat sich eine Menschentraube gebildet. Neugierig arbeiten wir uns nach vorn und erblicken einen Passanten, der einen Storch mit Bierschinken füttert. Ängstlich blickt Adebar dem Blitzlichtgewitter entgegen, schiebt mit seinem Schnabel den Happen verzweifelt vor sich her.

„Wo kommt der denn her?“, frage ich entgeistert.

„Bestimmt aus dem Zoo“, vermutet Inga.

„Mach schnell ein Foto“, fordert Tanya.

„Lass uns gehen“, sage ich traurig.

Der Arme tut mir leid, verkauft seine Seele für eine Scheibe Wurst.

Durch die Vororte folgen wir der Jakobsmuschel in Richtung Gerdeswalde, wo sich neben einer offiziellen Pilgerherberge auch das Haus meiner Schwester befindet.

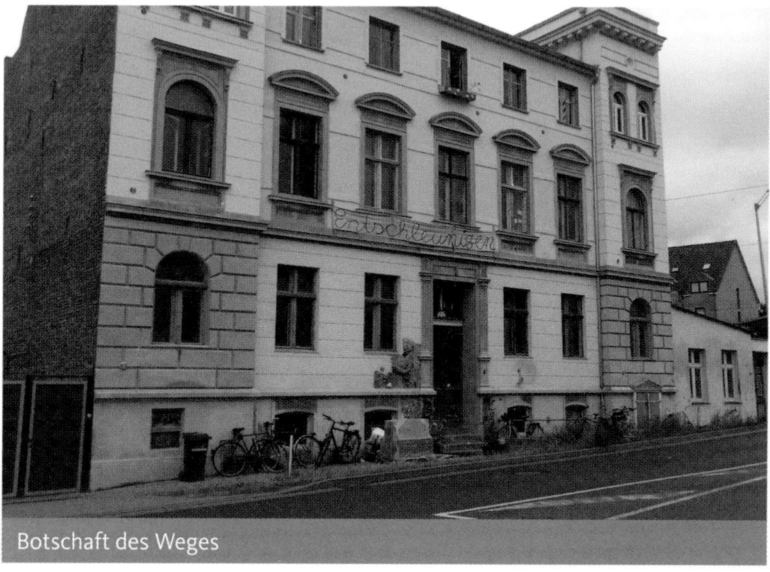

Botschaft des Weges

„Wir stinken wie die Lurche und brauchen eine Waschmaschine", warnte ich Biggi gestern per SMS.

„Euch krieg schon sauber", lautete ihre Antwort.

„Entschleunigen", verliest Tanya eine Inschrift, welche in großen, bunten Lettern von einem Altbau prangt.

„Was heißt das?", will die Bulgarin wissen.

„Das bedeutet langsamer machen", erkläre ich.

„Wenn das nicht zum Pilgern passt", bemerkt sie klug.

Eine Unterführung des Ryck passierend, diskutieren wir Möglichkeiten entschleunigten Lebens, lassen die Stadt hinter uns und landen passenderweise auf einem menschenleeren Golfplatz. Der Parkplatz für den „Cup-Goldbecher des Monats" ist noch frei, ein Rasentrekker zieht einsam seine Bahnen, es nieselt, und wir werden ungewöhnlich still.

„Ich mag dieses Wetter nicht", gesteht Inga.

„Wie man es auch macht, man ist immer falsch angezogen", pflichte ich bei.

Nur unser Balkanturbo läuft, von allem unbeeindruckt, unermüdlich vorneweg.

„Ein Pilger", ruft sie plötzlich aus.

Und tatsächlich: Ein älterer Herr steht am Wegesrand, vertieft in Giselas gelben Reiseführer.

„Ein Pilger, sie sind ein Pilger", rufe ich ihm verzückt entgegen.

„Ja, genau", entgegnet er barsch.

„Haben Sie kein Gepäck?", erkundigt sich Inga vorsichtig.

„Man übernachtet doch unterwegs", murmelt er geistesabwesend Namen umliegender Ortschaften und marschiert ohne Abschied weiter.

Verdutzt schauen wir ihm hinterher.

„Entschleunigen", rufe ich so laut, dass er es eigentlich hören müsste.

Doch er spurtet aufrechten Ganges im Stechschritt voran, das Büchlein immer noch im Anschlag.

„Da trifft man endlich mal einen Pilger, und dann das", sagt Tanya enttäuscht.

„Vielleicht wird Pilgern demnächst olympisch, und er trainiert schon mal", mutmaße ich.

„Na dann Sport frei", wünscht Inga.

„Na toll, ein Opa trainiert für Olympia, und ich habe schwere Füße", seufze ich.

„Pause?", fragt Tanya mitfühlend.

„Pause", breite ich umgehend das Regencape auf dem nassen Grasweg aus.

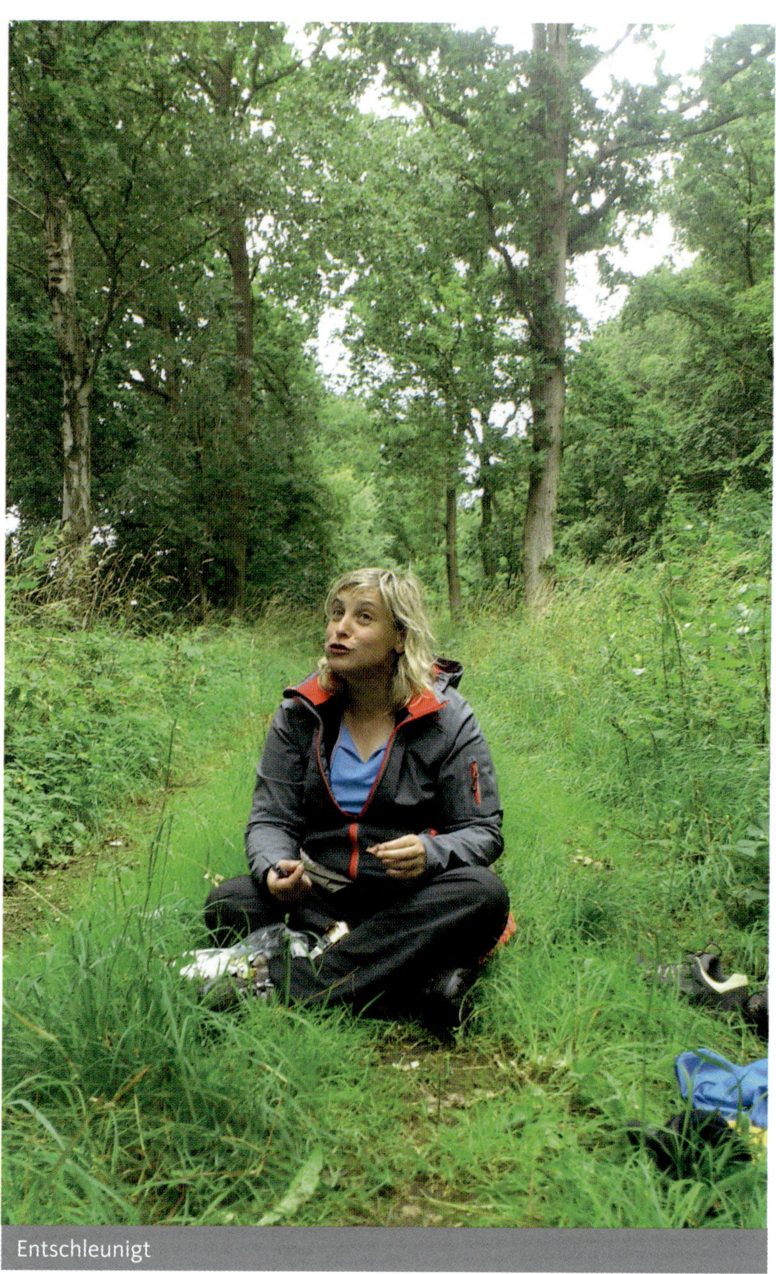

Entschleunigt

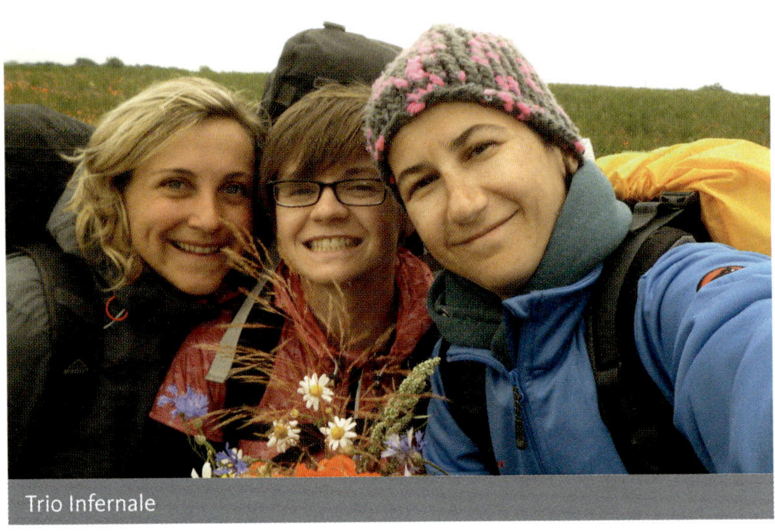

Trio Infernale

Es gibt Pumpernickel, was keiner recht mag, ein paar Scheiben Salami und die letzten Kuh-Bonbons von Jagoda.

Wir ziehen weiter, kommen aber nicht weit, weil uns Trägheit und Schwerkraft immer wieder die Beine weg reißen. Immerhin haben wir jetzt eine kleine Teerstraße erreicht, deren Rand uns einen festen Untergrund zum Picknicken bietet. Dass uns dabei Autos nass spritzen, ist uns egal. Es regnet ja sowieso ständig. Da kommt es auf ein paar mehr Tropfen auch nicht mehr an.

Ein schwarzer PKW stoppt, sein Fahrer kommt zur Tür heraus. Es ist Peter, der Freund meiner Schwester.

„Bist du sicher, dass du mich umarmen willst?", halte ich mir demonstrativ die Nase zu.

„Geht schon", erwidert er tapfer. „Es ist nicht mehr weit. Biggi erwartet euch schon", lässt er den Motor wieder an.

Plötzlich haben wir große Lust zu laufen, pflücken einen Strauß Feldblumen und steuern ohne weitere Pausen auf unser Etappenziel zu. Es ist schon seltsam mit der Psyche.

„Ihr Helden", ruft Biggi uns vom Fahrrad aus entgegen. „Wie geht es euren Knochen?"

„Besser als bei unserem letzten Versuch", schließe ich meine Schwester in die Arme. „Papa, hol` uns ab", äffe ich die Katastrophe nach, die innerfamiliär noch immer für beste Unterhaltung sorgt.

Dann schlüpfen wir aus den Schuhen, setzen uns auf die Gartenbank, lassen uns vom Kater Alfons um die Beine streichen, schauen hinaus ins Grüne und bewegen uns keinen Zentimeter mehr, bis sich Nachbar Jürgen zur Kaffeetafel gesellt.

„Na ihr Pilgerer? Schon wunde Füße?", fragt er mit schiefem Grinsen.

„Eher stinkend", antworte ich trocken.

„Dat Elend kenn ich, mein Opa beherbergt die ‚Pilgerer` hier im Ort. Da hört man schöne Geschichten", erklärt Jürgen. „Sogar ein Typ mit einem Esel war schon da. Der hatte vielleicht eine Meise", lacht er, und ich muss darüber lachen wie er ‚Pilgerer` sagt.

„Meinst du wir könnten einen Pilgerstempel von deinem Opa kriegen?", fragt Inga.

„Bestimmt, besucht ihn doch heute Abend", schlägt Jürgen vor.

Dann kommt auch Peter auf den Hof gerollt und gesellt sich zu unserem heiteren Kaffeekränzchen.

„Und? Wie isses denn nun, das Pilgern?", möchte er wissen.

„Eine der schönsten Strapazen, die ich kenne", erwidert Inga.

„Also mir wär` dat nix."

Jürgen stimmt ihm kopfnickend zu, und ich kann die Männer durchaus verstehen, kämpfe ich doch täglich gegen meinen inneren Schweinehund, der am liebsten mit der echten Steffi Peters tauschen würde. Hinzu kommen Fußschmerzen, Muskelkater und unsägliche Gerüche, gepaart mit Unsicherheiten bezüglich der Übernachtung und des Wetters. Ständig wechselt es zwischen Regen und Hitze umher. Entweder man schwitzt oder friert, und man ist ständig müde. Kurzum: Es ist viel anstrengender als ich dachte.

„Man gewöhnt sich dran", ringe ich mir ein gequältes Lächeln ab und verabschiede mich ins Badezimmer.

Dort surrt eine Waschmaschine mit unserer schlammgetränkten Wäsche, und ich bin, trotz Müdigkeit, so zufrieden wie schon lange nicht mehr. Eine würzige Grillrauchschwade weht zum Fenster herein, während ich zu duften beginne wie der junge Frühling. Vielleicht nehme ich die Dinge jetzt einfach nur bewusster wahr, denke ich und atme tief durch. Schließlich dusche ich heute nicht zum ersten Mal, aber genau so fühlt es sich an. Zurück auf der Wiese, finde ich das Kaffeekränzchen genau so vor wie ich es verlassen habe.

„Und, besuchen wir Opa Gruel?“, frage ich in das heitere Glucksen hinein.

„Klaaaar“, antwortet es dreistimmig.

Zum Glück wohnen die Herbergseltern nur ein paar Häuser weiter, und wir stehen nur zwei Minuten später vor der Veranda eines weinbewachsenen Backsteinhauses. Eine rundliche Dame schnattert am Telefon, während ihr Mann eine Decke häkelt. Es ist ein seltsames Bild des Friedens, das wir nicht stören möchten. So stehen wir im Innenhof mit schiefen Köpfen und betrachten eine eheliche Idylle, welche die UNESCO getrost auf ihre Liste des Weltkulturerbes setzen könnte. Es ist also möglich, das harmonische Zusammenleben zwischen Mann und Frau.

„Da sacht ihr nix! Nun kommt doch rein!“, bittet uns Opa Gruel lachend zu Tisch.

„Und gleich her mit euren Pilgerpässen!“, fordert er, kaum, dass wir uns setzten.

Wie es aussieht, hat Jürgen uns bereits angekündigt.

„Wieso steht auf deinem Pass denn Steffi Peters?“, wundert sich Biggi.

„Och, das ist eine lange Geschichte“, lenke ich schmunzelnd ab, während Opa Gruel zielsicher seinen Stempel platziert.

Nachdem das Geschäftliche nun erledigt ist, legt er seine Nadelarbeit beiseite und öffnet eine Flasche Moselwein.

„Ein Mann der häkelt, unglaublich“, staune ich.

„Er ist im ersten Lehrjahr, und er schlägt sich wacker. Diese Decke hier macht er ganz allein“, lobt sie ihren Gatten, während der leicht verlegen den Wein ausschenkt.

Sie streichelt über seinen Arm und hebt einen Stapel Gästebücher auf den Tisch.

„Letztes Jahr waren sechsundfünfzig Pilger bei uns. Da waren ein paar schräge Vögel dabei, sag` ich euch: so ein Naturbursche, der unbedingt draußen schlafen wollte und im Schlüpper über den Hof lief, oder so ein Riesenkerl, der so schnell rannte, dass ich ihm nicht einmal per Fahrrad folgen konnte, eine Frau mit zwei Therapiehunden und ein Verrückter mit einem Esel“, belustigt sich Opa Gruel.

Ich blättere in einem der Bücher herum, und was sehen meine entzündeten Augen? Der erste Gast, der sich im Gerdeswalder Pilgerbuch verewigte, war, man lese und staune, unsere hochgeschätzte Autorin Frau Gisela Johannßen!

„Gisela“, rufe ich freudig.

„Zwei Mal war sie bei uns. Einmal zu Fuß und einmal mit dem Rad. Eine ganz bescheidene Frau war das. Sie wollte nicht einmal in die Ferienwohnung, sondern bloß in den ollen Schuppen. Das sei der perfekte Ort für Pilger, einfach und spartanisch, sagte sie, und dort schlief sie dann auch", berichtet Oma Gruel.

„Unsere Gisela war hier", begeistert sich nun auch Inga. „Sie begleitet uns nun schon eine ganze Woche."

„Eine ganz tolle Frau war das", schwärmt die Gastgeberin.

„Und wie sind Sie auf die Idee gekommen, eine Pilgerherberge zu eröffnen?", möchte Tanya wissen.

„Ach, das war die Idee unseres Pastors. Er wurde vom Verlag gefragt, wer denn in Gerdeswalde Zimmer vermiete, und er sagte nur, Familie Gruel hat doch eine Pferdepension. Das war im Jahre 2010. Da wussten wir noch nicht einmal, was Pilger überhaupt sind", lacht Oma Gruel als sie die Tür zur Herberge öffnet – einem kleinen gemütlichen Raum mit drei Liegen – allesamt mit bunten Häkeldecken versehen, eine Sauna in der Ecke, eine alte Zinkbadewanne auf verschnörkelten Füßen davor, ein Marienbild im Flur.

„Hier kann man wahrlich Kraft schöpfen für den Weg", lobt Inga.

„Wenn ihr wollt, zeige ich euch auch noch die Kirche", sagt Opa Gruel.

Wir wollen, wobei ich weiß, dass Tanya gerade jetzt an die Steaks denkt, welche Peter wohl in diesem Moment auf den Grill legt.

Wir drücken die unglaublich sympathische Seniorin herzlich zum Abschied und folgen ihrem Gatten in die Kirche – und die ist ungewöhnlich prunkvoll für eine Evangelische.

„Sie war ja auch mal katholisch", erklärt er mit warmer Stimme. „Deswegen haben wir diesen prächtigen Marienaltar, und weil wir mit der Greifswalder Marienkirche mithalten wollten. Daher ist sie für eine Dorfkirche auch so ungewöhnlich groß", fährt er fort.

„Sind die Bänke neu?", streicht Inga fragend über das Holz.

„Ja, nachdem sich der Kirchenrat nur schwer über die Farbe der Bänke und Sitzkissen hat einigen können, sind sie letztes Jahr endlich fertig geworden. Jetzt sind alle glücklich und zufrieden", freut sich Opa Gruel.

„Und diese Fresken da hinten?", frage ich neugierig.

„Das sollen die zwölf Apostel sein", erklärt er geduldig.

„Die sind bildschön", lobe ich, während ich „Da können Sie stolz drauf sein" denke.

„Und die vollautomatische Glockenanlage erst", öffnet der verzückte Rentner einen Holzkasten, in dem sich ein ganzes Universum von Schaltern und Knöpfen verbirgt. Wie er da steht, in Arbeitskittel und Clogs, die Nase in seinen Zauberkasten gesteckt, sieht Opa Gruel wie ein echter norddeutscher Hausmeister-Profi aus, der nicht nur jeden Winkel seiner Kirche kennt. Nur beiläufig erwähnt er, auch für die Wegmarkierungen im Umkreis zuständig zu sein.

„Morgen werden wir ganz besonders an Sie denken und jubeln: Diesen Pfeil hat Opa Gruel gemalt", verabschieden wir uns, ganz beseelt, zwei solch liebe Seelen am Weg zu wissen.

Solche Komplimente nicht gewohnt, schüttelt er uns fast schon schüchtern die Hände und wünscht uns alles Gute. Hoffentlich entschließen sich noch mehr solch Herzensmenschen, eine Herberge an der Via Baltica zu eröffnen. Kommende Pilger würden es ihnen danken.

Die blaue Stunde bricht an, und wie vermutet hat Peter bereits das Beruhigungsfleisch auf den Grill gelegt, das er nun liebevoll mit gutem Stralsunder Bier beträufelt. Seit Biggi ihre Arbeit als Eventmanagerin in der hiesigen Brauerei begonnen hat, bekommt sie ein stattliches monatliches Debutat, das der Gute erst einmal trinken muss. Da wir uns für heute Abend eine Bierverkostung gewünscht haben, können wir ihm diesbezüglich helfen.

„Schließt eure Augen und sagt mir, welche Aromen ihr schmeckt", reicht Biggi die Probiergläser herum. „Und keine Scheu, es kann alles sein", flötet sie.

„Limette?", rate ich.

„Richtig, was schmeckt ihr noch?"

„Holunder", mutmaßt Inga.

„Nicht ganz", bemerkt Fachfrau Biggi, die im Zuge ihrer Ausbildung zur Bierbotschafterin gerade fleißig ihren Gaumen schult. In der Prüfung, die als Vorstufe zum Bier-Sommelier gilt, muss sie über dreißig Bier-Aromen am Geschmack erkennen. Das nenne ich mal prüfungsbezogenen Eustress.

„Ich sehe, wir müssen noch fleißig üben", erhebt Tanya schmunzelnd ihr Glas.

Bis tief in die Nacht hocken wir am Feuer, erzählen Pilgerlatein, Inga von ihrer Afrikareise, Tanya von ihrer Heimat Bulgarien, und Peter sorgt mit seinen ganz eigenen Methoden der Ungezieferbekämpfung für die größten Lacher. Das Luftgewehr zum Stareschießen steht stets bereit im Flur, und der Diesellappen frisch getränkt, um renitente Insekten auszumerzen. Das Pommersche Landleben ist nichts für Susis und schon gar nichts für Tierschützer.

Endlich im Schlafsack, denke ich an meine Schutzengel, die mir bisher begegneten: Jagoda, Frau S., Götz und Ute, Pastor Schäfer, Gerhild, der schöne Pastor, Familie Gruel, Jürgen, Biggi, Peter und natürlich an unsere liebe Gisela. Am meisten aber danke ich meinen beiden lieben Weggefährtinnen Tanya und Inga für ihren Humor und ihre Geduld.

Mittwoch, der 29. Juli: Unwägbarkeiten (Gerdeswalde - Kibado, 14 km zu Fuß, 7 km per Bus)

„Hier stinkt es ja gar nicht", freut sich Tanya als sie die Stube betritt.

Ein textiler Stapel aus Biggis Waschküche hat sie soeben in eine duftende Blumenwiese verwandelt. Verliebt daran schnüffelnd, verstauen wir ihn in unseren Rücksäcken. Nur ein vollgeschriebenes Tagebuch und die kaputten Schuhe lasse ich zurück.

„Ballast abwerfen tut gut", parke ich die Treter erleichtert in Biggis Schuhregal. „Willst du nicht auch ein paar Sachen zurücklassen?", wende ich mich jetzt an Inga. „Du wirst dich wie befreit fühlen", ermuntere ich.

„Na wenn du meinst", legt sie schwer seufzend ihren Krimi auf den Stapel der zurückgelassenen Dinge.

Zum Abschied gibt uns Hausherr Peter statt eines Bierdeputates neben einer Pfeffersalami noch einen interessanten Tipp mit auf den Weg: „Besorgt euch Fußlappen. Die hatten wir früher bei der NVA. Die sind das beste Mittel gegen Blasen", schließt er Tanya abschließend in die Arme.

„Wird gegoogelt", entgegnet diese.

Hinter der Hoftür geht es über frisch gedrillte Felder durch ein regennasses Kargland mit erstaunlich weitem Himmel. Ein subtiler Güllegeruch, der sich sofort an die synthetische Kleidung heftet, setzt der kurzen Ära der Reinheit ein jähes Ende. Nur wenige Felder später hocken wir uns stöhnend zwischen tellergroße Mistbrocken am Weg und schneiden furchtlos die neue Salami an. Gestank ist schließlich leichter zu ertragen als Hunger.

„Fußlappen sind eine nur noch selten genutzte Fußbekleidung, die hauptsächlich in Stiefeln getragen wird, um ein Wundscheuern zu vermeiden, zusätzlichen Halt zu geben und um Schweiß zu binden. Sie bestehen aus zwei Tüchern, wobei jedes um einen Fuß gefaltet wird. Fußlappen waren gebräuchlich, bis Strümpfe üblich wurden", verliest Tanya den Wikipedia-Eintrag zum Thema Fußgesundheit.

„Wo sollen wir denn so etwas her kriegen, wenn es hier nicht einmal ein Café gibt", lamentiert Inga.

„Woher soll ich das wissen", antwortet Tanya genervt.

Ja, ein Picknick, umgeben von Fäkalien, macht schon Spaß. In der Ferne kann man zwar schon die Umrisse eines riesenhaften Getreidespeichers und einer Kirche erkennen, aber das Kaff, in dem ich vor Dekaden mein Abi baute, ist noch gut acht Kilometer von unserem Güllefeld entfernt.

„In Grimmen ist zwar nichts los, aber dort bekommen wir wenigstens Kaffee“, tröste ich.

„Ich brauche aber jetzt Kaffee“, bockt Tanya.

Missmutig laufen wir auf die ehemalige große Kreisstadt Grimmen zu, deren Name aus dem Slawischen kommt und so viel wie „Fläche umgeben von nassen Wiesen“ bedeutet. Jetzt lernen wir jede einzelne persönlich kennen, wie sie allesamt hübsch aneinander gereiht in einer matschigen Plörre schwimmen.

Endlich am Getreidespeicher angelangt, donnert es plötzlich los.

„Hagel“, stürzt Inga auf eine Baracke in seinem Schatten zu.

Hektisch werfen wir unsere Regenmäntel über, doch wir sind schon durchgeweicht, bevor wir den Bretterverschlag erreichen. Unter dem schmalen Unterstand bibbert schon ein Vater mit seinem Sprössling.

„Das ist so typisch für dieses Nest“, meckere ich.

„Ist doch ganz idyllisch hier in Grimmen“, findet der Unbekannte.

„Ein wenig zu feucht für meinen Geschmack“, entgegnet Inga knurrig.

„Sie sind nicht von hier, oder?“, frage ich entgeistert.

„Ich komme aus dem Bergischen“, antwortet der durchnässte Mann, der eigentlich seinem Filius das nahegelegene Schlösschen Heidebrink zeigen wollte.

Dachte ich es mir. Nur Touristen verirren sich an diesen gottlosen Ort, der durch seine trügerische Ostseenähe, ahnungslose Urlauber anlockt. Als der Hagel in einen handelsüblichen Dauerregen übergeht, verabschieden wir uns höflich.

„Schwimmt nicht so weit raus“, ruft es uns hinterher.

„Jetzt verstehe ich, warum die Balearen als Urlaubsziel so beliebt sind“, maule ich. „Auf Malle wär das nicht passiert“.

„Auf Malle gibt es aber auch keine Via Baltica“, tröstet Tanya.

An der Stadtmauer führt uns einer der rar gesäten gelben Pfeile durch Gassen, die „Neuberlin“ und „Nordpromenade“ heißen, aber so aussehen, wie ich mir Straßenzüge in Bottrop vorstelle.

„Unfassbar, dass ein Jahrhunderte alter Pilgerweg ausgerechnet durch Grimmen führt“, stöhne ich.

Immerhin gibt es das Café am Markt noch, wo wir uns für die nächste Stunde mit Kirschtorte, Waffeln, Wurstbrötchen, Kaffee und Pralinen über Wasser halten können.

„In Grimmen, da soll`s nicht stimmen. Wer hat denn das gesagt, der hat nicht uns gefragt ...“, summe ich die hiesige Karnevalshymne.

Doch die Frau hinter dem Tresen hat offenbar kein Gespür für musikalische Finesse und guckt mich böse an. Gülle-Pilgern macht blöd. Aber egal, in Grimmen wurde, zumindest in den Neunzigern, diese epische Karnevalsmelodie am 11.11. um 11:11 Uhr vor der Rathaustüre gesungen. Dafür bekamen wir extra Schulfrei, mussten aber, gleich hinter der Blaskapelle, im Slalom um die Pferdeäpfel durch die ganze Stadt marschieren. Tanya bedenkt mich mit verstörten Blicken. Vielleicht gibt es derartige Traditionen in ihrer Heimat nicht. Es wäre jedem Volk nur zu wünschen.

Dazu nicht unpassend treffe ich draußen eine ehemalige Flötistin unseres Jugendblasorchesters wieder.

„Mensch, ewig nicht gesehen. Sag` bloß, du wohnst noch hier", begrüße ich sie verblüfft.

„Nein, nein, ich bin nur zu Besuch", rechtfertigt sie sich, als wäre es eine Straftat, in Grimmen zu leben.

Dann donnert ein Gewitter los, und wir müssen ohne den üblichen Smalltalk auseinander rennen.

„Jetzt reicht`s. Wir nehmen den Bus", setzt die triefnasse Inga schimpfend zu einem olympiareifen Sprint zur Bushaltestelle an.

„Dreimal nach Kirch-Baggendorf", keuche ich dem Fahrer entgegen.

„Moment mal, warst du nicht mal im Jugendblasorchester?", fragt der.

„Ganz genau, und du warst unser Schlagzeuger?", antworte ich, ohne zu zahlen.

„Aber was machst du denn hier in diesem Aufzug?", fragt er mitleidig.

„Wir pilgern", weise ich auf die Rucksäcke meiner beiden Begleiterinnen.

„Cool! Und ist es genau so wie in Hapes Buch?", will er wissen.

„So ähnlich", antworte ich augenzwinkernd.

„Macht übrigens zweifuffzig."

Dann müssen wir aussteigen. Das nächste Etappenziel ist nur sieben Kilometer entfernt.

„Haben wir jetzt betrogen", frage ich, als der Bus im Regendunst verschwindet.

„Bei aller Gottesliebe, nicht bei Gewitter, hat doch Pastor Brendel gesagt", beschwichtigt Inga. „Und glaub mir, er hatte recht."

Noch an der Bushaltestelle wählen wir die im Reiseführer angegebene Nummer der Pilgerherberge, und nur wenige Minuten später sperrt uns eine freundliche Ulrike die Pfarrhaustüre auf.

„Kriegen wir auch einen Stempel, obwohl wir mit dem Bus gefahren sind?", frage ich immer noch beschämt.

„So etwas haben wir zwar nicht, aber verdient hätten Sie ihn trotzdem“, malt die zierliche Frau stattdessen einen formschönen Smiley in meinen Pilgerpass.

„Kirchbaggendorf passt nicht in das Kästchen. Ich schreibe ‚Kibado´, wenn`s recht ist, Frau Peters, ja?“, lacht Ulrike.

„Das ist eine besondere Ehre für Frau Peters“, antwortet Inga, während Tanya und ich feixend zu Boden schielen. Ulrike versteht den Insider nicht und öffnet routiniert die Türen ihres Quartiers.

„Das Pfarrhaus ist leider unbewohnt“, blickt sie verschämt auf die Staubmäuse auf dem Fußboden und verabschiedet sich höflich.

„Iiiih, Mäuseköttel“, fuchtelt Inga mit hektischen Bewegungen ein Mikrofäkal von ihrer Matratze.

Ich zucke nur mit den Schultern und zerre meine in den Schatten einer kniehohen Jesusfigur in der Ecke.

„Wenn das nicht der perfekte Herrendiener ist“, werfe ich dem Messias kess meine klitschnasse Joppe über.

„Das machst du aber schön“, kommentiert Tanya Ingas klägliche Säuberungsversuche.

„Ihr könnt mich mal. Ich gehe jetzt in die Kirche“, wettert sie.

„Ist ja schon gut, ich komme mit“, beschwichtige ich, doch sie ist schon wütend aus der Tür gestapft. Bei Fäkalien ist sie empfindlich.

Die Tür zur windschiefen, mit Efeu bewachsenen Feldsteinkirche steht offen, ein frischer Feldblumenstrauß steht davor. Ich setze mich auf die letzte Bank und versinke in meiner Andacht. Das Danksagen am Ende eines Pilgertages ist mir inzwischen lieb und teuer geworden, und auch heute fühle ich tiefen inneren Frieden als ich meine Augen wieder aufschlage. Im Gästebuch lese ich einen drei Tage alten Eintrag eines Pilgers. Auch er fühlte Dankbarkeit, als er seine Zeilen schrieb. Diese unbequeme Art der Fortbewegung scheint starke Gefühle auslösen zu können, sinniere ich und schlage verträumt das Buch zu.

Zurück im Pfarrhaus kriecht Tanya auf allen Vieren in ein Küchenmöbel hinein.

„Hey, guckt mal Dosenravioli“, triumphiert sie. „Und Erbsensuppe!“

„Anno 2010? Super“, begutachte ich den vermeintlichen Schatz mit einer großen Portion Skepsis.

„Ob sie was dagegen haben, wenn wir sie aufmachen?“, fragt Tanya vorsichtig.

„Ganz ehrlich, sie werden uns dafür dankbar sein“, lacht die wieder besser gelaunte Inga.

„Hallo Mädels, das Zeug ist seit einem halben Jahrzehnt abgelaufen", mahne ich. „Ihr wollt doch nicht etwa ..." So viel zum Thema Dankbarkeit ...

„Ach was, das hält sich", füllt Tanya todesmutig den Doseninhalt in einen Topf.

„Ihr Mediziner seid echt schmerzfrei", starre ich fassungslos auf den Herd.

„Jetzt noch Ulrikes Feldblumen mit Teelichtern gekonnt in Szene gesetzt, und fertig ist das Gala-Dineé", flötet Inga.

Ich warte ihren ersten Bissen ab, bevor ich die erste Ravioli zum Munde führe. Aus dem Kofferradio plärren Klänge von Xavier Naidoo. Ein vertrauter Glutamat-Geschmack umhüllt den Gaumen. Notiz an mich selbst: Beim nächsten Atomkrieg unbedingt Dosenravioli mit in den Bunker nehmen. Die halten ewig.

„Ich habe keinen Hunger mehr", lüge ich als es darum geht, die Reste zu vertilgen.

Tanya isst sie mit großem Appetit, wie auch die Dose Mais, welche sie ebenfalls aus dem Küchenbuffet geborgen hatte. Ich hätte Alkohol gebraucht, um davon zu kosten. Da wir keinen haben, lasse ich es lieber. Wie es aussieht, ist heute der perfekte Tag für eine Diät.

Zurück im Schlafsaal hat Inga alle nötigen Sicherheitsvorkehrungen gegen Nager mit Stuhldrang getroffen und all ihre Utensilien auf dem Tisch gelagert.

„Was soll schon passieren, wir schlafen doch im Schatten Jesu", zeige ich dem Herrendiener hinter mir den Facebook-Daumen und lösche das Licht.

Donnerstag, der 30. Juli: Trebel-Tristesse (Kibado - Kölzow, 13 km, 18 km per Bus)

Ich zwinkere dem Jacken-Jesus in meinem Rücken verschwörerisch zu. Er hat uns gut bewacht – keine weiteren Fäkalien auf der Matratze – beste Voraussetzungen für einen erfolgreichen Pilgertag also. Der Jubel ist noch größer als Inga eine erst vor zwei Jahren abgelaufene Packung Cornflakes im Küchenschrank entdeckt.

„Schoooooko!", begeistert sich Tanya.

„Und so frisch", bemerke ich zynisch.

Freunde der Sharing-Economy sollten diesen Ort als Versuchslabor für ein Experiment namens „Wege aus der Wegwerfgesellschaft" nutzen.

Stumm vor mich hin betend, schaue ich auf mein Cerial hinab. Noch kann ich mich nicht durchringen, davon zu essen.

„Endlich wieder Leben im Haus“, betritt Ulrike flötend den Gourmettempel.

„Ist es ok, dass wir uns an Ihren Vorräten bedient haben?“, fragt Tanya höflich.

„Ist doch gut, wenn sie gegessen werden“, freut sich die Gastgeberin.

„Setzen Sie sich doch und speisen Sie mit uns“, recke ich einladend meine Schüssel in die Höhe. Vielleicht kann ich das Zeug ja an sie loswerden.

„Gern“, setzt sie sich, wählt aber klugerweise eine Tasse Tee.

„Kommen denn viele Pilger noch Kibado?“, möchte ich wissen.

„Immer wieder mal“, entgegnet die schüchterne Frau.

„Seltsamerweise begegnen uns keine“, seufze ich.

„Vor ein paar Tagen war einer aus Polen hier. Der konnte gar nicht mehr laufen und musste sich erst einmal ausruhen, bevor er nach Tribsees weiter ziehen konnte. Den habt ihr knapp verpasst“, berichtet sie.

Vielleicht war es ja derjenige, welcher die dankbaren Zeilen ins Gästebuch schrieb, denke ich und frage mich, wie es dem fußlahmen Mann wohl gerade jetzt ergeht. Draußen prasselt der Regen, und es sieht nicht so aus, als würde sich das Wetter heute noch großartig ändern. Wohl oder übel müssen wir unsere Kapuzenponchos über die Rucksäcke werfen, was uns ein bisschen so aussehen lässt wie Absolventen aus Harry Potters Zauberschule und wieder einmal bei Regen pilgern. Noch ein Abschiedsfoto vor dem Hauptquartier des hiesigen Taubenzüchtervereins, und schon befinden wir uns wieder in den unendlich ländlichen pommerschen Weiten. Windböen zausen an unseren Capes. Graphitschwarz glänzende Nachtschnecken aalen sich vor uns auf dem Plattenweg, die Landschaft grau in grau.

„Ich hasse diese Viecher“, flucht Tanya.

„Absolut ekelhaft“, pflichtet Inga bei.

Ein Güllelaster, der die Gremersdorfer Straße versperrt, liefert den passenden Geruch zur Grundstimmung dieses Vormittages. Darüber hinaus klagt Inga über Schmerzen im rechten Bein. Ich leide noch an den Nachwehen der anstrengenden Hohendorf-Etappe, und Tanya hat schon den ganzen Vormittag so einen wehleidigen Dackelblick. Einzig allein die geplante Mittagspause in Tribsees, als einzige Spur zivilen Lebens in der Wüstenei, hält uns aufrecht. Obwohl wir erschöpft sind, rasten wir nicht. Wie auch? Es ist nirgends ein Unterstand in Sicht.

„Ein gottverlassener Ort“, stöhnt Tanya.

„Ich hätte euch warnen sollen“, bekenne ich, während mein wehmütiger Blick über die Wiesen schweift – ein weites, von der Melioration ausgezehrtes Land, dessen Flüssigkeit sich in einem schmalen, entengrützigen Rinnsal namens

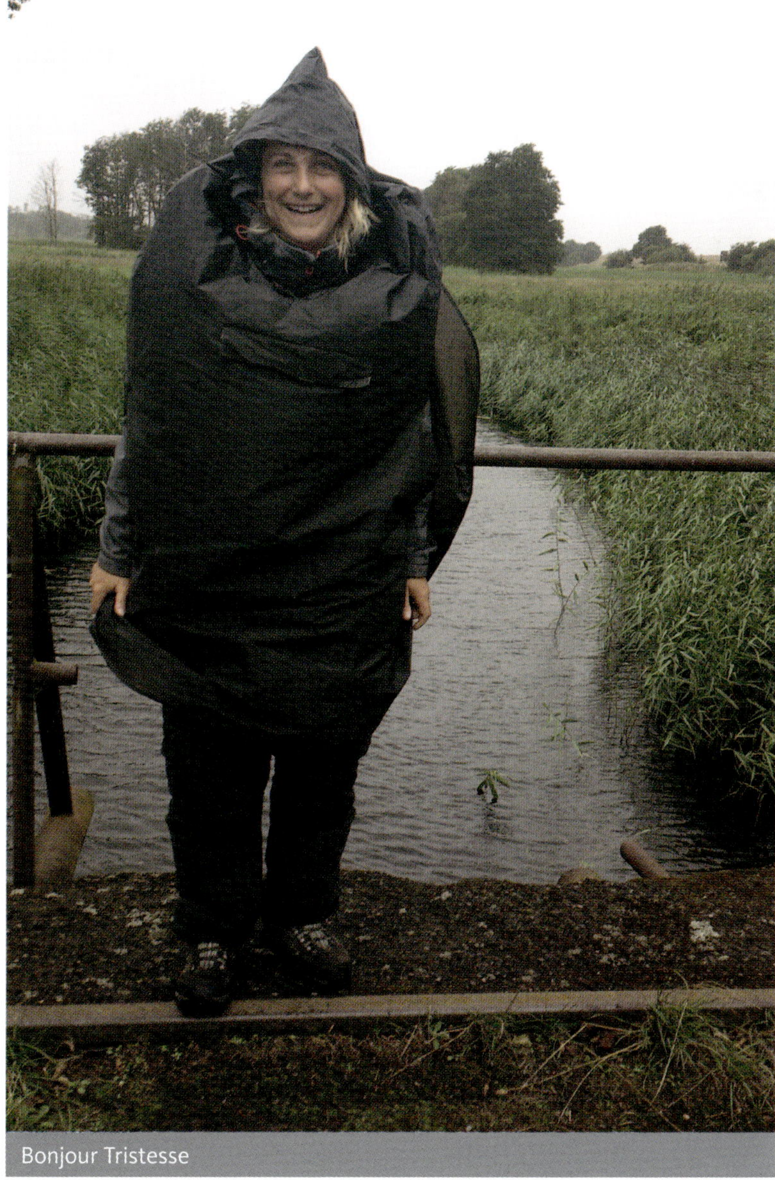

Bonjour Tristesse

Trebel sammelt. Während mich der Wind unter meinem Poncho gerade in ein adipöses Pokémon verwandelt, setze ich mein fatalistischstes Grinsen auf und rufe laut: „Bonjour Tristesse".

Der Hall verebbt im Sumpf, da weit und breit keine Erhebung über Normanull. Das Geräusch von zerplatzenden Nacktschnecken unter den Schuhsohlen liefert den Soundtrack zum Film – eine abscheuliche Kakophonie, die durch Mark und Bein geht. Aber ein Ausweichen ist nicht möglich. Die Viecher sind einfach überall.

Endlich vor den Toren der heiß ersehnten Stadt, zieht sich der Weg ins Zentrum zäh wie Kaugummi. Hinter zwei schicken hanseatischen Portalen modern die Fassaden der Altbauten weinerlich vor sich hin. Wenn hier nicht bald saniert wird, können die Tribseer ihre Stadt abreißen, denke ich. Der Verfall altehrwürdiger Bauwerke macht mich immer sehr traurig. Einzig und allein die Anzeigetafel des pommerschen Kartoffelmuseums in der Karl-Marx-Straße 68 vermag mich ein wenig aufzuheitern. Ein putziges Kartoffelmännchen in zartbraunem Retrodesign wirbt für Führungen zur Geschichte der Kartoffel, deren Züchtung und Vermehrung sowie der Schädlingsbekämpfung.

„Na wenn dat nix is", lobt die Mecklenburgerin Inga.

Leider ist die Ausstellung heute geschlossen. Ein Vogel kackt auf den Schaukasten der ehemaligen Trebelklause.

„Schade, hier hätte man vor der Wende bestimmt gut essen können", seufze ich. Sogar ein Kino befand sich im Ort. Das beweist ein weiterer Schaukasten mit diversen, vergilbten Filmplakaten aus den letzten fünf Dekaden, welche ironischerweise mit dem Titel „demnächst in ihrem Kino" überschrieben sind.

Einst gewiss eine schöne Stadt, wirkt Tribsees heute wie das Set eines David Lynch Films. Aber das Allerschlimmste ist: Ich sehe weit und breit kein Café. Dass das Trebelhostel ebenfalls geschlossen ist, wundert mich kein Stück. Entwicklungsland MV? Gisela, was diesen Ort betrifft, hast du leider recht.

Ein Radfahrer im leuchtroten Trikot, prescht an uns vorbei, bremst, stellt sich als Jonas aus Litauen vor und fragt, wie er denn auf dem schnellsten Weg nach Rostock komme. Er sei auf der Suche nach einer echten Stadt und erwähnt ganz nebenbei, auf dem Weg nach Portugal zu sein.

„Adventure of my life", strahlt er.

„Looking for Portugal, finding Tribsees", bemerke ich zynisch, doch der Schönling hat keine Zeit für Witzchen. Er hat noch gut viertausend Kilometer vor sich und wird die kleine Nekropole wohl bald wieder vergessen haben.

„Have you seen a café?“, fragt Tanya fast ein bisschen verzweifelt.

„Not at all“, verabschiedet er sich, und unsere Blicke folgen ihm sehnsüchtig als er das Mühlentor passiert.

Die Aussicht auf eine Mittagspause hatte uns die letzten dreizehn Kilometer aufrechterhalten. Doch jetzt, da diese Sehnsucht unerfüllt bleibt, lassen wir fluchend unsere Rucksäcke auf das Trottoir fallen und verharren missgelaunt auf einer Bank. Es ist das erste Mal, dass ich ein motorisiertes Vehikel vermisse.

Wir stoppen den ersten Passanten des Tages, einen Rentner, der schwer an zwei Beuteln mit Flaschen schleppt.

„Ein Café?“, fragt er ungläubig. „Ham wa nich, müssen se zum Konsumbäcker gehen“, hebt er qualvoll seinen Arm und zeigt in die Richtung, aus der wir eben kamen.

„Da sind wir ja wieder“, feixe ich als wir den Supermarkt am Stadtrand erreichen.

Er war uns auf dem Hinweg durchaus aufgefallen, doch verwöhnt wie wir nun mal sind, hofften wir, ein charmantes, kleines Lokal mit Blick auf den Marktplatz zu finden.

„Gar nicht mal so schön hier“, zischt Inga.

„Aber es gibt Döner“, lobt Tanya und läuft forschen Schrittes auf den morgenländischen Imbiss zu.

„Wenn es da so schmeckt wie die Bude aussieht, dann prost Mahlzeit“, raune ich.

„Seit Kibado sind wir doch abgehärtet, und außerdem werden die Keime von der Flamme abgetötet“, beruhigt Inga.

Tanyas Fleischhunger wird uns noch alle umbringen, denke ich und folge ihr mürrisch in den Gastraum. Fettbesprenkelte Fliesen, die einst weiß waren, fleckige, babyblaue Raufasertapete, klappriges Gestühl und ein debil dudelnder Spielautomat im Gastraum flüstern mir zu: Willkommen in der Hölle. In den Jogginghosen der bildungsfernen Kundschaft sammelt sich der Geruch von ranzigem Bratfett. In der Auslage liegt ein undefinierbares Etwas, das ich für Gemüse halte. In einer Plastikdose daneben schwimmt eine zwielichtige Sauce, deren Inhaltsstoffe ich lieber nicht kennen möchte. An zwei Drehpießen klebt das handelsübliche Pressfleisch. Flippige Radio-MV-Melodien (in unseren Breiten auch „Radio Mutti und Vati“ genannt) vermischen sich mit dem Gedudel des einarmigen Banditen. Reflexartig wende ich mich zur Tür, als mein verdutztes Ohr Tanyas Bestellung vernimmt.

„Einen Dönerteller mit Pommes bitte“, höre ich die Carnivore sagen, und ich weiß jetzt schon, dass wir diese Einkehr bitter bereuen werden.

Angewidert lasse ich mich auf die ranzige Sitzgarnitur fallen, nachdem ich mich dazu durchringen musste, meinen Rucksack auf dem dreckigen Fußboden abzustellen.

„Teilen wir uns eine Pizza?“, nimmt Inga verächtlichen Blickes die Speisekarte in Augenschein.

„TK-Pizza ist wohl das kleinere Übel“, nicke ich abwägend mit dem Kopf.

„Mist, schon wieder sechzehn Euro verspielt“, flucht es vom Groschengrab herüber, und ein kahl geschorener Bomberjackenträger von vielleicht zwanzig Jahren verpasst dem bimmelnden Monstrum einen Schlag mit der flachen Hand, was für ein paar Sekunden das Gejaule von Tony Christies „This is the way to Amarillo“, übertönt.

„Störe Papa jetzt nicht“, wispert eine eingeschüchterte junge Frau dem rotznasigen Kind an ihrer Seite zu und nimmt es ganz fest in den Arm.

„Apo, dein Automat ist Schrott“, brüllt der Unglücksrabe zum Tresen herüber, während sein Besitzer nur müde mit den Schultern zuckt.

Des einen Verlust, des anderen Gewinn, sinniere ich, während Apo lautstark seine Zukunftspläne durch das Bistro plärrt.

„Muss unbedingt Lokal bei A 20 aufmachen. Is gut` Geschäft. Autofahrer wolle Döner essen“, doziert er.

Oh Gott ist das bescheuert, denke ich, aber ich werde einen Teufel tun und es Apo sagen. Ich will schließlich nicht mit seinem Falafel-Messer aufgeschlitzt werden. Lieber starre auf den Fetttropfen, welcher in Zeitlupe von Tanyas Gabel fällt.

„Und, schmeckt`s?“, befrage ich meine beiden stumm vor sich her kauenden Probandinnen.

„Überhaupt nicht“, stochert Tanya in den Fleischfragmenten ihres Dönertellers herum, während mir Ingas Blicke sagen, dass sie sich jetzt liebend gerne übergeben würde.

„Stimmt so“, knallt sie Apo das abgezählte Geld auf den Tresen.

Endlich im Freien setzen wir uns zum konspirativen Käffchen in die Discounter-Bäckerei hinüber. Wir müssen unbedingt Fluchtpläne aus dieser Vorhölle schmieden. Nachdem das Trebelhostel als anvisiertes Quartier nun weggebrochen ist, müssen wir uns anderswo ein Bett suchen. Doch niemand ist wirklich traurig darüber.

„Selbst Giesela schreibt, dass man Tribsees getrost per Bus umfahren kann", zitiert Inga aus ihrer geliebten gelben Reisefibel und schlägt den ehemaligen Kurort Bad Sülze als nächstes Etappenziel vor.

Da es immer noch regnet und es uns für heute reicht, nehmen wir den Bus. Doch in Bad Sülze folgt die nächste Ernüchterung, sieht die Stadt doch genau so aus, wie ihr Name klingt.

„No way", bockt Tanya nachdem sie die ersten Schritte in den Ort gesetzt hat.

„Weiter?", frage ich mitfühlend.

„Weiter!", fleht die Bulgarin. „Hier ist es ja genauso schlimm wie in Tribsees."

„Und? Was empfiehlt unsere Gisela an dieser Stelle?", wende ich mich fragend an Inga.

„Die nächste Herberge befindet sich in Kölzow", antwortet sie und wählt umgehend die im Reiseführer angegebene Nummer.

Und siehe da, man erlaubt uns, unsere Isomatten auf dem Boden des dortigen Pfarrhauses abzulegen. Also nehmen wir den nächsten Bus in Richtung Rostock und landen nur wenige Fahrminuten später in einer völlig anderen Welt. Akkurat getrimmte Buchsbaumhecken umgrenzen bunte Norweger-Häuser. Liebevolle Väter haben ihren Sprösslingen Baumhäuser gebaut, und sogar Geschäfte gibt es.

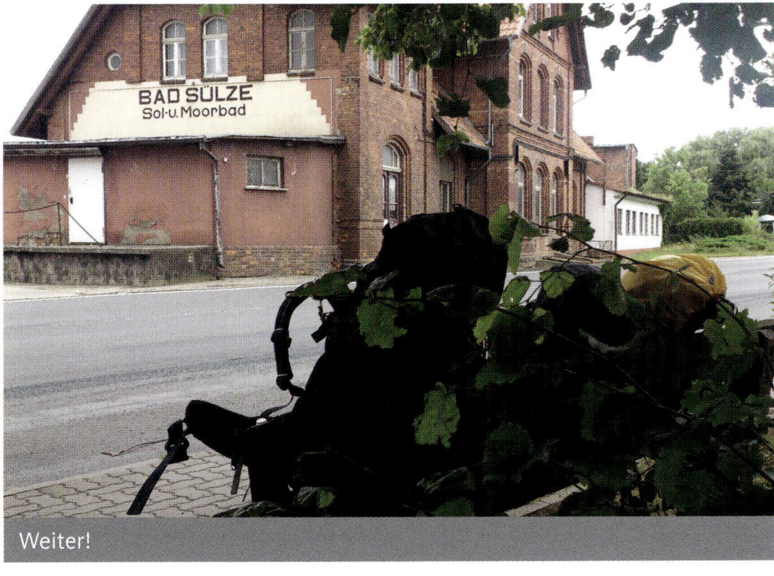

Weiter!

„Endlich wieder ziviles Leben“, atmet Tanya auf.

Nach den jüngsten Trebel-Impressionen stand sie regelrecht unter Schock.

Am Ende des hübsch gepflegten Wohngebietes liegt unter knorrigen Bäumen der Rosamunde Pilcher-Traum eines Pfarrhauses. Dazu passend stützt sich ein jugendlicher Gärtner an seiner Schaufel ab.

„Ihr müsst die Pilger sein. Herzlich Willkommen“, stellt er sich als Sebastian vor.

„Danke“, höre ich Tanya sagen. „Es ist wunderschön hier.“

„Ein besonderer Ort“, stimmt er fröhlich zu. „Diese Kirche ist auf einem heiligen Ort erbaut. Man kann seine Energie förmlich spüren“, erklärt er. „Aber bezieht erstmal in Ruhe euer Quartier. Dann gebe ich euch gerne eine Kirchenführung.“

Inga und ich wechseln einen kurzen Blick und antworten: „Aber gerne.“

„Ihr findet mich genau hier“, sagt er und verschwindet in einer Baustelle.

„Ob er dort wohnt?“, frage ich mit Blick auf das eingerüstete Backsteinhaus gleich neben der Pfarre.

„Ich vermute es“, antwortet Inga und klingelt an der Pfarrhaustür.

Ein altes Mütterchen öffnet und zeigt uns eine verführerisch neue Küche und einen modernen Schlafsaal.

„Hier können Sie ihre Isomatten ausbreiten. In der Küche können Sie gerne kochen und natürlich das Bad benutzen. Das macht dann zehn Euro“, krächzt Frau Hoffmann.

Dankbar strecken wir ihr das Geld samt Pilgerpässen entgegen, bestaunen den hübschen Stempel des hiesigen Pfarramtes, breiten routiniert Isomatten und Schlafsäcke aus, basteln mal wieder textile Kopfkissen und kochen Nudeln mit Jägersauce.

„Ich würde gerne hier bleiben, ausspannen und dann ausgeruht den Bus nach Rostock nehmen“, sagt Tanya plötzlich. „Morgen ist mein letzter Tag, und ich bin sehr müde.“

„Aber was sollen wir denn hier einen ganzen lang Tag machen?“, fällt Inga ihr ins Wort.

„Na auf der Wiese liegen und ausruhen zum Beispiel“, antwortet sie gelassen.

Weil ich ahne, dass die beiden Medizinerinnen, die gegensätzlicher nicht sein könnten, in dieser Frage auf keinen gemeinsamen Nenner kommen werden, sehe ich große Schwierigkeiten auf mich zu kommen. Denn egal wie ich mich entscheide, irgendjemand wird am Ende sauer sein.

„Nati, was denkst du denn?“, ruht jetzt Tanyas Aufmerksamkeit auf mir.

„Ich bin für beides offen“, stottere ich, um Zeit zu gewinnen, während sich Inga, sichtlich angesäuert in den Schlafsaal verzieht.

Unsere Carnivore möchte ihren Pausentag, was ich durchaus verstehe, und Inga möchte weiterlaufen, was ich ebenfalls nachvollziehen kann. Mein Phlegma hält mich davon ab, eine klare Position zu beziehen. Lieber warte ich ab, bis sich das Gewitter verzogen hat und ich mich dem allgemeinen Konsens anschließen kann. Und auch diesmal bewährt sich diese Strategie, denn nur eine Zigarettenlänge später kommt Inga wieder aus ihrem Schneckenhaus heraus.

„Na gut, ist ja schließlich dein letzter Tag“, räumt sie milde ein.

„Dann kann die Kirchenführung ja endlich beginnen“, atme ich auf. Ein bisschen Bildung kann schließlich nicht schaden“, bemerke ich augenzwinkernd.

„Geht ihr nur“, grinst Tanya und setzt sich in den Garten, während das wandelnde Lexikon Sebastian lückenlos die Kölzower Kirchengeschichte herunterrasselt.

„Die heidnisch anmutenden Wandfresken aus dem dreizehnten Jahrhundert wurden kürzlich freigelegt, und die Sanierungsarbeiten an den Fenstern werden auch bald abgeschlossen sein. Der Kirchenrat beschloss ...“

Wie in der Schule wandern die Fakten zum einen Ohr hinein und zum anderen wieder raus. Lieber lasse ich die Atmosphäre des Ortes auf mich wirken und staune, wie sich das Abendlicht in den bunten Kirchenfenstern bündelt.

„Wollt ihr den Dachstuhl sehen?“, weckt mich Sebastians merklich lautere Stimme.

Bestimmt hat er mich beim Dösen ertappt, der alte Oberlehrer.

„Klar“, höre ich Inga sagen und ahne, dass das keine gute Idee war.

Denn wir müssen eine schmale, nicht gerade vertrauenserweckende Holzleiter hinauf bis unters Dach klettern. Sebastian ist in Nullkommanichts oben, Inga klettert hinterdrein, und übrig bleibe ich.

„Komm schon, ist nicht schlimm“, ermuntert mich das kleine Äffchen.

Die hat gut lachen mit ihren fünfzig Kilo, denke ich, grinse schief und betrete die erste Stufe. Sie fühlt sich an wie Wackelpudding, oder sind das meine Beine?

Ich wecke eine Fledermaus, die jetzt wütend im wurmstichigen Gebälk herum flattert. Ich warte die Attacke ab, zwinge mich nicht nach unten zu sehen und ergreife Sebastians Hand.

„Siehst du, war doch nicht so schlimm“, beschwichtigt er, während ich versuche, seinen Ausführungen über die Robustheit heimischer Holzarten zu folgen.

Ich werfe einen bangen Blick durch das Fenster hinunter auf den Friedhof und bete, nicht auf selbigem zu landen.

„Kölzower Fenstersturz! Pilgerin stürzt in den Tod", sehe ich schon die Headline der Gazetten vor dem inneren Auge wirbeln.

Nach einer knappen Stunde klettern wir wieder hinunter, und ich weiß nicht, wofür ich dankbarer sein soll – diese dezidierte Kirchenführung oder das nackte Überleben.

Freitag, der 31. Juli
Das Dorf (0 km)

„Aufstehen Leute", ruft Inga.

Wenn ich nicht zu müde wäre, würde ich sie jetzt töten. Ich befinde mich nämlich noch mitten im Tiefschlaf, habe Halsweh und einen steifen Nacken. Wer möchte da schon geweckt werden?

„Was? Wieso? Warum?", brabbele ich schläfrig.

So ein Bett ist schon etwas Feines, eine Isomatte hingegen nicht. Mein dreieinhalb Zentimeter starkes, selbstaufblasendes Kompaktmodell schläft sich nämlich ungefähr so bequem wie eine Bohle auf einem Sklavenschiff.

„Frau Hoffmann kommt", ruft Tanya, während das heimtückische Klackern ihrer Krücken durch die Tür dringt.

Hastig werfe ich mir etwas über und renne zu den anderen in die Küche.

„Dürfen wir noch eine Nacht bleiben?", höre ich Inga in devotem Tonfall fragen.

Die weißhaarige Dame stützt sich auf ihren Stock und legt ihre Stirn in Falten. Vielleicht sagt sie ja nein, und wir können weiterziehen zu einem Ort, wo es richtige Betten gibt, hoffe ich.

„Der Pilger bleibt nur eine Nacht. So steht es im Gesetz", antwortet Frau Hoffmann streng.

Wunderbar, dann können wir ja jetzt weiterziehen.

„Aber es sind keine weiteren Pilger angemeldet, und solange wir Platz haben, können Sie gerne bleiben", sagt Frau Hoffmann plötzlich sanftmütig und zerstört damit all meine Hoffnungen auf eine weiche Schlafstatt.

Tanya und Inga lächeln einträchtig und bedanken sich höflich. Nur meine Mundwinkel wollen sich nicht heben. Ich brauche erst einmal einen Liter Kaffee,

Vitamintabletten, Paracetamol und Schokolade zum Frühstück. Außerdem steckt mir das gestrige Tribsees-Trauma noch in den Knochen. Wer hätte gedacht, dass die Seele derart unter den maroden Infrastrukturen sterbender Städte leiden kann?

Erst am frühen Nachmittag kommen wir aus dem Haus. Vom Nachbarszaun baumelt ein Beutel mit Grünzeug aus dem Kölzower Gemeinschaftsgarten. Inga hat es gestern am Brötchenwagen für uns klar gemacht und mit einer Nachbarin über frisches Gemüse verhandelt. Jetzt sieht sie die Früchte ihrer Rhetorik an einer Latte hängen.

„Der ist für uns", rennt sie stolz zum Zaun.

Eine Frau humpelt aus dem Haus und bringt einen weiteren Beutel herbei.

„Der ist für Frau Hoffmann", sagt sie.

Instinktiv winke ich zum Fenster der alten Dame hoch. Wie vermutet hat sie dort oben Posten bezogen und winkt mir freundlich zurück. Ich laufe zurück zur Tür und drücke Oma Hoffmann, welche mich in ihren unverhältnismäßig großen Pantoffeln entwaffnend dankbar anlächelt, den Salat in die Hand.

„Wenn Sie noch mehr wollen, brauchen Sie nur vorbeizukommen", schmettert die Spenderin lautstark über den Hof und watschelt in ihr Eigenheim zurück.

„Dankeschön", rufen wir ihr hinterher.

„Da nich für", winkt sie ab und zieht die Haustür hinter sich zu.

Hilfsbereit und kurz angebunden – So sind sie, die Norddeutschen.

Jetzt haben wir also gartenfrisches Gemüse und immer noch einen halben Tag vor uns. Was also tun gegen die Langeweile oder besser gefragt: Was tut ein Pilger an einem Pausentag?

Versonnen stehen wir am Teich des hübsch sanierten Schlosshotels und starren auf die Entengrütze. So etwas wie Freizeit hatten wir alle drei lange schon nicht mehr. Also müssen wir lernen mit diesen plötzlichen Mußestunden umzugehen. Durch den menschenleeren Ort laufen wir zurück Richtung Bundesstraße, wo sich eine kleine Geschäftsstraße befinden soll, welche von den Dorfbewohner liebevoll „Schlemmermeile" genannt wird. Sie besteht aus einer Bäckerei, einer Tankstelle, dem Gasthaus „De Mecklenbörger" und der Landfleischerei Hoffmann. Es duftet nach Brot, aber die Geschäfte sind noch bis vierzehn Uhr geschlossen.

Mein Blick wandert über die Stoppelfelder jenseits des Dorfes. Irgendwo in dieser Gegend muss die Grenze zwischen Mecklenburg und Vorpommern liegen. So habe ich es jedenfalls in der Schule gelernt. Die Flüsse Trebel und Recknitz markieren die Grenze zwischen den Regionen, die sich angeblich nicht mögen sollen. Ähnlich wie mit den Franken und den Bayern sei es dort um die nachbarschaftliche Nächstenliebe bestellt, doch ich glaube nicht recht daran. Wie das Produzieren aufwendiger Wortsalven ist das Pflegen leidenschaftlichen Hasses nicht wirklich die Sache eines Norddeutschen. Nicht nur, dass die Uhren nördlich der Havel langsamer ticken, könne dort selbst mit dem Weltuntergang erst fünfzig Jahre später gerechnet werden. So lautete jedenfalls das Bonmot, welches Otto von Bismarck gern in den Mund gelegt wird. Eingedenk der Tatsache, dass nicht nur meine Familie, sondern mein ganzes Dorf die Wende komplett verschlief, verstehe ich die Beweggründe des Reichskanzlers. Gut, dass es im Deutschen auch temperamentvollere Gemüter gibt wie zum Beispiel die Sachsen. Ohne ihre Montagsdemonstrationen gäbe es heute immer noch Steckrüben und Schwarzwurzeln statt Bananen. Inga und ich, als Vertreter Mecklenburgs und Vorpommerns, ziehen uns lediglich liebevoll mit unseren feinen regionalen Unterschiedlichkeiten auf.

„Und was sollen wir jetzt die ganze Zeit lang machen?“, fragt sie.

„Die Schule besichtigen, was sonst?“, schlage ich vor.

Sebastian hatte gestern von klugen Kölzowern erzählt, die die Neueröffnung einer evangelischen Privatschule durchsetzten, nachdem die staatliche Schule geschlossen worden war. Sie zogen vor das Landesgericht und bekamen ihre Bildungseinrichtung zurück. Wir stehen auf dem Schulhof und staunen über ein modernes, in grauer Holzoptik gestrichenes Schulhaus. Alternativ geformte Spielgeräte und eine Freilichtbühne verheißen kurzweilige Pausen. Ich lege mich auf die Holzdielen und genieße die Sonne. Inga hängt äffchenartig an einem der Klettergerüste, und Tanya spielt Riesenschach gegen sich selbst, bis ein circa neunjähriger Sheldon Cooper mit seltsamer Mundart auftaucht und sich allen Ernstes mit einer Anästhesistin im Schach messen möchte. Der kleine blonde Klugscheißer kommt aus Zürich, was seinen Dialekt erklärt, macht hier mit seinen Eltern Urlaub und trägt einen komischen schwarzen Roboterkasten mit sich herum, der so ähnlich piept wie R2D2. Das erste Spiel endet unglaublicher Weise unentschieden. Fassungslos reibe ich mir die Augen und richte mich auf. Dieses Spiel möchte ich sehen.

„Der kleine Nerd macht Tanya fertig“, flüstere ich Inga zu.

„Ich kann euch hören“, zischt Tanya genervt.

„Diesmal gewinne ich. Ich spiele nämlich seit meinem vierten Lebensjahr und lese Schachbücher“, prahlt der kleine Neunmalklug.

„Das werden wir ja sehen“, wuchtet Tanya verbissen ein verwittertes Pferd vor sich her.

Wie die Groupies jubeln wir ihr zu als sie das zweite Match knapp gewinnt. Der Kleine schnappt seinen Roboter und zieht beleidigt ab.

„Die Schweizer Antwort auf Kasparow“, seufze ich mit sehnsüchtigem Blick auf die Uhr. Wenigstens haben wir das Mittagsloch überbrückt und stehen Punkt 14 Uhr erneut vor der Bäckerei.

„Ihr seid wohl die Pilger“, begrüßt man uns freudig.

„Sieht man uns das etwa an“, fragt Inga verdutzt.

Immerhin haben wir unsere Rucksäcke nicht dabei, müssten also inkognito sein.

„Das nicht, aber im Dorf erfährt man immer, wenn es etwas Neues gibt“, antwortet die Fachverkäuferin ehrlich.

„Und? Besuchen Sie unser Dorffest heute Abend?“, fragt die Bäckersfrau.

„Mal sehen“, verabschieden wir uns eilig.

Zurück im Pfarrhaus schnappen wir unsere Schlafsäcke, legen sie auf die Wiese, halten ein Nickerchen. Das Gras ist weich, die Bäume über unseren Köpfen säuseln ein Schlaflied, in der Ferne kräht ein Hahn, eine Skulptur vor einem Peter-

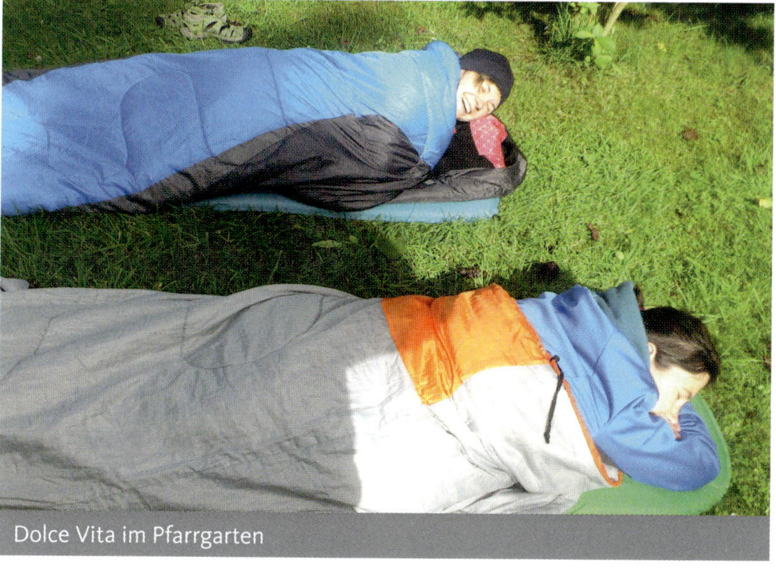

Dolce Vita im Pfarrgarten

Lustig-Wohnwagen guckt hinaus auf das Feld, eine hölzerne Sonnenblume blüht davor. So langsam finde ich Gefallen an der Wanderpause.

„Warum schlaft ihr denn ausgerechnet hier?", weckt uns eine Frauenstimme.

„Eigentlich wollte ich jetzt Rasenmähen", erklärt uns eine burschikose Dame, die ich für die Pastorin halte.

Verdutzt gucken wir aus unseren Schlafsäcken heraus, doch bevor wir etwas erwidern können, nimmt sie ihre Schubkarre und schiebt sie von hinnen. Gleichmütig und ausgeruht räumen wir das Feld, hören Cool Jazz in der Küche und brezeln uns auf für das Dorffest – soweit dies mit zwei durchgeschwitzten Oberteilen möglich ist.

„Für die Dorfbevölkerung reicht`s", reibe ich mir zufrieden über den Bauch – muss ich halt auf subtile Erotik setzen. Inga und Tanya haben diesbezüglich mehr Auswahl und brauchen deutlich länger für die Anprobe.

Die wummernden Bässe rustikaler Schlagermusik führen uns zielsicher zum Festplatz, bestehend aus einem Partyzelt, einem Dutzend Biergarnituren davor, einer Art Tanzdiele, drei Imbisswagen und einem Anhänger mit der Sound-Anlage, aus der die unsäglichen Klänge dröhnen.

„Dreimal Spaß?", öffnet ein bulliger Typ schief grinsend seine Kasse.

„Unbedingt", entgegnet Tanya cool und zückt einen Zehner.

„Seid ihr die Pilgerinnen?", fragt ein älterer Herr neben ihm.

„So sieht`s aus", antworte ich.

„Ich bin der Harald, der Betreiber des Dorffestes. Der erste Cocktail geht auf mich."

„Na dann ist der Abend ja gerettet", bemerke ich lakonisch.

Ein wenig unbeholfen staksen wir über den Stoppelrasen, schauen uns verstohlen nach anderen Gästen um, stellen fest, es gibt keine, lassen uns zögernd als erste Gäste auf einer der Bänke nieder, decken uns mit Bier ein, nehmen wohlwollend zur Kenntnis, dass die Fleischfachverkäuferin von der Schlemmermeile, am Grill steht und winken ihr fröhlich zu. Aus dem Planwagen wummert das Intro zu Helene Fischers Partykracher „Atemlos durch die Nacht". Zwei Damen greifen einander beherzt an die Hüften und schunkeln im altbewährten Discofox über den Bolzplatz. Der Schweizer Nachwuchs-Kasparow darf sich noch eine Wurst holen, dann geht es ab nach Hause. Tanya ignoriert er gekonnt. Die erste Niederlage seines Lebens sitzt wohl noch tief. Über dem Bierwagen versinkt die Sonne, der DJ spielt Helene Fischers Vier-Akkorde-Wunder gleich noch einmal, der Tanzboden füllt sich, und zu allem Überfluss speit der Trekkerwagen jetzt eine Rauchwolke und flackernde Lichtblitze aus. Ein paar Trunkenbolde grölen ein schiefes „atemlos“ in den Dunst hinein. Ganze sechs Leute befinden sich auf der Tanzfläche. In Kölzow steppt der Bär.

„Wenn es am schönsten ist, soll man gehen“, verdreht Inga die Augen.

Doch Harald hat andere Pläne.

„Hey, ihr kriegt noch einen Cocktail von mir“, ruft uns der Mann mit schütterem Haar und Lederjacke zu.

„Das ist wirklich nicht nötig“, winke ich ab.

„Ich bin ein Mann, der zu seinem Wort steht“, insistiert er, schiebt uns zum Bierwagen, ordert Piña Colada für uns und einen Wodka für sich.

„Ein wunderschönes Dorf haben Sie hier. Da können Sie stolz drauf sein.“, lallt Inga, die selbst im Suff noch wertschätzende Worte für jedermann findet.

Dies zaubert ein zufriedenes Lächeln auf Haralds Gesicht und katalysiert seinen Redefluss.

„In ihrem Dorf duftet es sogar nach frischem Brot“, lobt sie weiter.

„Der Duft kommt von der Baltic-Destillerie. Die produzieren Primasprit und beschäftigen dreißig Angestellte, was gut für uns ist“, nippt er an seinem Destillerie-Erzeugnis.

Dann schiebt er uns weiter Richtung Grill und fragt er unsere Berufe ab. Als ich meinen nenne, berichtet er mit Stolz von der Kölzower Schule.

„Die Schulgebühren sind an den Geldbeutel der Eltern angepasst. Deshalb kann jedes Kind aus dem Dorf, die Schule besuchen, obwohl sie privat ist. Und einen guten Ruf genießt sie außerdem“, schwärmt er.

„Wir haben sie heute Nachmittag besichtigt. Da können sie wirklich stolz drauf sein“, lobe nun auch ich, und Tanya knufft mir in die Seite.

„Was ist eigentlich pilgern genau?“, wechselt Harald plötzlich das Thema. „So wie Wandern auf der Walz?“

„Na ja, so ähnlich, nur ohne handwerkliche Fähigkeiten“, antworte ich.

Der Partykracher „Schwarze Rose“ donnert in die tiefgreifende Konversation, und ich muss sagen, Schlager haben auch ihr Gutes.

„Oder ist das eure religiöse Einstellung?“, hakt er nach.

Tanya und ich senken demonstrativ unsere Köpfe. Die Frau hinter dem Grill bedenkt uns mit einem mitleidigen Blick. Ich für meinen Teil kann nicht ernsthaft über das Leben reden, wenn im Hintergrund „Schwarze Rose“ läuft. Glücklicherweise übernimmt Inga die Konversation, erklärt geduldig, dass wir nicht primär religiös motiviert sind, sondern eher auf der Suche nach Entschleunigung und dem einfachen Leben.

„Nun hört doch mal auf zu schwafeln und esst euer Fleisch", sagt die Frau am Grill.

„Und ich geb` noch einen aus", singt Harald.

Ein einfaches „nein" hätte also auch gereicht. Es ist nicht leicht, das Pilgern zu beschreiben, schon gar nicht in einer Bierlaune. Außerdem verstehe ich es selbst nicht einmal richtig. Wir schlagen Haralds Angebot aus und nehmen den nächsten Evergreen zum Anlass, uns zu verabschieden.

„Aber nächstes Jahr kommt ihr wieder", deliriert der Mann, der mir inzwischen sympathisch geworden ist. „Wir feiern immer das erste Augustwochenende, und samstags kommen über tausend Besucher", strahlt er.

„Versprochen", entgegne ich, wobei ich im Leben nicht glaube, dass mehr als einhundert Leute auf diese Kuhweide passen.

Ein letzter schwerer Schulterklopfer, und wir taumeln belustigt durch die Dunkelheit. Sogar die Hunde kläffen freundlich in dieser bierseligen Nacht.

Ich klaue zwei Kissen aus dem Gemeinderaum, tüftele an einer optimalen Schlafkonstruktion. Tanya nickt sofort ein und schnarcht leise. Ich lausche eine Weile, um zu hören, ob die balkanische Säge lauter wird, und nach dem ersten Crescendo „klick", öffnen sich punktgenau zur selben Zeit unsere Ohropax-Döschen. Inga und ich wechseln einen kurzen, mitleidigen Blick, stopfen uns den Gehörgang zu, und dann ist endlich Ruhe.

Zweiter Teil - Pilgern zu zweit

Samstag, der 1. August: Tanyas Abschied (Kölzow - Sanitz, 17 km)

Mein teilnahmsloser Blick wandert über schorfige Raufasertapeten-Gnubbel, vorbei an Bibeln und Gesangbüchern, bis er schließlich an zwei fertig gepackten Rucksäcken hängen bleibt. Ich verschlafe Tanyas Abschied, schießt es mir durch den Kopf, möchte aufspringen, kann es aber nicht. Vermutlich bin ich gelähmt. Noch so eine Nacht auf dem unbarmherzigen Dielenboden, und ihr könnt mich im Rollstuhl ins Pflegeheim schieben.

„Wie ich mich auf mein Bett freue", höre ich Tanyas dunkle Stimme durch die Küchentüre raunen und entspanne mich augenblicklich.

Ich versuche mich zu bewegen. Meine Zehen funktionieren tadellos. Vermutlich bin ich doch nicht gelähmt.

„Verständlich", pflichtet Inga bei.

„Aber die Hektik auf Station ...", hält Tanya plötzlich inne.

„Die Isomatte ist die Geißel der Menschheit", propagiere ich aus der Mitte des Türrahmens in die Küche hinein, immer darauf bedacht, ruckartige Bewegungen zu vermeiden.

„Guten Morgen, Frau Philosophin", begrüßt mich Tanya.

„Guten Morgen, meine Damen", greife ich vorsichtig nach der Kaffeekanne.

„Rücken?", erkundigt sich Inga mitfühlend.

„Schlimmer, mein Kadaver hat zur Verwesung angesetzt. Solltet ihr unterwegs also Gliedmaßen von mir finden, seid doch bitte so nett und sammelt sie ein, damit sie zeitnah transplantiert werden können. Danke."

„Also ich bin raus aus der Nummer", entgegnet Tanya trocken.

„Und ich bin kein Chirurg", grinst Inga.

„Ich wusste, ich kann auf euch zählen", zische ich, als plötzlich Tanyas Handywecker klingelt.

Auf einmal spielen körperliche Befindlichkeiten keine Rolle mehr. Die Carnivore schultert ihren Rucksack, während ich es ungewöhnlich finde, meinen zurückzulassen.

„Du wirst Nati tragen müssen, wenn ihr ankommen wollt", stänkert der Balkanturbo, als wir die Bushaltestelle zu Kölzow erreichen.

„Da riskiert sie aber einen Bandscheibenvorfall", belustige ich mich.

„Wie willst du es denn sonst in deinem Tempo bis nach Bremen schaffen?", stellt Tanya ihre nicht ganz unberechtigte Frage.

„Bis Wismar hat sie ja mich, aber für das letzte Drittel sehe ich schwarz", lästert Inga.

„St. Jakobus wird mich leiten", schmunzele ich und zeige auf einen hellen Fleck am Horizont, der noch viel zu weit entfernt ist, um ein Bus zu sein.

Natürlich habe ich Herzflimmern, wenn ich an das das letzte Drittel meines Weges denke, aber das müssen die beiden Lästermäuler nicht unbedingt wissen. Irgendwie werde ich es schon bis nach Bremen schaffen und wenn ich dafür trampen muss.

„Bis der kommt, ist Mittag", flappst Tanya, die ihre Emotionen vorsorglich hinter ihrer dunklen Sonnenbrille verbirgt.

„Hach Tanya, wir werden dich vermissen", bringt Inga meine Gefühle zum Ausdruck.

„Vor allem deine Blasenpflaster", scherze ich, um die Wehmut zu überspielen.

Und plötzlich hält der helle Fleck vor unserer Nase, öffnet seine Schiebetür und offenbart ein bekanntes Gesicht – Ulrike aus Kibado, die uns fröhlich von der ersten Reihe aus entgegen winkt.

„So ein Pech mit dem Wetter, was?", brüllt sie tapfer gegen den Lärm des Motors an.

„Geht schon", winke ich ab, während ich, „was für ein sonderbarer Zufall" denke.

Tanya besteigt den Bus, schüttelt Ulrikes Hand und nimmt in der zweiten Reihe Platz.

„Gute Fahrt", rufen wir zu den beiden hinauf.

„Buen camino", ruft es zurück, während Tanyas Umrisse langsam hinter der Scheibe verschwimmen und sich der Bus wieder in einen hellen Fleck verwandelt.

„Jetzt fährt sie zurück in ihr altes Leben", winke ich ihm mechanisch hinterher. Ob der Alltag sie gleich wieder in den Schwitzkasten nimmt? Oder wird sie Zeit finden, der Botschaft des Weges nachzulauschen? In einer ruhigen Nachtschicht vielleicht?

„Kannst aufhören. Sie sieht uns nicht mehr", bemerkt Inga traurig.

„Ich will nur sicher gehen, dass sie auch wirklich weg ist", entgegne ich keck, und der Kloß im Hals löst sich unmerklich auf.

Lustlos und ohne Tanya noch viel langsamer, traben wir zum Pfarrhaus zurück, wo Frau Hoffmann uns schüchtern aus ihrer Dachluke zuwinkt. Doch wir verabschieden uns nicht, sondern schultern unsere Ranzen, lassen das Dorf rasch hinter uns und traben schweigend auf ein Wäldchen zu, während ich Stück für Stück zur Ruhe komme.

Mir ist, als ob mein armer, sorgenvoller Geist mit jedem Schritt ein Päckchen Last abwirft, sich somit ganz allmählich von seinen Ängsten und Zweifeln befreit, bis ich innerlich ganz leer und wunschlos werde.

Der modrige Geruch des Waldes kitzelt meine Nasenflügel wach, und ich spüre wie weich der Boden unter meinen Füßen federt. Das Knarzen des Astes gleich zu meiner rechten vernehme ich ganz klar, wie auch das klopfende Ostinato eines Buntspechtes. Ich lese die Spuren der Rehe im Sand, erahne einen matten Windhauch auf der Haut. All das sehe, höre, fühle, rieche ich jetzt in einer verblüffenden Intensität, dass ich mich fragen muss: War ich vorher denn betäubt?

Als wir den Wald verlassen, wandern wir am Feldrain entlang auf Stubbendorf zu. Doch Inga hält plötzlich inne und zückt ihre Spezial-Wanderkarte, die sie in den toten Stunden unzähliger Nachtschichten extra für jede einzelne Etappe ausgedruckt und die Via Baltica farbig darauf markiert hat – eine Unternehmung, die ich zutiefst bewundere. Obwohl die Kinderärztin äußerst versiert im Lesen topgraphischer Werke ist, ist sie jetzt unsicher, welche Richtung wir einschlagen sollen. Da ich über diese Gabe nicht im mindesten verfüge, ziehe ich es vor, einen Passanten nach dem Weg zu fragen, lasse meinen Blick durch die verwaisten Vorgärten des Ortes schweifen und wähle den einzig verfügbaren Rentner, der dynamisch auf einen Kloben Holz einhackt.

„Ich frage mal den Herren da drüben mit dem Hackebeilchen“, stiefele ich entschieden auf den Holzmichl zu.

„Na wenn de meinst“, bemerkt Inga skeptisch, ohne aus der Karte aufzublicken.

„Schönen guten Tag der Herr, wo geht`s denn hier nach Sanitz?“, forme ich mein Gesicht zu einer höflichen Fratze, denn freundlich sein fällt auch mir nicht immer leicht.

„Sanitz? Das würd hier nüscht“, herrscht mich der Alte in grimmigen Sächsisch an.

„Aber sehen Sie doch mal, hier auf der Karte ist eine Kreuzung verzeichnet, und einer der beiden Wege führt nach Sanitz“, insistiert Inga, mit dem Zeigefinger auf ihr kartografisches Eigenprodukt weisend.

„Das is keene Kreuzung, sondern eene Einmündung“, tottert der Holzfäller. Vielleicht sollte ich doch lieber Kartenlesen lernen, denke ich, während ich mich gleichzeitig frage, warum er so böse ist, wo es doch eine küchenpsychologische Binsenweisheit ist, dass Holzhacken die Seele läutert.

„Alles klar, danke, Ihnen auch noch einen schönen Tag“, werfe ich Inga einen unmissverständlichen Blick zu und nehme meine Beine in die Hand.

Keuchend biegen wir schließlich, aus dem Bauch heraus, nach rechts ab. Vielleicht hat uns der Bösewicht ja aus Versehen in die richtige Richtung gescheucht?

„Das is keene Kreuzung, das is eene Einmündung“, äfft Inga den Holzmichl nach.

„Hätte nicht viel gefehlt, und er hätte uns mit seinem Hackebeil zu Gyros verarbeitet“, stöhne ich. „Der sollte mal pilgern. Das beruhigt.“

Trotz aller geographischen Ahnungslosigkeit, streifen wir heiter durch eine Landschaft, die so aussieht, wie ich mir die spanische Meseta vorstelle. Erntereif, gelb und endlos flirren die Weizenfelder in der Nachmittagssonne, Schönwetterwölkchen tupfen faserige Kleckse an die Himmelskuppel, und dazu säuselt der Sommerwind die Sehnsuchtsballade vom kühlen Gerstensaft. Wäre Bierdurst vertonbar, wäre er der Soundtrack dieser Wanderung. Doch von dieser Begierde einmal abgesehen, laufe ich mühelos und beschwerdefrei. Jeder Schritt fällt leicht. Mit diesem neuen Körpergefühl würde ich am liebsten Durchlaufen bis nach Santiago. Wie es aussieht hat mein Körper den Widerstand gegen das Pilgern aufgegeben.

„Die reinste Reha, diese Etappe“, rufe ich, als wir den Sanitzer Kirchturm erblicken, und auch Inga fühlt sich wie das blühende Leben.

Fit wie zwei Paar Sneakers stehen wir vor dem Sanitzer Pfarrhaus, mit siebzehn Kilometern in den Beinen – eine Distanz, die einem gut eingelaufenen „Pilgerer“, wie man in Gerdeswalde so schön sagt, geradezu läppisch vorkommt – Kein Vergleich zum Elend voriger Zieleinläufe, während derer sich die unteren Extremitäten bereits im Fäulnisprozess befanden.

Mit gewinnendem Lächeln betätigt Inga die Klingel. Ein Mathelehrer guckt zur Tür heraus – zumindest sieht der korrekt gekleidete Mitfünfziger aus wie der Typ Mann, der mich zu Schulzeiten in Angst und Schrecken versetzte.

„Guten Tag, Voss mein Name. Ich bin der Pastor dieser Gemeinde. Herzlich Willkommen“, zerstreut er meine Ängste, schlüpft in seine Pantoffeln und führt uns zu unserem Quartier, das eher wie eine Behörde aussieht als ein Gemeindehaus.

Keine erdfarbenen Teppiche, keine dunklen Pressholz-Möbel, keine Kunststoff-Gardinen, stattdessen verbreiten lichtdurchflutete Räume mit Echtholz-Parkett und bodenlangen Fenstern großstädtisches Flair. Sogar die Toilettendeckel schließen von selbst.

„Mensch, das quietscht ja noch, so neu ist das“, staune ich.

„Das Gebäude ist ja auch erst drei Jahre alt“, führt er uns in den Gemeindesaal. „Und hier schlafen sie“, zeigt er auf einen Stapel Schaumstoff-Matratzen in der Spielecke.

„Also das ist mit Abstand die modernste Unterkunft auf der ganzen Via Baltica“, lobt Inga und drückt dem Pfaffen strahlend den Obolus von je zehn Euro in die warme Hand.

Für diese Herberge zahle ich ihn gerne.

„Ist morgen Gottesdienst in Ihrer Kirche?“, frage ich, um das ersterbende Gespräch am Leben zu erhalten.

„Aber selbstverständlich, Sie sind herzlich eingeladen“, verabschiedet er sich mit einem Lächeln, das ihn plötzlich nicht mehr wie einen Mathelehrer aussehen lässt.

Allein schon deshalb werde ich morgen nach langer Zeit mal wieder einen Gottesdienst besuchen. Inga möchte nicht so lange warten und folgt dem Geistlichen für eine Andacht in die Kirche, während ich allein auf der Terrasse zurückbleibe und mein Tagebuch befülle.

„Bist du eine Pilgerin?“, ruft mir ein traditionell gekleideter Wandergeselle über den Hof zu, der mit seinem Vollbart und den langgezogenen Koteletten auch als Rabbi durchgehen könnte. Nur, dass sein breiter Schleswiger Dialekt will nicht recht dazu passen will.

„Richtig. Und wer seid ihr?“, winke ich zurück.

„Wir sind Wandersleute auf der Walz“, präsentiert der Rabbi zwei weitere Eidgenossen.

„So richtig mit Hut und Spazierstock und so?“, frage ich belustigt.

„Na aber“, prahlt sein blonder Kompagnon, der einen interessanten Ohrschmuck aus Tierhorn und einen geflochtenen Zickenbart von beeindruckender Länge mit sichtbarer Würde trägt.

„Wir bauen einen Spielplatz für die Sanitzer Gemeinde“, erklärt er. „Insgesamt sind wir mit dreißig Mann hier, und wenn wir fertig sind, ziehen wir weiter, per Anhalter durch Europa“, führt er mit verwegener Stimme fort.

„Da seid ihr ja so etwas wie Langzeit-Pilger, nur dass ihr nebenbei auch noch Spielplätze baut“, staune ich.

„Nein, Pilger sind wir nicht. Wir haben unsere traditionelle Ausgehuniform, die uns zu Tippelbrüdern macht“, bemerkt der dritte im Bunde, ein pausbäckiger gutgelaunter Mitzwanziger aus dem Schwäbischen.

„Stimmt, außer der Jakobsmuschel am Rucksack haben wir nichts an Tracht zu bieten“, bekenne ich kleinlaut.

„Siehst du“, grinst der Rabbi und zückt ein Foto, auf dem er in seiner Sonntagstracht zu sehen ist. „Wir haben zwei Kostüme, eines für die Straße und eines für die Feiertage, wie du es hier auf dem Bild sehen kannst“, erklärt er stolz.

„Und, wie klappt es mit dem Trampen?“, zeige ich mich besorgt.

„Also in Skandinavien überhaupt nicht. Die fahren eiskalt an dir vorbei und du kannst sehen, wo du bleibst“, klagt der Schwabe.

„In Neuseeland geht es am besten“, ergänzt der Rabbi, „Aber in Deutschland funktioniert es auch ganz gut.“

„Und wie läuft es bei euch mit dem Gepäck?“, stelle ich die Frage, die ich im Vorfeld so oft habe selbst beantworten müssen.

„Wir haben ja nicht viel, und das Wenige, das wir besitzen, ist in einem kleinen Beutel verstaut, den wir Wandersmänner seit Jahrhunderten an einem Stab zu unserer Rechten tragen“, erklärt der Rabbi.

„Du meinst, es hat sich seither nichts verändert?“, stelle ich mir als Horror-Pendant die Pilgerrituale des Mittelalters vor.

„Absolut nichts. Innerorts tragen wir unseren Wanderstock immer noch links, damit die rechte Hand frei ist zur Verteidigung. Außerhalb der Ortschaft tragen wir den Stecken rechts“, erläutert der Schwabe.

Dann rollt ein Kleinwagen auf den Hof, und ich habe die Aufmerksamkeit der Wandergesellen verloren.

„Euer Werkzeug ist da“, flötet eine Dame aus dem halb geöffneten Fenster ihres Kleinwagens.

Die Herren stürzen unversehens auf das Auto zu und beugen sich staunend weit in seinen Kofferraum hinunter, fast so, als fände sich der Schatz des Priamos in seinem Inneren.

„Halt mal“, drückt mir der Schweigsame einen Kasten in die Hand, in dem ich aufgrund seiner Schwere ein Dutzend Vorschlaghämmer vermute.

„Okay, ich helfe dann mal“, folge ich dem Corso in einen verwitterten Backsteinbau, in dem sich die Besatzung der Kommune I sehr wohl gefühlt hätte.

Immerhin leben hier dreißig Wandergesellen beiderlei Geschlechts ein hübsches Gegenmodell zur bürgerlichen Kleinfamilie in einer Art Großraum-WG.

Über knarzende Flurdielen gelangen wir in einen Saal, an dessen Wänden medizinballgroße Spinnennetze hängen.

„Schuhe aus!“, steht auf einem Schild, aber niemand hält sich daran.

Achtsam legen die Brüder das Werkzeug auf einer Bettdecke ab, als handelte es sich um eine Packung Fabergé-Eier.

„Wo schlaft ihr denn?“, plappere ich in die Stille hinein, während sich mein Blick in einer faustgroßen Staubmaus verfängt.

„Auf unserer Tracht natürlich “, antwortet der Rabbi dergestalt ernst, als würde alle Welt auf diese Weise nächtigen.

„Ist das nicht ein bisschen unbequem?“, frage ich entgeistert. Von der allergenen Belastung oder möglichen Hausstauballergien ganz zu schweigen …

„Im Gegenteil, es ist richtig herrlich nach einem langen Wandertag“, schwärmt der Zickenbärtige und guckt dabei ungefähr so glasig wie eine Milchkuh an der Melkmaschine.

„Aha. Und wie macht ihr das mit der Wäsche?“, klinge ich jetzt ungefähr so wie meine Mutter.

„Wäsche machen wir nicht. Wir drehen unsere Kluft nach links, und das war`s“, lacht der Norddeutsche, und ich hoffe inständig, er macht einen Scherz.

Aber es lacht niemand.

„Nun denn, einen erbaulichen Abend noch, die Wandergesellen“, verabschiede ich mich eilig.

Mein Bauchgefühl sagt mir, die Herren wären jetzt lieber mit ihrem Werkzeug allein.

„Ade“, winkt der Schwabe.

Alle anderen sind zu beschäftigt für Abschiedsfloskeln und brüten über ihren Gerätschaften. Seltsam diese Zunft. Aber das könnte man von uns Pilgern wohl ebenso gut behaupten.

Nachdenklich und gleichzeitig erleichtert betrete die blütenweiße Küche unseres Appartements, das mir gerade wie ein Palast vorkommt und suche alle Schränke nach Kochgeschirr ab. Doch außer Kaffeeservices in achtzigfacher Ausführung findet sich nichts in den gähnend leeren, glänzenden Schränken. Warum muss die evangelische Kirche ihren Schwerpunkt ausgerechnet im Kaffeebereich haben? Wie soll man denn da eine Zwiebel anbraten?

Missmutig trotte ich zurück zur Kommune I, zögere einen Moment und wummere an die Tür. Niemand öffnet. Ich trete ein, nehme zwei Treppenstufen auf einmal, wirbele ein paar Staubtiere auf, halte beim Schuhe-ausziehen-Schild inne und warte an der Schwelle des Saales.

„Habt ihr eine Pfanne übrig?“, frage ich schüchtern in die Runde, welche immer noch über ihrem Instrumentarium brütet.

„Die kannst du behalten", hält mir der Norddeutsche ein rostrotes Etwas entgegen, das nur eine entfernte Ähnlichkeit mit einer Bratpfanne hat.

„Danke und frohes Tüfteln noch", verabschiede ich mich eilig.

Bloß weg hier. Dann, ganz wichtig, die Bakterienschleuder von Bratgerät entkeimen und dazu dringlichst eine Flasche Chianti köpfen. Frei nach dem Motto: „Ich liebe es mit Wein zu kochen. Manchmal gebe ich ihn sogar ins Essen."

Als Inga aus der Kirche kommt, ist wie durch ein Wunder die Flasche auch schon leer.

„Der Suff diente allein der Würze und der Desinfektion", rechtfertige ich mich, erzähle von den Wandergesellen und den hygienischen Zuständen ihrer Kommune.

Inga beargwöhnt die Pfanne, nickt verständnisvoll, entzündet ein paar Teelichter und postiert als letzten Handgriff eine Jesusminiatur dekorativ auf dem Tisch.

„Gesegnet Mahl", ruft eine weibliche Stimme zum geöffneten Fenster hinein. Ich vermute sie gehört Frau Pastor Voss.

Wir rufen ein Dankeswort zurück in die Dunkelheit und beginnen nach Verzehr der etwas weinlastigen Mahlzeit, das letzte Werk des Tages: den Bettenbau, der jeden Abend neue spannende Erlebnisse mit sich bringt.

Heute darf ich mir meine Liegefläche selber basteln. Dafür hole ich mir ein paar bunte Matten aus der Spielwiese der jungen Gemeinde und schiebe sie so zusammen, dass in der „Bettmitte" ein Kreuz entsteht.

„Heute ruhe ich auf Golgota", rufe ich mit ausgebreiteten Armen zu Inga hinüber, die soeben eine bunt getigerte Matratze an die gegenüberliegende Wand gezerrt hat.

„Quatschkopf", winkt sie ab.

„Danke", frohlocke ich, falte noch schnell eine Tischdecke als Kissen zusammen und kuschle mich in meinen Schlafsack.

Unterdessen hat Inga einen langnasigen Stoffclown aus der Spielecke zu einem kleinen Bündel zusammengeknautscht, weil sich Plüschtierkopfkissen im Laufe dieser kleinen, norddeutschen Wallfahrt schon durchaus bewährt haben.

„Dein Nachtlager ist auch nicht gerade das Konventionellste", erhebe ich meinen Zeigefinger.

„Immer noch besser als in ungewaschener Tracht zu schlafen wie die reinlichen Gesellen da drüben", knipst Inga zufrieden das Licht aus.

Dem kann ich nur beipflichten und sage „gute Nacht". Doch kaum, dass ich selig hinweg dämmere, driftet Golgotas mittlere Reihe unter meiner Körpermitte auseinander. Ich versuche, sie mit den Zehen zu mir heran zu ziehen, scheitere jedoch, kauere mich ganz eng an die Wand heran, denke „für Pilgerverhältnisse immer noch eines der besseren Nachtlager“ und schlafe endlich ein.

Sonntag, der 2. August - Auf Station (Sanitz - Rostock, 22 km)

Ich erwache inmitten von Golgotas Trümmern, schiebe die Quader beiseite und strecke meine Glieder. Auf dem Tisch stehen noch die Reste von gestern, über die sich Inga dankbar her macht, während ich erst einmal eine Tasse Kaffee brauche, um dieses Frühstück ebenfalls zu würdigen.

Es ist kurz vor zehn an einem gewöhnlichen Sonntag. Dennoch erschrecken mich die Kirchenglocken fast zu Tode. Es ist schon eine geschickte Strategie des Klerus, seine übernächtigten Schäflein durch Radau in dunkle, unterkühlte Räumlichkeiten zu locken. Ohne diesen Lärm hätte ich den Gottesdienst bestimmt vergessen. Also schlüpfe ich mein hübschestes Oberteil, streiche mir die Hose glatt, klopfe den Lehm aus den Boots und folge Inga in die Kirche.

Obwohl wir auf den letzten Drücker kommen und nur noch Plätze in der vorletzten Reihe bekommen, fühle ich mehrere Dutzend starrende Augenpaare an meiner lotterhaften Erscheinung haften. Verlegen zupfe ich meine bekleckerte Bluse zurecht und fühle mich dabei ein bisschen wie ein Clochard auf einem Staatsbankett.

Heute ist der neunte Sonntag nach Trinitatis, Pastor Voss spricht vom Heulen und Zähne klappern und beugt sich dabei mit weit aufgerissenen Augen tief von seiner Kanzel hinunter, was seinen Worten eine unglaubliche Intensität verleiht.

„Auch wenn wir Angst haben, nicht gut genug zu sein, so dürfen wir doch nicht aufhören, es immer wieder aufs Neue zu versuchen, bis wir es eines Tages schaffen“, beschließt er seine Predigt.

Diesen Appell bekräftigend stimmt die junge Frau an der Orgel ein vertrautes Choralvorspiel an.

„Möge die Straße uns zusammen führen“, hallt es durch das Kirchenschiff.

Hastig blättere ich nach der richtigen Stelle im Gesangbuch.

„Hab unterm Kopf ein weiches Kissen, habe Kleidung und das täglich Brot“, finde ich sie endlich und bin ganz beseelt, weil mir dieses Lied gerade aus der Seele spricht und habe Gänsehaut, obwohl das alte Mütterchen neben mir erbärmlich krächzt.

„Und bis wir uns wiedersehen, halte Gott dich fest in seiner Hand", verklingt der Schlussakkord.

„Liebe Pilgerinnen der Via Baltica, so wie wir alle, seid auch ihr auf Station. Seid stets behütet auf euren Wegen", spricht Herr Pastor nun direkt zu uns.

Spätestens jetzt ruhen die Augen der Gemeinde auf uns, bedenken uns mit warmen Blicken, bis der Kirchenhit „Geh aus mein Herz" den merkwürdigen Moment beendet und galant zum sakralen Tagesgeschäft überleite - heute in Form einer Taufe.

Der hübsch herausgeputzte Säugling gibt weinerliche Laute von sich und windet sich im Arm der Mutter, worauf der Pastor ihm ein mildes Lächeln schenkt, ihn dreimal mit Wasser benetzt und seinen Segen spricht. Ein letztes vorwurfsvolles Glucksen nach dem Trockentupfen, und der Kleine ist erlöst, ist jetzt ein wohl behütetes Schäflein in der großen, christlichen Herde. „Der hat`s gut", flüstert Inga, die wie ich aus einem atheistischen Elternhaus stammt und somit nicht getauft ist.

„Wie meinst du das?", hauche ich tonlos.

„Wenn du getauft bist, dann bist du adoptiert von Gott, also von Geburt aus sorgenfrei", erwidert sie lachend, während sich die Gemeinde am Altar zum Abendmahl versammelt.

Wir wechseln einen kurzen Blick und bleiben sitzen. Seit einem traumatischen Erlebnis in einer katholischen Messe in Assisi weiß ich, dass es so besser ist. Egal wie peinlich es auch sein mag durch das Sitzenbleiben als Heide entlarvt zu sein. Erfreulicherweise ist es heute leichter, weil neben mir und Inga noch ein reichliches halbes Dutzend auf den Bänken verbleibt.

„Christi Leib für dich gegeben. Christi Blut für dich vergossen", wendet sich Herr Voss jedem seiner Schäflein zu, während ich mich frage, was ein kleines Stück Gebäck mit dem Corpus Christi und ein Schlückchen Dornfelder mit dem Blut Jesu zu tun haben könnten? Und wozu braucht es überhaupt derartige Rituale, um Gott nahe zu sein? Mir kommt John Lennons Lied „Imagine" in den Sinn, und ich frage mich, ob es nicht ohne Religionen besser bestellt wäre um unsere Welt, komme aber zu keinem vernünftigen Ergebnis.

Eine Frau hält mir einen Klingelbeutel unter die Nase und unterbricht somit meinen durchaus anstrengenden Gedankengang. Das Abendmahl ist beendet, und ich muss Inga anpumpen, weil ich kein Geld dabei habe. Auch dies ist mir maßlos peinlich. Schamgerötet dränge ich zur Tür, wo Herr Pastor Voss jedem einzelnen die Hand schüttelt.

„Haben Sie vielen Dank für Ihre warmen Worte, die mich sehr berührt haben", findet Inga genau die richtigen Worte.

„Geht nicht jedem so", verwandelt er sich augenblicklich wieder in einen Mathelehrer zurück und verabschiedet uns mit dem zwölften Glockenschlag. „Jetzt müssen Sie aber los, wenn Sie heute noch nach Rostock wollen. Gottes Segen und alles Gute für Sie."

Im Zusammenpacken sind wir inzwischen blitzschnell, ebenso wie im Erspähen der gelben Pfeile. Es braucht zwar ein paar Tage, bis man seine Sinne für die blaugelben Markierungen geschärft hat, ist dies jedoch geschehen, findet man sie leicht. Mal kleben sie an einem Baumstamm, mal unter einem Straßenschild, manchmal auf einem Feldstein, und wenn St. Jakobus einen guten Tag hat, wie heute, leiten sie den Wanderer auf butterweiche Feldwege mit tröstlichen Ausblikken hinaus ins weite Grün.

Inmitten überreifer Kornfelder ruhen die Dörfer Groß Freienholz, Rothbeck und Steinfeld, die wir in aller Stille passieren. Aber wir tun dies in einem guten, einvernehmlichen Schweigen, frei von Groll oder unausgesprochenem Zwist.

Das einzige, was uns noch fehlt zu unserem vollkommenen Glück, ist ein Gasthaus. Aber es ist schon vermessen, im Mecklenburger Hinterland von einem gemütlichen Lokal zu träumen. Seit Greifswald schon leiden wir an einer chronischen, gastronomischen Unterversorgung, die sich seit der Durchquerung des gottlosen Trebeltals auf ihrem absoluten Nullpunkt befindet. Viel schlimmer aber ist das plötzliche Ausbleiben der Wegmarkierungen hinter Fiensdorf, was selbst Inga ratlos macht. Kommunikativ wie ich nun mal bin, stoppe ich kurzerhand eine Joggerin. Bei den wenigen Passanten, die uns auf dem Weg begegneten darf man nicht zögerlich sein.

„Entschuldigen Sie bitte, wir sind Pilger. Können Sie uns sagen, ob wir hier auf dem Jakobsweg sind?"

„Wie bitte? Was sind Sie? Pfleger? Was möchten Sie ...?", zieht sie sich einen Stöpsel aus dem Ohr und zuckt ratlos mit den Schultern. „Es tut mir leid. Da kann ich Ihnen leider nicht weiterhelfen", setzt sie kopfschüttelnd ihre Ertüchtigung fort.

Pfleger? Diese Verwechslung mit einem hoffnungslos unterbezahlten Sozialberuf mag den Leser zwar belustigen, doch dem desorientierten Wanderer kommt mit zunehmender Unsicherheit leider der Humor abhanden.

Und plötzlich stört einfach alles: Die Hitze, die auf hübschhässliche Eigenheime knallt, welche im Schatten riesenhafter Starkstrommasten Behaglichkeit auszustrahlen versuchen. Der bauchige Schlot der Rostocker Stadtwerke, welcher in viel zu weiter Ferne graue Rauchschwaden in den Himmel bläst und „Uschis Landgasthof", der natürlich geschlossen hat.

Als wäre das nicht schon schlimm genug, leitet uns ein vom Satan geschickter, falscher, „gelber Pfeil" in die entgegengesetzte Richtung – zumindest, wenn man die A 19 nicht als attraktives Tagesziel betrachtet.

„Scheiße", rufe ich fassungslos.

„Scheiße ist dagegen noch Gold", flucht Inga ungewohnt ordinär für ihre Verhältnisse.

Mit hängenden Schultern und trockenen Kehlen heißt es nun den ganzen Weg zurück, wieder vorbei an „Uschis Landgasthof", laufen.

„Ich hab` die Schnauze voll!", stöhne ich. „Komm`, lass` uns den Bus nehmen."

„Kein Veto", pflichtet Inga bei.

„Ich kenne eine Haltestelle an der B 110", stapfe ich im Stechschritt voran, weshalb das Passieren des Rostocker Ortsschildes an besagter Bundesstraße für meine Verhältnisse einem olympischen Zieleinlauf gleichkommt. Nur noch ein schnelles Helden-Foto, und wir haben das gelobte Land erreicht – wenn man die Filiale einer global epidemisch verbreiteten Fast-Food-Kette überhaupt so nennen darf.

Aber ich will die Auswüchse des Kapitalismus gar nicht mal verteufeln, sondern sinke zufrieden, ja fast schon mit einem Gefühl von Vertrautheit, in ein klobiges, schwarzes Loungemöbel aus Kunstleder und tippe die Nummer der Pilgerherberge in mein Smartphone.

„Mein Mann erwartet sie sehr", jammert Frau Scharnweber am anderen Ende der Leitung. „Bitte kommen Sie schnell. Er hat einen wichtigen Termin", fleht sie.

„Wir müssen los. Unser Herbergsvater wartet auf uns", empfange ich Inga, die soeben mit allerlei Erfrischungen vom Tresen zurückgekehrt ist.

„Was? Aber ich habe doch noch nicht einmal das Tablett abgesetzt", entgegnet diese fassungslos. „Das geht jetzt nicht. Ich bin total fertig", stöhnt sie und ich bin fast ein bisschen froh, sie heute mal nicht so erbarmungslos fit zu erleben wie sonst.

„Aber Herr Scharnweber muss gleich weg", drängele ich.

Inga schnappt ihren Pappbecher, zieht eine Schippe und wartet mit verschränkten Armen auf den Bus. Wie es scheint, haben wir heute mal die Rollen getauscht.

Dem ÖPNV sei Dank, schrubben wir sechs Kilometer in gerade mal zehn Minuten und klopfen somit nur ein zartes, akademisches Viertelchen zu spät an die Herbergspforte von St. Jakobi.

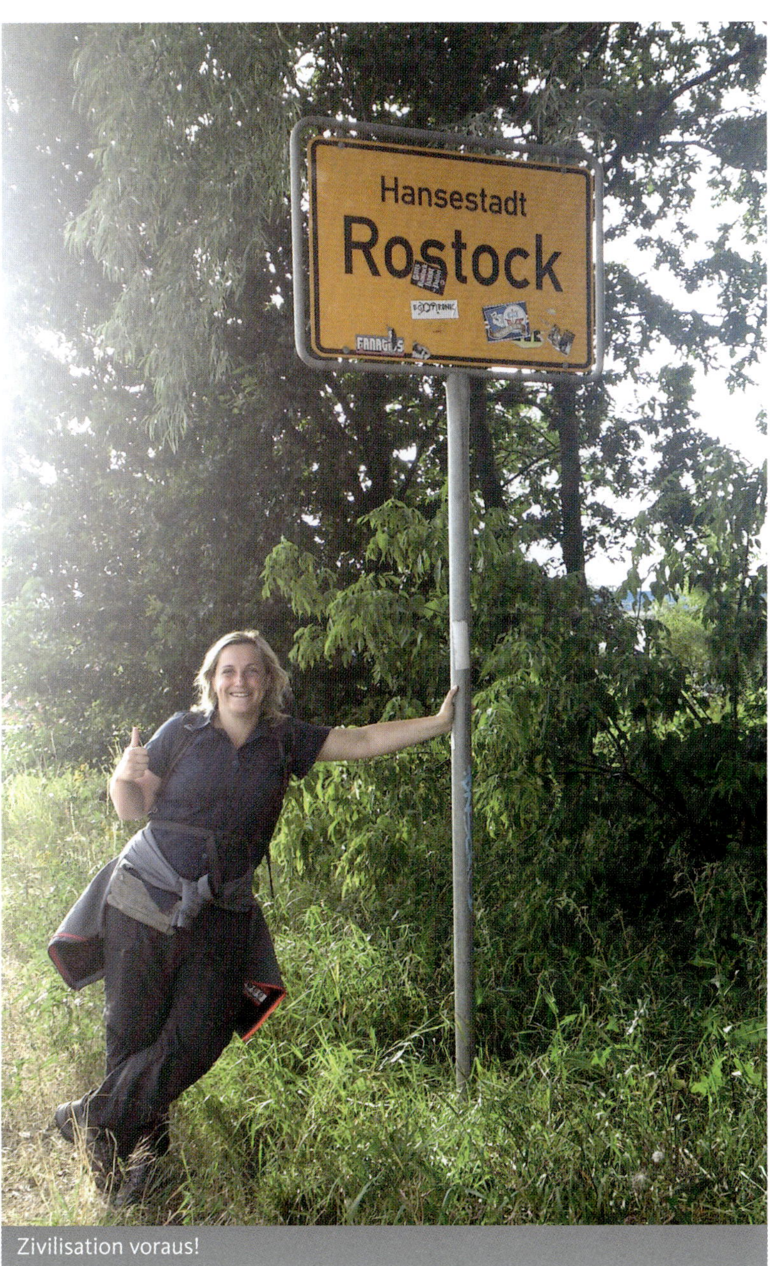

Zivilisation voraus!

„Seid willkommen, ihr müden Pilger“, öffnet eine greise Dame mit unerwartet warmer Stimme.

„Wir haben uns verlaufen. Deswegen ...“

„Schon gut. Mein Mann ist schon gegangen. Dafür empfange ich Sie jetzt“, unterbricht Frau Scharnweber mit gütigem Blick. „Es ist bestimmt nicht leicht, als Fußgänger eine genaue Ankunftszeit abzuschätzen.“

Betroffenes Nicken. Die Barmherzige öffnet die Tür eines Büros, bittet uns zu Tisch, setzt ihre Brille auf, legt einen Kugelschreiber vor sich auf der Wachstuchdecke nieder, setzt ihr Signum in einen Quittungsblock und reißt zwei Blätter heraus.

„Das macht dann sechs Euro pro Nase“, drückt sie Inga den Beleg in die Hand, ploppt je einen Stempel in unsere Credencials und setzt ihre Brille wieder ab.

Fertig ist die Transaktion. Behäbig richtet sie sich auf, muss sich dafür an der Tischkante abstützen, zieht einen Schlüssel vom dafür vorgesehenen Brett und startet ihre Führung durch das Quartier – das im Übrigen einzige für Pilger in MV. Alle anderen „Herbergen“ werden vorwiegend als Gemeindehäuser genutzt.

„Dieses Haus ist nur für uns?“, setze ich erstaunt meinen Rucksack neben der bereits ausgeklappten Liege ab.

„Ganz recht, dieses Refugium ist ausschließlich für Pilger bestimmt“, bestätigt Frau Scharnweber stolz.

Ich werfe Inga einen verschwörerischen Blick zu, denn ich habe noch in diesem Moment beschlossen, auf das Pilgergesetz zu pfeifen.

„Wäre es möglich, zwei Nächte zu bleiben?“, frage ich vorsichtig.

Immerhin liegt die Herberge im Friedhofsweg, dem Tor zum angesagtesten Viertel der Stadt, in der ich vor Dekaden mal Musik studiert habe. Frau Scharnweber zieht erneut ihre Brille auf, welche eben noch friedlich am Bändchen auf ihrem fülligen Leib ruhte, als wolle sie ihre beiden Gäste daraufhin noch einmal gründlich auf ihre Rechtschaffenheit prüfen.

„Nun“, grübelt sie, „Sie kennen das Pilgergesetz?“

„Nein“, lüge ich.

„Es besagt, der Pilger bleibt nur für eine Nacht, aber da sich keine weiteren Gäste angekündigt haben, sollte es klappen“, schmunzelt der barmherzige Engel und öffnet seine Hand. „Dann bekomme ich noch einmal zwölf Euro.“

„Check“, klatsche ich Inga ab, als die Tür ins Schloss fällt.

Wir haben soeben eine Pilgerpause in meinem Lieblingskiez in einer Stadt am Meer gebucht. Das muss gefeiert werden.

In meiner alten Lieblingskneipe finden wir zwar keinen Platz mehr, dafür aber im Lokal nebenan, wo der Betreiber so mutig ist, Cocktails mit Gurke zu servieren und darüber hinaus den Besuchern seines WCs gleich mehrere Sorten Deodorants zur Verfügung zu stellen. Obgleich dies wohl für nördliche Regionen bestimmt sein mag, besprühe ich mit allen dargebotenen Produkten meine Füße gründlich ein, bis mir vom Dunst ganz schwindelig wird.

„Boah, was ist das denn für ein fieser Geruch?", rümpft Inga die Nase, als ich frisch gepudert vom Örtchen zurückkehre.

„Ein Feuerwerk der Düfte, nicht wahr?"

„Ich glaube, Pilgern macht blöd", zeigt sie mir einen Vogel.

„Nein, Pilgern macht müde", leere ich mein zweites Bier.

„Stimmt, früher bin ich um diese Zeit erst losgezogen", guckt sie traurig auf die Uhr. „Die wilden Jahre sind vorbei."

Wieder zurück in der Herberge bleibt Inga am Fußende meiner Liege stehen.

„Findest du nicht auch, dass meine Füße heute etwas blumiger riechen?", erkundige ich mich hoffnungsfroh.

„Nein, kein Stück", zerstört sie all mein Vertrauen, das ich in die chemische Industrie zu setzen wagte.

„Schade, dann muss ich wohl doch noch duschen", seufze ich, hefte mir die Notiz „Seife ist besser als Desodorierung" an die Hirnrinde und verdrücke mich ins Bad.

Montag, der 3. August: Dreck und Schwielen (0 km)

„Ausdrücken oder ausheilen lassen?", begutachtet Inga eine fingerlange Blase an ihrem Hacken – eine Frage, mit der man doch gerne geweckt wird.

„Du bist doch die Medizinerin", starre ich geistesabwesend in die Waschschüssel, in der seit gestern Abend unsere Wandersocken schwimmen.

In dieser Kloake en miniature befindet sich das schmutzige Substrat der gesamten letzten Woche. Ergo kann ich mich nicht auch noch mit des Pilgers Wundmalen befassen.

Mit der angemessenen Abscheu eines Pubertierenden, der gerade das Pickelausdrücken für sich entdeckt hat, ziehe ich behutsam eine erste Socke aus der rußschwarzen Lauge, deren kümmerliches Tröpfeln ein holpriges Klagelied in die Schüssel kleckert – das Klecksen erzählt vom Aufruhr der Elemente mit seinen

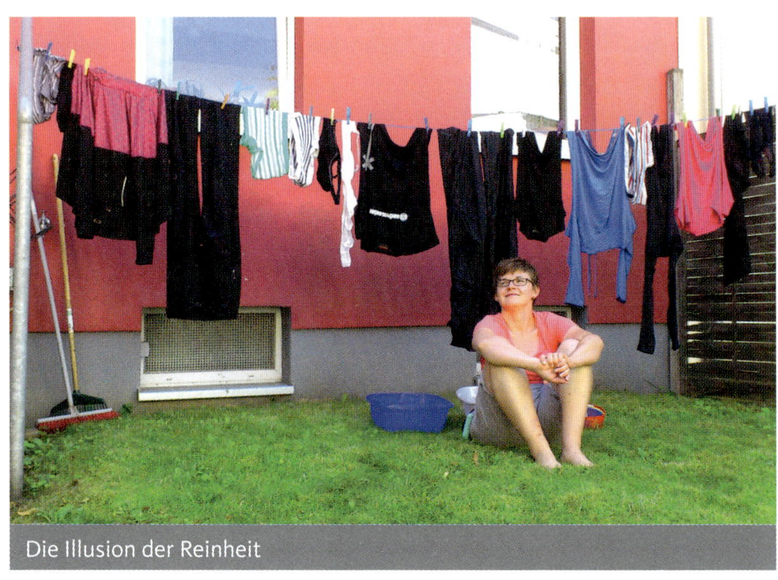
Die Illusion der Reinheit

unzähligen Regenschauern, dem Hagelsturm in Grimmen und den Nacktschnekken des Trebeltals – kurz, den Sekundärmerkmalen des norddeutschen Sommers – vor allem aber von Gerhilds Rat, Wandersocken niemals zu waschen.

Liebe Gerhild, wir haben es wirklich versucht, konnten das Experiment jedoch wegen olfaktorischer Unwägbarkeiten leider nicht zu einem würdigen Abschluss bringen.

Dürfen Schmutz und Ekel eigentlich Erwähnung finden im modernen Selbstfindungsmärchen dreier hart arbeitenden Angestellter, die sich wandernd von der Labsal ihres Alltags befreien, um hernach mit neuer Schubkraft allerlei Neues in Gang zu bringen? Darf man also in aller Deutlichkeit sagen, dass der Wanderer schwitzt und stinkt?

Ich ziehe eine zweite Socke aus dem Wasser, wringe sie halbherzig aus, schnüffele vorsichtig daran, rümpfe die Nase und werfe sie in eine saubere Schüssel.

„Und? Bist du zufrieden mit dem Resultat?", streicht Inga behutsam ihr Blasenpflaster zurecht.

„Nicht im geringsten", verziehe ich das Gesicht und verfrachte die mausgrauen, ausgeleierten Stofffetzen auf die Leine.

Wie sie so da hängen, ordentlich aufgereiht, aber kraftlos, sehen sie aus wie eine Anti-Waschmittelwerbung aus Zeiten des Wirtschaftswunders.

„Mach` mal `n Foto", applaudiert Inga.

„Reinheit ist nur eine Illusion. Pilgern und Sauberkeit gehen einfach nicht zusammen", nehme ich die Kamera und schieße ein Foto von der kleinen Inga vor der großen Wäscheleine.

Nach dem Frühstück ist die Wäsche fast trocken und Inga mit einem Berg Lebensmitteln aus dem Discounter zurückgekehrt. Ich frage mich, wie wir diesen morgen von A nach B transportieren sollen. Da ihr Rucksack bereits zum Bersten vollgestopft ist, werde ich wohl der Packesel sein, welcher diese Wagenladung über den Schotter schleppen darf. Nein, in diesem Punkt sind wir ausnahmsweise mal nicht d`accord. Ich reise lieber mit leichtem Gepäck, während Inga gern viele Dinge dabei hat, weil sie meint, auf diese Weise, optimal auf jedwede Art von Unwägbarkeiten vorbereitet zu sein. Dass sie deswegen einen Rucksack tragen muss, der doppelt so schwer ist wie meiner, stört sie dabei nicht.

„Wozu brauchen wir denn einen Zentner Kräuterbutter?", zische ich ungewollt barsch.

„Für die Brötchen, falls morgen nirgendwo ein Supermarkt ist", antwortet sie entschieden.

„Ist ja auch unwahrscheinlich in der Hauptsaison", entgegne ich gereizt.

Inga ballt ihr Gesicht zur Faust. Ich lasse sie stehen und verziehe mich nach draußen, nehme die Wäsche ab, schrubbe den Vogelkot vom Kunststoffgestühl, richte es zur Sonne hin aus, lege meinen Leib darauf ab und tue so als hielte ich ein Nickerchen.

„Ich gehe jetzt zu Beate", ruft Inga zu mir hinaus in den Garten.

„Mach` doch", belle ich zurück.

Ungehalten wie ich bin, ist es gut, dass sie sich mit einer ehemaligen Arbeitskollegin verabredet hat. Ich brauche jetzt mal ein Stündchen für mich ganz allein, damit ich in Ruhe ausbocken kann, ziehe mir ein Handtuch über den Kopf und atme ganz tief aus.

Möwengebrüll verschwimmt mit dem monotonen Ticken der Bedarfsampel zu einem gedämpften, städtischen Rauschen, das mich in einen tauben Dämmerzustand geleitet. Eigentlich müssten jetzt Palmen, Hängematte und Cocktail begleitet von dezenter Hula-Hula-Musik in einer Gedankenblase aufziehen. Doch stattdessen sehe ich mich nur mutterseelenallein und ohne Gepäck durch die Ödnis pilgern. So sehr ich Ingas Gesellschaft auch schätze; es wird Zeit, den Rest des Weges allein zu gehen. In Wismar wird es soweit sein, und bis dahin werde ich versuchen, mich in Demut zu üben und Dinge auf den Buckel nehmen, die ich eigentlich nicht tragen möchte.

Demut, Opferbereitschaft, Fügsamkeit und Hingabe, blättere ich mein inneres Synonymwörterbuch durch – alles Eigenschaften, die der Weg jene Dichter lehrte, deren Bücher ich im Vorfeld über das Wesen des Pilgerns gelesen hatte. Das mutmaßlich sinnlose Befördern von Lebensmittelvorräten darf wohl als eine solche Prüfung angesehen werden.

„Also gut", rede ich zu mir selbst, „dann lerne ich das eben."

Kaum ist dies ausgesprochen, geht es mir augenblicklich besser. Ich verlasse die Herberge und stehe im Herzen Rostocks – der Stadt, in der ich kurz vor dem Millennium mein Musikstudium begann. Hier verbrachte ich viele Tage in muffigen Übe-Kabinen, besuchte Vorlesungen in Musikgeschichte, tanzte im Studentenkeller, bis die Wolken wieder lila waren und schlief am Strand, bis ich nach drei unbeschwerten Jahren nach Leipzig wechseln musste, um eine Chance auf eine Orchester-Stelle zu haben. Zwar erfüllte sich mein Traum, doch mein Heimweh blieb – ein Schmerz, schlimmer als Liebeskummer. Nach zwölf Jahren im sächsischen Exil, kündigte meinen sicheren Job und zog zurück in die norddeutsche Provinz – eine Entscheidung, die ich seither keine Sekunde bereue. All das schießt mir durch den Kopf, als ich die Möwen am Doberaner Platz mit Waffeln füttere. Es ist Sommer in der KTV, dem hippsten Viertel der Stadt, und ich fühle mich leicht.

„Frieden?", empfange ich Inga zurück in der Herberge.

„Frieden", reicht sie mir lächelnd die Hand.

Das Kriegsbeil ist begraben, und wir können uns endlich den schönen Dingen des Lebens widmen, dem Strand von Warnemünde zum Beispiel.

Doch um dorthin zu gelangen, muss man erst einmal einen Platz in der S-Bahn ergattern, die mich heute eher an Tokyos Metro „No-Chikatetsu" erinnert. Nur, dass es in der Hansestadt keine Ordner gibt, die einen „liebevoll" in die Bahn schubsen, damit diese auch sekundengenau abfahren kann.

Im Hochsommer allerdings könnten die Rostocker Stadtväter durchaus mal über die Einstellung solcher Fachkräfte nachdenken. Nach zwanzig Minuten Fahrt inmitten eines schwitzenden Flashmobs, wird man unweigerlich zum Alten Strom gelenkt, wo sich die humanoide Masse eigentlich in den Cafés verteilen müsste. Doch natürlich wollen alle ans Meer. Ein Kreuzfahrtschiff hupt. Ein Rentnerehepaar lässt seine Kuchengabeln fallen, um es zu fotografieren. Ein Möwenpaar hat genau auf diesen Moment gewartet und startet seinen Zielanflug auf Käse-Mohn.

„Wir nehmen einen Schleichweg", zerre ich Inga in eine Seitenstraße, die wie die Rückseite einer Ansichtskarte aussieht: keine Schiffe, keine Werbebanner, keine Prachtfassaden, keine Menschen, dafür aber Schatten, DDR-Türen und Mülltonnen.

„Davon sollte man mal Postkarten machen“, belustigt sich Inga.

„Oder eine Ausstellung mit dem Titel ‚Abseiten der Promenade`“, ergänze ich und navigiere uns über die Hinterseite des Hotels Neptun zum Strand.

Kurz nach sechs kann man dort einen ersten Versuch wagen. Denn erst, wenn die ermatteten Sonnenanbeter ihre glühenden Leiber an überteuerten Aperitifs herunterkühlen, sieht man wieder Sand. Andächtig legen wir unsere Handtücher inmitten einer riesigen Freifläche nieder, platzieren Wein, Käse und Erdbeeren darauf. Inga schreibt Tagebuch, und ich schwimme weit hinaus, genieße die Kältestiche des Wassers und trockne zufrieden im Wind.

„Das pastellfarbene, nach oben offen auslaufende Fresko der Himmelskuppel symbolisiert die Ewigkeit. Fehlende Figurenbildnisse weisen auf eine Zugehörigkeit zum Zisterzienserorden hin, während das bewegte Grau am unteren Rand des Gemäldes den Orcus darstellen soll“, schwafelt Inga.

„Das waren eindeutig zu viele Kirchenführungen in den letzten Tagen“, flachse ich.

„Zu viele Kirchen, zu wenig Meer“, pflichtet sie seufzend bei.

„Ach, könnte die Via Baltica doch immer am Meer entlang führen“, schwärme ich.

„Man müsste ihren Verlauf ändern“, legt Inga ihre Stirn in Falten.

„Wie meinst du das, ändern?“, frage ich verdutzt.

„Vielleicht kann man die Via Baltica ja dahingehend modifizieren, dass sie eben immer am Meer entlang führt“, hebt sie schelmisch grinsend ihre Augenbraue.

Wenn Inga so guckt, macht sie Pläne, und ich weiß nicht, ob mich darüber freuen oder mich fürchten soll.

„Und was heißt das jetzt auf Deutsch?“

„Wenn wir in Bad Doberan kein Bett bekommen, ist das ein Zeichen. Dann wandern wir am Meer entlang und schlafen am Strand“, verkündet Frau Doktor.

„Aber dann ist es doch kein pilgern mehr“, bemerke ich altklug.

„Ist doch egal. Es ist Sommer, wir sind an der Ostsee und das will ich auch genießen“, entgegnet sie trotzig, und auf einmal kommt mir ihre Idee vollkommen schlüssig vor.

„Immerhin heißt es ja Via Baltica, baltischer Weg. Doch was nützt der Name, wenn man das besagte Gewässer kaum zu Gesicht bekommt“, suche ich nach einem plausiblen Grund, mal eben den Verlauf einen uralten Pilgerweges zu verändern.

„Eben."

„Na, wir werden sehen."

Es wird Mitternacht und wir können unbehelligt an der Frontseite des Seebades zurück zur S-Bahn laufen. Der Bahnsteig ist voller Menschen, die mit Decken, Sixpacks und Minigrills wie wir dem süßen Strandleben frönten. Sogar Kinder tummeln sich am Gleis, ebenso wie Hunde, Penner, Straßenmusiker, Hippies und Normalos. Ein Student liegt in „Shavasana", der „Toten-Mann-Stellung" aus dem Yoga, rücklings auf den Bahnsteig. Es ist Sommer am Meer. Der Mensch ist endlich frei.

„Ob wir morgen in Bad Doberan ein Bett bekommen?", fragt Inga kurz vor dem Einsteigen.

„Das Schicksal wird`s entscheiden", antworte ich.

Dienstag, der 4. August: Auf Abwegen (Rostock - Börgerende, ca. 12 km)

Inga hat schon Brötchen geholt und den Tisch gedeckt, während ich vergeblich versuche, meine Augen daran zu hindern, zuzufallen. Erst nach Kaffee Nummer zwei habe ich mein Sprachzentrum soweit aktiviert, um Herrn Zimmermann in Bad Doberan unseren Übernachtungswunsch auf die Mailbox zu sprechen.

„Also ist die Touri-Information unsere letzte Chance", halte ich mir erneut das Handy ans Ohr.

„Ein Zimmer während der Hanse Sail? Keine Chance", heißt es am anderen Ende der Leitung.

„Trotzdem danke."

Klick.

„Wenn der gute Herr Zimmermann nicht bald zurückruft, schlafen wir am Strand", verkündet Inga übermütig.

„Gut, ich stelle den Wecker. Er hat genau dreißig Minuten, uns auf dem Jakobsweg zu halten", entgegne ich keck.

Wir brühen Kaffee Nummer drei, die fertig gepackten Rucksäcke lehnen an der Wand, als warteten sie auf einen Wink des Schicksals, und wir starren hoch zur Küchenuhr. Im Lärm des Schweigens, wirkt ihr Ticken wie das Staccato eines Presslufthammers, und die Zeit vergeht nicht.

„Wann hast du dich eigentlich das letzte Mal so richtig gelangweilt?", möchte ich von Inga wissen.

„Puh, kann mich nicht erinnern, muss Jahre her sein. Wieso?“

„Bei mir war es im Sommer `96, in den großen Ferien, kurz vor der elften Klasse“, sinniere ich. „Mal abgesehen von meiner Italienreise war das der letzte, Sommer voller Momente wie dieser, Momente, in denen die Zeit uferlos ist.“

„Das muss an den Hamsterrädern liegen, in denen wir erschöpft, aber brav rotieren“, legt Inga grübelnd ihr Kinn auf der Tischplatte ab.

„Da hast du absolut recht. Der moderne Mensch ist in einem permanenten Tätigkeitstaumel gefangen und muss das Nichtstun wieder lernen“, bestätige ich.

Nach vierzehn Tagen Wanderschaft, während derer wir sämtliche Furchen pommerschen Ackers mit unseren klobigen Boots nachzogen, ist mir das plötzlich sonnenklar.

„Teilzeit“, rufe ich laut. „Teilzeit ist die Lösung des Problems“, erwidere ich auf Ingas verdutzten Blick.

Zwei Wochen Via Baltica und dieses langweilige Frühstück waren nötig, um zu erkennen, dass Vollzeitarbeit nicht das „Hohe C“ für mich ist.

„Ich brauche unter der Woche einen Tag frei“, erhebe ich mich, als endlich der Wecker klingelt.

„Klingt gut“, bestätigt Inga, wobei ich nicht weiß, ob sie damit meine Idee oder das Verlassen des Weges meint.

Egal. Die Tornister sind geschultert und es beginnt der Aufstand im Kleinen.

Aber das Beste daran ist, diese Ungehörigkeit begeht Frau Steffi Peters. Dieses lasterhafte Weib hat die Pilger-Ideale verraten, um sich den Verlockungen des Meeres hinzugeben statt ihren Hintern über den Camino zu schieben. Nati Rasch würde natürlich brav auf der Via Baltica bleiben ...

Die Anzeigetafel des Bahnhofsvorplatzes zeigt freundliche dreißig Grad. Daher wundern mich die japanischen Platzverhältnisse in der S-Bahn und auf der Promenade zu Warnemünde auch heute nicht. Wie Godzillas buntgeschecktes Badetuch erstreckt sich vor uns der Strand, und wenn ich nicht ganz genau wüsste, dass sich unter dieser Farbmelange weißer Zuckersand befindet, würde ich vermuten, ich sei entweder auf Droge oder von meiner Mutti im Spieleparadies vergessen worden.

„Scheußlich“, zische ich, als eine adipöse Dame in getigerter Badebekleidung meinen Rucksack rammt.

Der Walfisch guckt mich an als hätte ich Aussatz, ich blicke beschämt zu Boden. Selbst ein Fettklops ekelt sich vor mir. Inmitten herrschaftlicher Hotels im fürchterlichen Neo-Bäderstil wirken wir mit Rucksack statt It-Bag wie sozialer Abschaum.

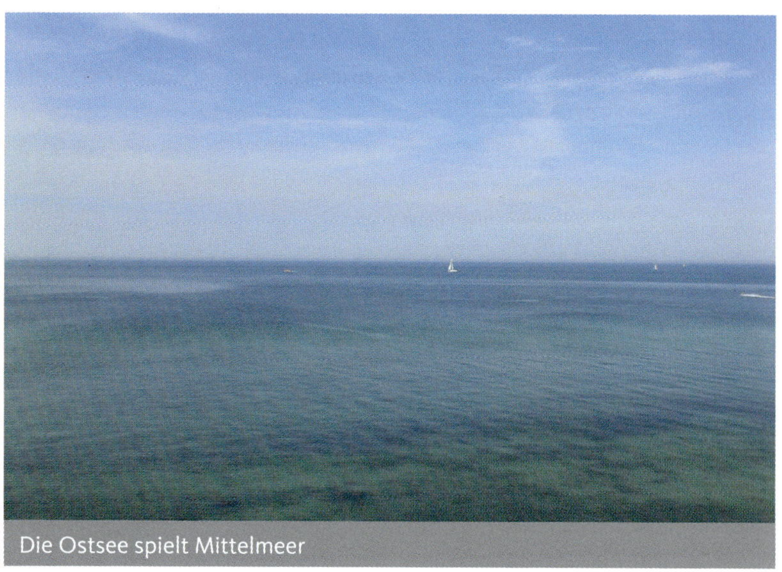

Die Ostsee spielt Mittelmeer

Erst weit hinter dem Ortsausgang, als die Flaniermeile in einen mit Kiefern überdachten Küstenweg übergeht und die grellbunten Flecken in der Ferne verschwimmen, verfliegt das Gefühl der Deplatziertheit. An der ersten menschenleeren Stelle mit Aussicht, lassen wir uns auf den Waldboden fallen und machen uns über die gestern noch heftig umstrittenen Lebensmittelvorräte her.

„War doch nicht so schlecht, dass du gestern ein wenig eingekauft hast", lobe ich.

„Und je mehr wir jetzt essen, desto weniger müssen wir nachher schleppen", knufft mir Inga in die Seite, und der Konflikt ist endgültig vergessen.

Kaum wieder auf den Hufen, hält Inga an einer Weggabelung vor einer Info-Karte inne.

„Sie befinden sich hier", entziffere ich, während ich mich frage, wie uns ein roter Punkt auf einem mintgrünen Etwas, das aussieht, wie von einer Vorschulklasse gemalt, auch nur irgendwie weiterhelfen soll.

„Hier steht es ja", ruft Inga freudig. „Wir sind wieder auf dem Ostseeküstenradweg."

„Ich kann mich kaum halten vor Freude", stöhne ich, als eine bimmelnde Fahrrad-Karawane an uns vorbei rollt.

„Seid ihr Pilger?“, fragt eine Radfahrerin, die ebenso ratlos auf das Brett starrt wie ich.

„Ja, aber wir haben die Via Baltica verlassen“, antworte ich mit gesenktem Haupt.

„Ist doch egal. Hauptsache man löst sich mal von allem“, erwidert ihre Begleiterin, die so tut, als hätte sie die Karte bereits verstanden.

„Dankeschön, das tröstet.“

Die beiden kommen aus Schwerin, machen eine Tagestour auf besagtem Radweg, haben kürzlich Hapes Buch gelesen, wollen demnächst selbst pilgern und löchern uns mit Fragen: Wie macht ihr das mit dem Gepäck, wo schlaft ihr, wie wascht ihr eure Wäsche, wo übernachtet ihr?

Geschmeichelt von so viel Aufmerksamkeit geben wir bereitwillig Auskunft und berichten vom Leben an der Basis, verschweigen aber auch den Gestank unserer Füße nicht.

„Und wo schlaft ihr heute Nacht?“, erkundigt sich die Kartenleserin.

„Am Strand“, antwortet Inga verwegen.

„Habt ihr denn keine Angst?“

„Nein, wieso denn?“, eröffne ich meinen Lobgesang auf das freie Leben.

Denn statt mich so niederen Empfindungen wie Ängsten hinzugeben, schwärme ich lieber von der unbändigen Freude des Ankommens, der Befriedigung triebhafter kulinarischer Gelüste, vom Wettergegerbtsein, dass ich mich körperlich so wohl fühle wie lange schon nicht mehr und begreife dabei, dass durch das Erleiden einer gewissen podologischen Pein tatsächlich so etwas wie Demut aus den Untiefen meiner satten Wohlstandsseele zutage getreten ist.

„Klasse. Das müssen wir unbedingt ausprobieren“, verabschieden sich die beiden.

„So lieber St. Jakobus, soeben habe ich ordentlich Werbung für das Pilgern gemacht. Also versau` es jetzt bitte nicht“, sende ich ein Stoßgebet gen Himmel und hefte mich an Ingas Fersen.

Doch kaum, dass wir die letzte schattenspendende Kiefer hinter uns lassen, zerfließen meine salbungsvollen Worte in der Hitze. Flach atmend schleppen wir uns an Sanddornbüschen und kriechenden Todholzhecken vorbei. Wie eine Heizdecke ummantelt die Wärme den dampfenden Leib, und in nicht allzu weiter Ferne flimmert silbrig blau das baltische Meer. Heimat, was kommst du mir heute spanisch vor ...

In einer Gedankenblase trage ich ein Tablett mit schaumigen Bierkrügen vor mir her. Aber immer wenn ich einen zum Munde führen will, zerfließt er in meinen Händen. Das Himmelreich muss ein Ort mit einem Zapfhahn sein!

Gut, eine Terrasse mit ausladenden Sonnenschirmen davor, die das Konterfei eines Auerhahnes tragen, tut es notfalls auch.

Wir haben in der erstbesten Schankwirtschaft des Küstenörtchens Nienhagen Platz genommen, deren sehr norddeutsche Kellnerin uns liebevoll zwei Alster vor die Nase knallt.

„Nachher gibt`s Unwetter“, wischt sie eine Kompanie Gewitterwürmchen von der Wachstuchdecke.

„Wir werden ja sehen“, begleicht Inga murrend die Rechnung, während ich im Stechschritt zur nächsten Örtlichkeit renne, um meinen glühenden Schädel unter einen Wasserstrahl zu halten, bis der Gedanke „Hilfe, wir haben noch kein Bett für heute Nacht!“ vom Eiswasser fortgespült worden ist.

„Wäre echt schlimm mit dem Gewitter, was?“, reicht mir Inga mitfühlend eine Serviette.

„Hmmmm“, trotte ich missmutig neben ihr her.

„Immerhin gibt es Schutzhütten, wo man notfalls unterkriechen könnte“, zeigt sie auf einen klapprigen Holzverschlag am Strandaufgang, der beim nächsten Windhauch mutmaßlich zusammenfällt.

Der dreieckige Holzbau, der versucht wie ein Zelt auszusehen, ist mir zwar auch aufgefallen, doch hätte ich ihn nie als Schlafstätte angesehen, sondern fragte mich stattdessen, wer wohl bereit wäre, in dieser Spinnenhöhle eine gemütliche Jause einzunehmen, geschweige denn dort zu nächtigen. Inga stellt sich diese Frage vermutlich nicht, sondern prüft die Hundehütte kritisch auf ihre Beschaffenheit.

„Pffffff“, atmet sie aus.

Vermutlich hat sie gerade ein Spinnennest entdeckt.

„Lass` erstmal `ne Runde schwimmen“, schlage ich vor, als ob ein Bad im Meer die Lösung aller Probleme wäre, reiße mir ohne eine Antwort abzuwarten, die Kleider vom Leib und renne ins Wasser, das nur beim ersten Hautkontakt ein Eismeer ist. Wenn man nur eine Minute wartet, wird es sich in einen warmen Whirlpool verwandeln. Aber das wissen nur Küstenkinder.

Ich spiele „toter Mann“ und betrachte eine fette Wolke wie sie den makellosen Himmel befleckt. Doch in Rücklage auf einem gigantischen Wasserbett schwebend sieht ein aufziehendes Unwetter eigentlich ganz harmlos aus.

„Ich hab die Lösung", hält mir Inga erwartungsvoll eine Dose Cappuccino aus unserem Bestand entgegen. „Wir schlafen im Strandkorb."

„Geniale Idee", bette ich mich auf meinem kleinen Reich aus Mikrofaser, als ich erkennen muss, dass wir inmitten von Endprodukten des Hunde- und Reitstrandes picknicken. Doch dessen nicht genug, scheint eine Fliegerstaffel Gewittertierchen meinen adipösen Luxuskörper als Landebahn zu betrachten.

„Elende Drecksviecher", fuchtele ich mit den Armen.

„Lass` uns mal lieber nach Strandkörben gucken", packt Inga flugs zusammen.

„Gute Idee", werfe ich mir behände die schweißdurchtränkte Funktionalmode über.

„Da hinten ist noch eine Bushaltestelle zum Unterkriechen", verweise ich abschätzigen Blickes auf die nächste Bretterbude.

„Gar nicht mal übel", erwidert Inga ohne auch nur einen Hauch von Ironie in der Stimme.

Wenn die Gute ihren Humor verliert, dann ist die Lage ernst.

„Vielleicht kommt ja kein Gewitter", bange ich.

„Solange kein Sturm aufkommt, haben wir nichts zu befürchten", erklärt die Hobbymeteorologin. „Erst wenn Wind aufkommt, haben wir ein Problem."

„Guck, da drüben sind die Strandkörbe. Wenn wir Glück haben, ist einer offen", schöpfe ich ein Fünkchen Hoffnung.

Eine Windbö der Stärke 18 zerzaust es jäh.

„Das Wetter ist eine Bitch", schimpft Inga, was der Himmel mit zuckenden Blitzen kommentiert, als wolle er sagen: Bitch sagt man nicht!

„Da will man einmal am Strand übernachten", maule ich.

„Da siehst du, Börgerende, Regen, Sturm und Gewitter", zitiert Inga die Wetter-App ihres smarten Telefons. „Tolle Wurst."

Dies kaum ausgesprochen, bricht der Wolkenbruch über uns herein. Wir stürzen in das nächste Restaurant, starren zwei Alster lang in den Himmel ohne eine winzige Aufhellung des Firmaments zu entdecken.

„Zur Not besaufen wir uns", schlage ich als lösungsorientiertes Wesen vor.

„Und übernachten im Strandkorb", beendet Inga meinen Satz.

Zum Trost erzähle ich von einem Buch, das ich zur Einstimmung auf diese Reise las. Es heißt: „Von Paris nach Berlin zu Fuß und ohne Geld". Hier schlägt sich der tapfere Autor Andreas Altmann als Bettler durch, der im Freien oder in Obdachlosenheimen übernachtet.

„Der war ja noch weiter unten als wir", staunt Inga.

Doch ein Donnerschlag verscheucht den tröstlichen Gedanken.

„Ob ein Strandkorb bei Gewitter sicher ist?", fragt Inga bange.

„Ich glaub` schon, aber dahinten wird es auch schon wieder hell", lüge ich.

„Na ja", zweifelt sie.

„Was soll schon passieren. Erfrieren werden wir nicht", tröste ich weiter.

„Wenn wir erst einmal richtig schön durchnässt sind, schon."

„Na dann lass uns mal einen Strandkorb entern", werfe ich meinen Regenponcho über und trete hinaus ins Freie.

Wir sprinten hinüber zum Strand, wuchten einen offenen Strandkorb in Richtung Leeseite, kauern uns hinein und hören dem Wind beim Heulen zu. Die stürmische See peitscht gegen die Buhnen, und schnell zeigt sich, dass dieses Sitzmöbel nur mit ausgefahrenem Fußteil zum Schlafen taugt. Doch dann wären die unteren Extremitäten in Nullkommanichts durchnässt.

„Anita, Hilfe, hier ist Unwetter und wir haben kein Bett für heute Nacht", schickt Inga eine Notfall-WhatsApp an eine alte Schulfreundin. „P.S.: Wir sind in Börgerende bei Rostock."

„Soll ich euch abholen?", schreibt diese prompt zurück.

„Nee, google mal nach Übernachtungen in der Nähe", bittet Inga, während ich alter Stressesser das letzte Körnerbrötchen in die zerlaufene Kräuterbutter stippe.

„Ok", tickert Anita.

„Ich bin so froh, dass ich in Wismar aufhöre", bekennt Inga.

Ich nicke müde, denn ein großer Teil von mir mag jetzt auch nicht mehr.

„Denkst du, Gott will uns bestrafen, weil wir die Via Baltica verlassen haben?", frage ich stattdessen.

„Ach Quatsch", weist Inga mich zurecht.

„Märchenpension, Seestraße 73, 038203 729731", verliest Inga Anitas Antwort, während sich der Himmel sacht in einen apokalyptisch schwarzen Mantel hüllt.

„Es ist langweilig ohne Pilgern", ploppt Tanyas Nachricht in die tosende Stille.

„Wenn du wüsstest", tickere ich zurück und wähle umgehend die Nummer der Märchenpension.

„Hallo, Nati Rasch mein Name. Hätten Sie für heute Nacht noch ein Zimmerchen frei?"

„Für heute?", staunt eine warme Frauenstimme am anderen Ende der Leitung.

„Nun ja, wir wollten eigentlich am Strand schlafen, aber jetzt zieht ein Unwetter auf", erkläre ich.

„Verstehe. Es haben zwei Leute abgesagt, Sie können im Meditationszimmer schlafen. Heute kommt noch tüchtig was runter“.

„Meditationszimmer. Sehr gut. Bis gleich“, lege ich auf.

Nach einem beachtlichen Mittelstreckensprint durch den Platzregen klingeln wir an der Tür eines roten Backsteinhauses, wo uns eine blonde, hornbebrillte Frau von schätzungsweise fünfzig Jahren freundlich empfängt.

„Guten Abend, ihr müden Pilger. Ich bin Anita, willkommen in der Märchenpension“, bittet sie uns herein. „Wir machen erstmal Kasse und dann zeige ich euch das Zimmer, ja?“

„Ok“, schlurfen wir hinterdrein, wobei wir zwei unschöne Schleifspuren auf dem edlen Parkettboden hinterlassen.

„Macht sechzig Euro ohne Frühstück. Dazu buchen lohnt sich aber, ist nämlich alles Bio“, strahlt die Hausherrin.

Hätte ich nicht soeben Dantes Inferno überlebt, würde ich der freundlichen Dame einen hübschen Vogel zeigen und auf dem Absatz kehrtmachen, weil der Preis um ein Sechsfaches über unserem Budget liegt. Stattdessen sehe ich Inga ergeben ihren Personalausweis aus der Bauchtasche ziehen und mich lammfromm nickend doof daneben stehen. Fehlt nur noch, dass ich blöke wie ein Schaf. Mutter Natur hat uns weich gekocht. Ein windiger Hotelier könnte jetzt jeden Preis verlangen. Der wackere Andreas Altmann wäre gewiss nicht stolz auf uns.

„Wir haben ja am selben Tag Geburtstag“, ruft Anita erstaunt, nimmt ihren Taschenrechner und tippt ein paar Zahlen hinein.

„Wusste ich es doch. Du bist eine Eins, genau wie ich“, tätschelt sie Ingas Unterarm.

„Und was bedeutet das?“, fragt diese erschrocken.

„Wir Einsen sind Macher. Wir müssen selbstbestimmt leben und arbeiten. Was bist du von Beruf?“

„Kinderärztin, wieso?“

„Es ist wichtig, dass du deine eigene Praxis hast oder aber eine Führungsposition im Krankenhaus. Sonst wirst du nicht glücklich“, erklärt Anita.

„Und das können Sie mit Ihrem Taschenrechner ermitteln?“, frage ich mit einer reichlichen Portion Skepsis in der Stimme, während Inga ihre Sprache gleich ganz verloren hat.

„Das Enneagramm ist sehr weise. Ich kann jedem nur empfehlen, sich mit seiner Lebenszahl zu beschäftigen.“

„Können Sie auch meine berechnen?“

„Klar. Ich brauche nur dein Geburtsdatum, und wir sagen übrigens ‚du`“

Ich nenne es ihr, Anita bemüht erneut ihre Rechenhilfe und nennt stolz die Zahl Sieben.

„Siebener sind die Spirituellen“, erwidert sie auf meinen neugierigen Blick. „Die spüren Dinge, die andere nicht spüren. Nimm dir ausreichend Zeit für dich selbst, damit dir deine Gabe nicht verloren geht.“

„Was denn für eine Gabe?“, frage ich verblüfft.

„Die Gabe der Intuition“, antwortet sie, „Aber jetzt zeige ich euch erstmal das Zimmer, in dem ihr heute Nacht schlafen werdet.“

Mit bleischweren Beinen und innerlich aufgewühlt folge ich den beiden Damen anderthalb Treppen aufwärts. Inga ist also ein „natural born leader“ und ich bin so etwas wie Meister Yoda. Das ist ziemlich harter Tobak nach dem Überleben der Apokalypse.

„Das ist euer Reich“, öffnet Anita die Tür zu einem hellen Raum, der, abgesehen von dem schlanken Buddha und einem Strauß Feldblumen auf der Fensterbank, eher schmucklos wirkt.

„Wow“, bringe ich heraus.

Dann plumpsen zwei Rucksäcke dumpf auf dem Dielenboden nieder.

„Schön, dass es euch gefällt. Aber das ist noch nicht alles. Das absolute Highlight kommt erst noch“, führt sie uns flötend ins Zimmer nebenan.

„Hier könnt ihr ein Bad in meiner Fichtenholzwanne nehmen, deren Holz bei Vollmond geschlagen wurde“, verkündet sie stolz. „Mit den richtigen Badezusätzen wirkt es ungemein entspannend“, verweist sie auf ein halbes Dutzend Flakons am Wannenrand.

„So, und jetzt wünsche ich euch eine erfüllte Zeit in der Märchenpension“, verabschiedet sich die sonderbare Frau.

„Da hat uns Anita aber zu einem besonderen Ort geführt“, flüstert Inga als die Tür ins Schloss fällt.

„Danke, ihr beiden Anitas“, werfe ich mir ein frisches Handtuch über die Schulter.

Ich habe nämlich eine Verabredung mit einer bei Mondschein geschlagenen Fichtenholzwanne. Vorsichtige schnüffle ich mich durch die Flakons, entscheide mich für einen Duft, welcher der altenvertrauten Latschenkiefer am nächsten kommt und bilde mir ein, allein schon davon selig zu werden, entzünde ein paar Teelichter und gleite in das ölige Wasser. Dieser Anflug von Wellness passt zwar überhaupt nicht zu meiner Vorstellung vom Pilgern, aber das kann ich vom Rest des Tages ebenso gut auch behaupten.

„Am Ende wird alles gut. Wenn es nicht gut wird, ist es noch nicht das Ende", sagte doch Oscar Wilde so schön. Und in diesem Falle endet das Märchen, indem zwei vom Unwetter gebeutelten Landstreicherinnen in Fichtenholz gebadete Prinzessinnen verwandelt werden.

Als ich verschrumpelt, aber selig wieder aus dem Wasser steige, döst Inga längst in der schneeweißen Kissenlandschaft des Meditationsraumes. Draußen prasselt der Regen, Donner grollt, das Außenthermometer dokumentiert nüchtern einen Temperatursturz von dreiunddreißig auf dreizehn Grad. Ein Gespräch über unsere Lebenszahlen kommt nicht mehr zustande. Dafür ist das Bett einfach zu weich.

Mittwoch, der 5. August: Havanna, Cuba (Börgerende - Kühlungsborn, 12 km)

Ich erwache wie auf Watte-Wolken, umhüllt von flauschigen Decken, auf einer samtig weichen Liegewiese. Der Duft von Aroma Öl kitzelt in der Nase, und es fühlt sich an, als hätte der Buddha auf der Fensterbank heute Nacht für uns gebetet. Weißes Licht flutet den Raum. Entweder bin ich im Himmel oder zu Besuch in der Philadelphia Werbung.

Mein Blick schweift durch das Zimmer. Inga ist mal wieder damit beschäftigt, ihre Garderobe thematisch zu sortieren, während ich realisiere, dass ich nicht im Nirwana bin, sondern nur eine Abtrünnige, die für das Verlassen des Weges Jakobus` Zorn zu spüren bekam.

„Bestimmt wollte er uns bestrafen", sage ich statt „Guten Morgen".

„Wenn er das wirklich gewollt hätte, hätte uns gestern der Blitz getroffen", antwortet Inga trocken und wendet sich wieder ihren Textilien zu.

„Auch wieder wahr", schnappe ich mein Handtuch und schlurfe ins Bad.

„Das größte Glück liegt in den kleinen Dingen", prangt in schwarz verschnörkelten Lettern über der Tür.

Der Spruch war mir gestern gar nicht aufgefallen, stimme ihm aber vollkommen zu, wobei ich den Schwerpunkt eher auf das Wörtchen „liegen" legen würde. Denn, obwohl ich schon immer eine Schlafmütze war, ist, seit dieser kleinen Wanderung, die Lage in der Waagerechten einfach das Größte für mich, dicht gefolgt von regelmäßiger Hygiene. Wie gut, dass der mondgetränkte Kiefernholzbottich auch als Dusche taugt. Sonst käme ich heute nicht aus dem Pott.

Ich schaue aus dem Fenster und sehe Anita lächelnd auf Knien durch die Rabatte robben. Selbst beim Unkrautjäten strahlt sie. Entweder ist sie erleuchtet oder hat Zugang zu psychoaktiven Substanzen.

Am Bio-Buffet könnte ich es herausfinden. Nun sind Sauerampfer, Dahlien-Blüten und Tee vom Ackerschachtelhalm zwar weder die Antwort auf meine Frage, noch im Entferntesten das, was ich mir von einem Frühstück erträume, aber warum nicht mal etwas Neues ausprobieren?

Die Gäste sehen jedenfalls zufrieden aus. Wir grüßen artig, nehmen den letzten freien Tisch in der Sofaecke und inspizieren unsere wunderlich bestückten Teller.

In der Mitte des Saales sitzt, von ihren Gästen umringt, die strahlende Anita an einer großen Tafel. Trotz ausgebuchten Hauses in der Hochsaison wirkt sie so entspannt, als befände sie sich selbst im Urlaub.

„Geht eigentlich", kostet die tapfere Inga eine erste Blüte.

„Ob es hier auch Kaffee gibt?", flüstere ich.

„Aber natürlich haben wir Kaffee", flötet Anita, bringt eine Kanne des lebenswichtigen koffeinhaltigen Heißgetränkes und setzt sich an unseren Tisch.

„Und? Habt ihr schon Antworten auf eurem Weg gefunden?", eröffnet sie das Gespräch.

„Nicht bei Unwetter am Strand schlafen", antworte ich trocken und überlasse Anita das Reden.

Morgendliche Konversationen liegen mir nicht besonders und Inga ist mit ihren Blüten beschäftigt.

„In meinem früheren Leben war ich mal Vertreterin für Reinigungsmittel und brauchte drei Burnouts, um endlich mein Leben zu ändern", erzählt Anita. „Woran glaubst du, fragte damals eine Arbeitskollegin. Ich konnte ihr keine Antwort geben. Also machte ich mich auf die Suche." Und das tat sie gründlich: Sie kündigte ihren Job, fastete, praktizierte Yoga, las unzählige spirituelle Bücher, beschäftigte sich mit den Gesetzen der Spiegelresonanz, erkannte dabei, dass jeder, dem wir begegnen, nur ein Spiegel unserer selbst ist, dass es keine Rolle spielt, ob wir diesen jemand mögen oder nicht, weil er ein Lehrmeister ist, der uns nur zeigt mit welchen Augen wir die Welt sehen.

Wenige Jahre und viele Erkenntnisse später eröffnete Anita, einer inneren Eingebung folgend, diese kleine, schnuckelige Märchenpension hier in Börgerende – eine Vita, die klingt wie ein Brigitte Woman-Artikel.

„Jeder ungelöste Konflikt, den ich mit mir herum trage, führt zu einer Projektion nach außen", erklärt sie. „Wenn ich ihn löse, kann ich gesunden und werde zunehmend angenehmere Begegnungen haben."

„Sind sie erleuchtet?", falle ich ihr ins Wort.

„Ich bin in Frieden mit mir und der Welt", entgegnet sie lachend. „Wobei auf vielen meiner Fotos so ein heller Schein über mir leuchtet."

Das möchte ich genauer wissen und mache ein Foto von ihr. Tatsächlich ist dort ein strahlender Kranz über ihrem Haupt zu erkennen. Der Pragmatiker in mir möchte es auf das Gegenlicht schieben, der Träumer jedoch mag eine eine göttliche Ursache nicht ganz ausschließen. Sollte es wirklich Engel geben, dann ist Anita sicher einer von ihnen – wobei ich vorher nicht wusste, dass auch Engel Burnouts haben können.

„Kannst du uns das mit den Lebenszahlen noch einmal erklären?", frage ich weiter, während Inga scheinbar immer noch nach ihrem Sprachzentrum sucht.

„Inga und ich sind Einser-Typen, wir müssen aktiv sein, unser Ding machen, während du als Sieben den Rückzug und die Stille brauchst", antwortet sie.

„Kannst ja mal Lebenszahl und Enneagramm googeln, wenn du wieder zu Hause bist. Danach wird dir einiges klar werden. Und du musst eine Praxis auf-

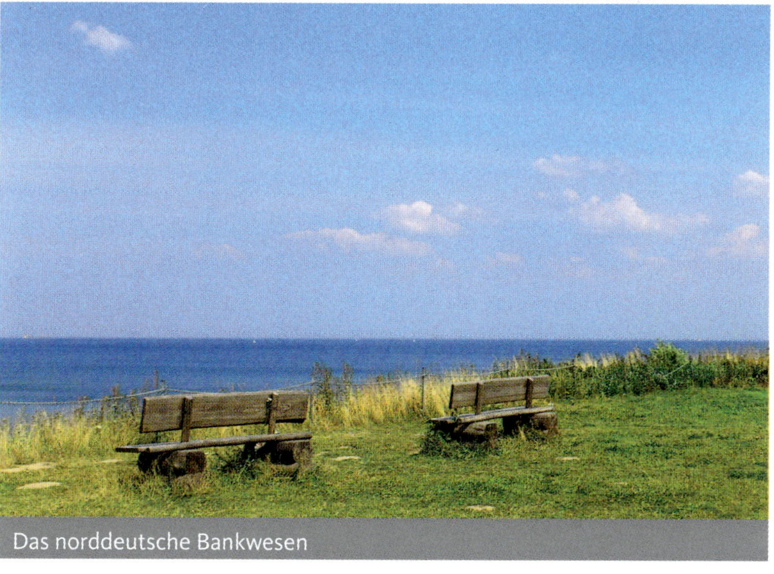

Das norddeutsche Bankwesen

machen, weil Einser geborene Führungspersönlichkeiten sind", wendet sie sich wieder der verblüfften Inga zu.

„Pffff", seufzt diese, „dafür muss ich erst einmal meine Facharztprüfung bestehen."

„Das schaffst du, und wenn es soweit ist, dann denk` an meine Worte", lässt Anita zwei verwirrte Pilger am Frühstückstisch zurück.

Die ersten Kilometer absolvieren wir schweigend. Diffuse Gedanken schwirren mir durch den Kopf, ein Wirrwar an Empfindungen und viel zu viele Fragen.

Bei frühlingshaftem Sonnenschein traben wir immer am Meeresstrand entlang in Richtung Westen. Links von uns liegt ein zerzaustes Kiefernwäldchen, rechts ruht das Meer. Hin und wieder laden Holzbänke zum Verweilen ein, und so müde wie ich heute Vormittag bin, möchte ich am liebsten jeder einzelnen Verlockung des norddeutschen Bankwesens nachgehen.

„Nati, wenn du dich auf jede Bank setzt, kommen wir heute nicht mehr nach Kühlungsborn", mahnt Inga und hat natürlich recht.

„Anhalten, Pilger!", hält mich eine dunkle Männerstimme jedoch vom Aufstehen ab.

Sie gehört einem drahtigen Radfahrer mit weißen Stoppelhaaren.

„Helga, jetzt wart` doch mal", pfeift er seine Frau zurück.

„Letztes Jahr war ich auf dem Camino Francés und bin seither gefesselt", schwärmt er.

„Als er wieder zu Hause war, habe ich ihn gar nicht erkannt, so schlank war er. Stimmt`s Helmut?", rollt seine Frau herbei.

„Und die Figur ist fast so geblieben", reibt er sich den Bauch. „Ich kann ihnen nur empfehlen, in Spanien zu pilgern. Die Meseta ist eine Wahnsinnserfahrung."

„Komm, gib`s zu, du warst ganz schön fertig", fällt sie ihm ins Wort.

„Ach was", tut er die Strapaze ab, „man muss den ganzen Weg gehen, mit Ruhe und mit Zeit. Sonst bringt das alles nichts."

Inga und ich lächeln milde, können wir seine Begeisterung doch nachvollziehen.

„Pilgern ist einfach das Größte", fällt er mir plötzlich um den Hals. „Einmal Pilger, immer Pilger!"

„Ach Helmut, ich weiß gar nicht, was du hast. Radfahren ist doch auch schön", stichelt seine Frau.

„Ja schon", löst er seine Umarmung. „Aber es geht mir nun mal zu schnell. Man verpasst soooo viele sinnliche Eindrücke", seufzt er. „Aber du willst ja nie mit."

„Das hab` ich so nicht gesagt", verteidigt sich Helga.

„Na dann buen camino noch", setzen wir uns lachend in Bewegung, wohlwissend, dass die beiden wohl noch eine freundliche, eheliche Debatte zu diesem Thema führen werden, und wer möchte da schon Zeuge werden?

„Ach Helmut, ich weiß gar nicht, was du hast", äfft Inga dessen Gattin nach.

„Ihr jungen Leute geht den Weg doch hoffentlich in Ruhe", lästere ich mit.

„Der hat gut lachen als Rentner", zischt Inga.

„Ach wenn man doch nur mehr Zeit hätte", sinniere ich.

„Guck mal, da vorne teilt sich der Weg", rennt Inga plötzlich auf einen Wegweiser zu. „Man kann entweder oben an der Steilküste oder unten am Meer entlang laufen", ruft sie.

„Für mich ist der Fall klar: Strand", erkläre ich sofort.

„Aber ich kann nicht. Mein Rucksack ist zu schwer", seufzt Inga.

„Dann treffen wir uns an der nächsten Treppe wieder", schlage ich vor und pilgere zum ersten Mal allein – wenn man von den vielen krebsroten Badegästen am Ufer des mondänen Seebades Heiligendamm einmal absieht.

Achtsam laufe ich um die Badetücher, Kleckerburgen und Spielzeug-Förmchen herum. Man möchte ja schließlich niemanden belästigen. Fast stolpere ich über einen dicken, schwarzen Hund, der in der Sonne döst. Doch er ist zu träge, um jemanden zu beißen.

Am Horizont hat eine Flotte Zeesenboote ihre charakteristischen, braunen Segel gen Rostock gesetzt, wo die Hanse Sail, das größte Wassersport-Spektakel Mecklenburg Vorpommerns, auf sie wartet. Deswegen haben wir den Weg verlassen, aber es fühlt sich an, als wäre das in Ordnung so.

An der nächsten Treppe wartet Inga. Ich folge ihr die Stufen hinauf, gehe ein paar Schritte neben ihr her, auf einem, zugegebenermaßen herrlichen, mit Hagebuttensträuchern bewachsenen Weg, doch zieht es mich wieder hinunter ans Meer.

„Aber beeil` dich. Der letzte Bus nach Neubukow fährt um 17 Uhr", mahnt mein Scout.

„Ja, ja", verabschiede ich mich an der nächsten Treppe, ziehe mir die Schuhe aus, schnüre sie am Rucksack fest und laufe barfuß durch das knöcheltiefe Wasser. Erst kurz vor Kühlungsborn treffe ich Inga wieder.

„Wir können es entspannt angehen. Bis zum Ziel sind es nur noch zwei Kilometer", entwarnt das organisatorische Wunder, das bestimmt schon seit Stunden an der Treppe auf mich wartet.

„Und wo übernachten wir?", frage ich erwartungsvoll.

Nach der gestrigen Zitterpartie bin ich mir nicht sicher, ob ich wirklich draußen schlafen möchte.

„Das entscheiden wir spontan“, verabschiedet sie sich, um wieder oben auf ihrer heiß geliebten Steilküste zu wandern.

Wenn Inga die Sache locker nimmt und dazu noch die Sonne scheint, sind Unsicherheiten für mich okay. Jetzt, da ich so viele Zeiteinheiten innehalten und auf die Wellen starren kann, wie ich will, fällt es mir leicht, gänzlich im Moment zu leben.

Auch wenn die nackten Sohlen brennen, bleibe ich bis zum Zieleinlauf im Hafen von Kühlungsborn barfuß, wo mich die bestens gelaunte Inga bereits mit zwei Kaffeebechern in der Hand empfängt.

„Herzlich Willkommen“, streckt sie mir mein Lieblingsgetränk entgegen. „Ich habe dich schon von weitem kommen sehen, und du sahst kaffeedurstig aus“, erwidert sie meinen begeisterten Blick.

„Das schätze ich an guten Freunden und an Norddeutschland, dass du schon von weitem sehen kannst, wenn eine arme Seele in der Ferne einen Kaffee braucht“, flöte ich.

„Und? Was sagt dein Bauchgefühl? Sollen wir es versuchen?“, fragt Inga erwartungsvoll.

„Nach der Siesta entscheiden wir“, antworte ich ohne zu zögern.

„Gut“, marschiert Inga auf das Bataillon von Strandkörben zu, von denen gut die Hälfte mit dösenden Urlaubern besetzt ist.

Da wir schnell ein unverschlossenes Exemplar finden und den Umgang mit den blauweiß gestreiften Wuchtbrummen bereits gewohnt sind, fällt es uns leicht, es zur Sonnenseite auszurichten und die Fußteile auszuziehen. Und ich muss sagen, ohne Weltuntergangsszenario schläft es sich ganz prima darin.

Als wir erwachen, spülen wir uns den Staub des Tages im Brackwasser ab und taxieren den Himmel. Er ist wolkenlos, und die Gewitterwürmer haben sich ebenfalls verzogen. Wir können es also wagen, unsere neue Herberge zu beziehen. Die hat zwar weder Bett und Dusche, dafür aber einen Rosamunde Pilcher verdächtigen Sonnenuntergang zum Preis von nullkommanull Euro zu bieten.

Zufrieden verlassen wir unser Lager, bummeln über die Promenade, setzen uns an die Hafenkante, lassen unsere Beine über der Wasseroberfläche baumeln und beobachten einen Schwarm Meeresforellen. Das sächselt jedenfalls ein Großvater seinem Enkelchen zu, das begierig nach den flutschigen Fischen grabscht.

„Enriggö, höre uff, `s gibbt glei Abendbrot“, zerrt der Opa seinen plärrenden Enkel vom Hafenbecken weg, und wir bleiben mit den fetten Fischen allein.

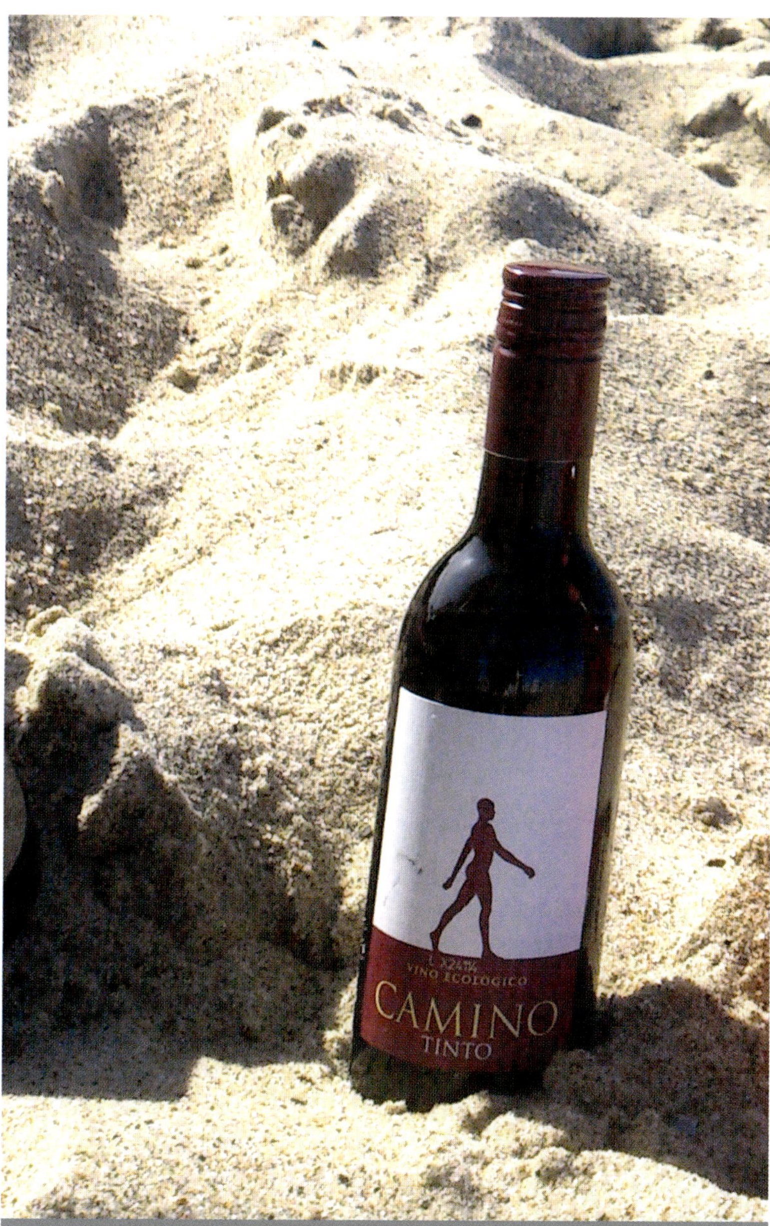

Salud!

Armer Enrico: Weder sprachlich noch kulinarisch läuft es gut für dich.

Das Firmament errötet, ein paar Sterne gehen auf, und eine sechsköpfige Combo spielt kubanische Musik, jedoch nicht ohne nach jedem Titel lautstark ihre Herkunft in den Abend zu posaunen.

„Havanna, Cuuuuuba", johlt die Leadsängerin, welche mich stark an Prissy aus `Vom Winde verweht` erinnert.

Die karibischen Klänge geleiten uns bis zum heimischen Strandkorb, von wo uns schon die Trümmer unseres Picknicks entgegen wehen. Die Möwen haben alle Vorratstüten aufgepickt und sich nicht nur am teuren Käse vergangen, sondern absolut nichts übrig gelassen. Gut, dass wir nicht im Trebeltal sind. Sonst hätten wir ein gewaltiges Versorgungsproblem.

„Mögen die Biester am Plastikbeutel ersticken", knurre ich. „Das ist zwar schlecht fürs Karma, aber den guten Käse gönne ich ihnen nicht."

„Müssen wir eben einen Schluck mehr trinken", öffnet Inga den Schraubverschluss eines Rotweinfläschchens mit dem klangvollen Namen ‚Camino' und einem feschen Wanderer auf dem Etikett.

„Salud", setzt sie die Flasche an, die bald darauf geleert ist.

Überraschend satt und zufrieden schlüpfe ich in meinen Schlafsack mit der Erkenntnis: Ein guter Vino ist durchaus in der Lage, feste Nahrung zu ersetzen.

Prissy`s „Havanna, Cuuuuubaaaa" vermischt sich mit dem kollektiven Rülpsen einer englischsprachigen Jugendgruppe, die mit Neonstäben Star-Wars-Szenen nachspielt. Ich tippe auf den ersten Lichtschwertkampf aus Episode Vier.

„Wenn dieser Nachwuchs-Obi-Wan-Kenobi nicht sofort aufhört, dann stecke ich ihm seinen Laser gleich sonst wohin", zische ich. „Could you guys please play somewhere else? We are trying to get some sleep!", falte ich den erstbesten Jedi mit giftiger Stimme zusammen, und es fehlt nicht mehr viel, bis ich schnaufe wie Darth Vader.

„Oho, Nati is pissed off", belustigt sich Inga.

„Ist doch wahr", maule ich, und die Jedi ziehen ab.

Doch Ruhe will sich nicht einstellen. Die Bässe eines hell beleuchteten Partybootes dröhnen laut. Schrilles Gelächter weht zu uns herüber. Die Kubaner johlen ein letztes „Havanna, Cuba" in die Nacht. Der Große Wagen verschwindet hinter einem milchigen Schleier, etwas schreit mir ins Ohr. Ich wende mich um und erstarre. Wir liegen umringt von einer Hundertschaft Möwen, welche uns hoffentlich nicht als Futter betrachtet. Aber ich kann nicht genau erkennen, ob die Tiere nun schlafen oder nicht. Also bleibe ich wach und kampfbereit. Regungslos und steif wie Zinnsoldaten steht vor uns das gefiederte Heer auf seinen mickrigen Stockbeinchen, die Augen halb offen stehend, die Schnäbel geschlossen. Vermutlich befindet sich unser Lager mitten in ihrem Schlafzimmer. Vorausgesetzt, dass Möwen nachts auch wirklich schlafen ...

Die selig neben mir schlummernde Inga bekommt von alledem nichts mit. Auch nichts vom Canalettoschen Gemälde am Himmelszelt, durch dessen zart getupfte Wolkendecke schon die Morgensonne blinzelt.

Donnerstag, der 6. August: Soziologische Studien (Kühlungsborn - Neubukow, 12 km)

„Moin Mädels, aufstehen!“

Mein erschrockener Blick verfängt sich im haarigen Gewirr eines dunkeln Hipster-Bartes.

„Hilfe“, fiepe ich tonlos.

Ich hätte weniger trinken sollen, dann könnte ich jetzt ordentlich kreischen wie es sich für ein Vergewaltigungsopfer gehört.

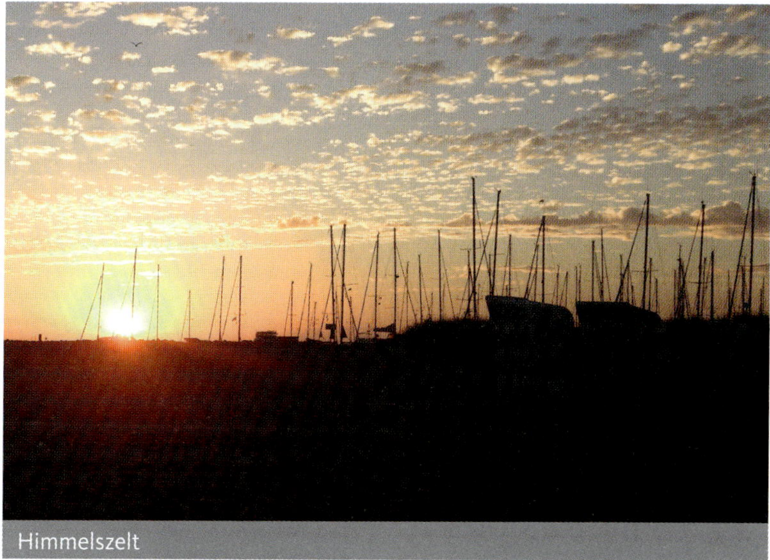

Himmelszelt

„War wohl kurz, die Nacht?", zeigt der Hüne vom Typ Bordell-Türsteher im Adiletten-Anzug süffisant seine Zähne.

„Das könn`se laut sagen", pellt sich Inga genervt aus ihrem Schlafsack.

Offenbar rechnet sie nicht mit einer Gewalttat.

„Ich fah` hiä gleich mit `n Trekkä lang", lupft er sein Basecap.

„Verstehe", rollt Inga knurrend ihre Isomatte zusammen.

Damit gibt er sich zufrieden, marschiert zu seinem Nutzfahrzeug und lässt den Motor an.

„So Nati, aufstehen!"

„Ja ja ..."

Allen, die dazu neigen, laue Sommernächte am Strand zu glorifizieren sei folgendes gesagt: Ein dröhnender Traktor aus dem Hause Deutz, Morgentau, der sogar Polyester durchzuweichen vermag, und angriffslustige Möwen, die im Sinkflug erbeutete Tomaten und sonstige schöne Dinge über Wanderschuhen abwerfen, haben nicht das Entfernteste mit Idylle zu tun.

„Äääääääh, Möwendreck", kreische ich und ziehe meinen vollgeschmadderten linken Schuh wieder vom Fuß.

Seine Innensohle ist fast so sauber mit Tomatensugo und Möwenkot überzogen wie eine Pizza Margherita und auch jetzt meine fast noch frische Wandersocke. Doch dessen nicht genug, darf ich unter den aufmerksamen Blicken des Traktoristen und begleitet von Ingas hämischen Gelächter, einbeinig hüpfend nach dem anderen Treter suchen, den ich unter den Resten der zerfledderten Plastikfolie berge. Dabei beschleicht mich das Gefühl, von den grauweißen Aasgeigern beobachtet und verlacht zu werden, deren unzählige Fußabdrücke neben unserer Bettstatt nicht nur deren nächtliche Präsenz, sondern auch meine Zurechnungsfähigkeit bezeugen.

„Los, schnell Schuhe anziehen", klaubt Inga behände die taubedeckten Schlafsäcke zusammen, schleppt sie in Richtung Promenade und lässt sie über einem herrenlosen Fahrradständer fallen.

„Ich hatte eine Matschtomate und Sonstnochwas im Schuh, also ein bisschen mehr Mitgefühl bitte", humpele ich mit den Isomatten hinterdrein und drapiere sie auf der Parkbank nebenan.

Eine hundertjährige Joggerin in altrosa Leggins und Schirmmütze schafft es, uns sogar noch im Dauerlauf mit verächtlichen Blicken zu strafen. Asoziales Pennerpack, kann ich ihren Augen lesen – vermutlich, weil sie denkt, wir leben auf der Straße. Doch weil die blutleere Alte ein erstaunlich hohes Tempo anschlägt, muss ich ihren Blick nicht lange aushalten. Hast du dich auch so gefühlt, Herr Altmann? Wie minderwertiger Abschaum, unausgeschlafen, hungrig, durchgeweicht??

„Habt ihr etwa hier geschlafen?", stoppt vor uns ein Rentner, der seine beiden Enkelsöhne an der Hand spazieren führt, vor unserem Flüchtlingscamp.

„Hm", raune ich nur, weil ich eine weitere Ächtung fürchte.

„Seht ihr Kinder, das ist Härte", lobt er, während der Deutz über jene Stelle walzt, auf der wir eben noch so selig ruhten.

Ein weiterer Passant erkundigt sich über die Qualität unseres Nachtschlafes.

„Ging schon", entgegnet Inga tapfer, worauf jener mit gewinnendem Lächeln seinen Daumen hebt.

Einige Bürger scheinen unser kleines Outdoor-Abenteuer ganz hip zu finden. Andere hingegen machen aus ihrer Abscheu keinen Hehl. Ja, was sind wir denn nun, Trendsetter oder Ungeziefer?

Mein innerer Stochastikus zählte sowohl abschätzige, als auch freundliche Blicke, doch für eine seriöse Studie ist die Datenmenge noch zu klein. Aber weil Polyethylen vergleichsweise schnell trocknet (daher also der astronomische Preis) und Ingas Acht-Uhr-Wecker endlich klingelt, kommt eine ausführlichere Studie nicht mehr zustande. Hungrig wie wir sind, stopfen wir alles wahllos in unsere Rucksäcke hinein und entern die Bäckerei gegenüber, über deren Öffnungszeiten wir uns bereits gestern vorsorglicher Weise erkundigt hatten.

Die zwei älteren Damen am Fenstertisch werfen uns mitleidige Blicke zu. Offenbar sehen wir so abgehalftert aus, dass die junge Ina Müller am Verkaufsstand eine Extraportion Sahne mit den Worten „Wat mut dat mut" auf Ingas Blaubeermuffin sprüht.

„Na wat. Is eh bald Winter, und da sieht man dat Fett sowieso nicht", erwidert sie auf Ingas abwehrende Geste, um erneut die Sprühflasche anzusetzen.

„Na bitte, es geht doch", setzt sie einen letzten sahnigen Punkt auf Ingas Backware.

Dann bekomme ich mein Fett weg.

„Na wie jetz`, Rührei ohne Speck? Wohl im Schlankheitswahn, wa?"

„Für eine Modellkariere ist es nie zu spät", antworte ich ernst.

„Nix da, kein Ei ohne Speck", fertigt mich das Original augenzwinkernd ab.

„Zur Not können Sie ja immer noch Zehenmodel werden."

„Auch wieder wahr", zeige ich mich dankbar.

Schließlich ist es nie verkehrt, über berufliche Alternativen nachzudenken.

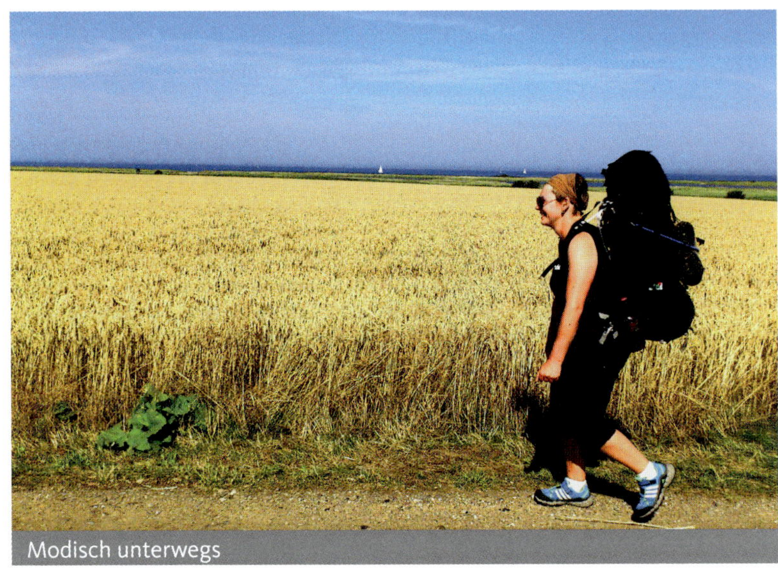
Modisch unterwegs

Doch jetzt verdrücke ich mich besser, bevor ich noch mehr Kalorienbomben auf den Teller geklatscht bekomme, die bekanntlich um ein Vielfaches schneller verdrückt als abgebaut sind.

Einen satten, verstohlenen Blick später, klemme ich mir meinen Kulturbeutel unter die Hose und lupfe meine Bluse.

„So, die Luft ist rein", flüstert Inga, während ich unauffällig zum WC hinüber schleiche.

Heute ist nämlich der internationale Tag der russischen Dusche: Hierfür braucht man lediglich ein zuverlässiges Deo und einen nicht mehr taufrischen Körper. Reinheitsfanatiker dürfen gerne noch eine Handvoll frisches Wasser dazu nehmen oder sich wahlweise auch die Zähne putzen.

Nach dieser physischen Runderneuerung sind wir bereit für große Taten, ziehen uns die Bandanas über die Stirn und sehen damit wie Piratenbräute aus. Nachdem uns gestern ordentlich „der Helm brannte", mussten wir uns eine Kopfbedeckung zulegen, die uns nicht nur vor Sonnenstichen rettet, sondern auch frisurtechnische Unzulänglichkeiten kaschieren kann und darüber hinaus noch zu unserem neuen, legeren Hipster-Clochars-Stil passt.

Unterwegs nach Westen übt jede für sich erneut das Pilgern allein, Inga auf ihrer geliebten Steilküste, ich unten am Meeresrand. Erst an der letztmöglichen Treppe treffen wir uns wieder.

„Na wie war das Frühstück noch?“, fragt eine sonore Altstimme.

„Pardon, wie meinen?“, wende ich mich um und erkenne eine Dame unbestimmten Alters, deren Gesicht mir irgendwie bekannt vorkommt.

„Waren Sie heute Morgen an der Promenade frühstücken?“, überlegt Inga.

„Genau, und weil Sie so durchgefroren aussahen, habe ich Ihnen heimlich ein paar Decken auf ihren Platz geschmuggelt, als Sie noch am Tresen standen“, erwidert sie mit listigem Blick.

„Das waren Sie?“, staunt Inga, „und ich dachte, das wäre ein besonders freundlicher Service der Bäckerei gewesen.“

„Das war mein besonders freundlicher Service für Menschen, die eine Jakobsmuschel auf dem Rücken tragen“, zwinkert sie mir zu.

„Sie sind ein Engel“, bedanken wir uns sichtlich gerührt.

„Für Pilger immer.“

„Ob solche Begegnungen Zufall sind?“, mutmaßt Inga, als wir wieder allein sind.

„Nein“, erwidere ich entschieden, „manchmal schickt Jakobus einen Engel vorbei, um seine Leute bei Laune zu halten.“

„Danke, Meister Jakob“, sendet Inga einen Luftkuss in den Himmel.

Was meine kleine, morgendliche soziologische Studie angeht, darf ich nun zu Protokoll geben, dass man uns nicht nur für Gesindel hält, sondern auch für ... Ja, was sind wir Pilger eigentlich? Etymologisch erst einmal nur Fremdlinge. Fremdlinge, die sich auf den Weg machen, um sich nachher nicht mehr fremd zu sein?

Vor uns flimmert die Vormittagshitze auf schnurgeradem Teer, der von Sträuchern umsäumte Wiesen, in zwei gleichgroße, ausgedörrte Hälften schneidet.

„Wenn der Schutzpatron jetzt noch ein Kaltgetränk für uns hätte“, seufze ich.

„Na dann schau mal nach rechts“, weist Inga auf einen Strandkiosk in gut einem Kilometer Entfernung, auf den wir nun im Stechschritt zustürmen.

„Sie schickt der Himmel“, begrüße ich den Verkäufer überschwänglich.

„Nee, dat war mein Arbeitgeber“, verzieht der seine Mundwinkel und öffnet zwei Dosen Hopfenbrause, welche in Rekordzeit in unseren Kehlen verdunsten.

Wir sitzen im Schatten eines Rastplatz-Häuschens umschwirrt von Gewitterwürmern, welche scharenweise in den Schlieren des frisch aufgetragenen Mückensprays ertrinken. Ich wähle die Nummer der Kirchgemeinde Neubukow und reserviere zwei Betten. Nach Börgerende und der gestrigen Nacht brauchen wir ein Stückchen Sicherheit.

Vor den Toren des Ostseebades Rerik folgen wir einem greisen Mütterchen, das sich auf seinen Krückstock stützend zum Meer hinunter schleicht.

„Das sind wir in fünfzig Jahren", flüstere ich.

„Ich hoffe nicht", bemerkt Inga lakonisch und schießt ein Foto.

Das Ömchen wendet sich zu uns um, wir winken ihr zu.

Auch ich möchte am Meer alt werden, so wie sie, jeden Tag aufs Neue dieses Wunder schauen: den Wogenschlag der Wellen, die Wolken am Horizont, diese endlose Weite. Und wenn es soweit ist, werde auch ich jeden Tag zum Strand hinunter gehen – behutsam, auf meinen Stock gestützt, wettergegerbt und zufrieden.

„Rührend, nicht wahr?", seufze ich.

„Was meinst du?"

„Die alte Frau und das Meer."

„Warum?"

„Weil sie mich an mich erinnert."

Am Ortseingang des Seebades Rerik endet der schattige Küstenweg, und plötzlich plagen mich Kopfweh und Schwindel. Frau Doktor sagt, ich habe einen Sonnenstich, setzt mich kurzerhand in einem Café ab, um die Abfahrtszeiten nach Neubukow zu erfragen, während ich meinen Kopf an einen Eisbecher schmiege. Ein Betrunkener liegt auf der einzigen Sitzbank des ZOB, aber auch wir sind das Vagabundieren auf öffentlichen Plätzen längst gewohnt und hocken uns neben ihn auf das Trottoir.

„Ich will ein Ticket nach Neubukow", besteigt Inga als Erste den Bus.

„Will, will, will – mit will geht hier gar nix. Dat heißt ich möchte bitte", weist der Busfahrer die kleine „Eins" zurecht.

„Ich möchte bitte zwei Tickets nach Neubukow", erwidert diese schnippisch.

„Na bitte, es geht doch", reicht der Mann mit der Weste die Billets.

Ich ignoriere das „Bitte-nicht-mit-dem-Fahrer-sprechen-Schild" an der Frontscheibe und frage nach der Kirche.

„Wollnse wat beichten?", belustigt er sich, während sich Inga schmollend nach hinten verzieht.

„Nötig wär` s, aber nein", entgegne ich kess.

„Neubukow is so lütt. Dat könn` se nich verfehlen", präsentiert er mit einer ausladenden Handbewegung den Kirchturm von Peter-und-Paul.

An der Pfarrhaustür öffnet niemand, also warten wir draußen auf der Schwelle. Wäre dieses unser erster Tag, hätten wir jetzt Panik. Heute jedoch sind derartige Unsicherheiten längst Teil unseres Alltags.

„Ach hier seid ihr", ruft eine Stimme aus dem Hinterhof. „Mein Name ist Kathrin. Pilger duzen sich immer, ich bin selbst Pilgerin", schüttelt sie Inga überschwänglich die Hand.

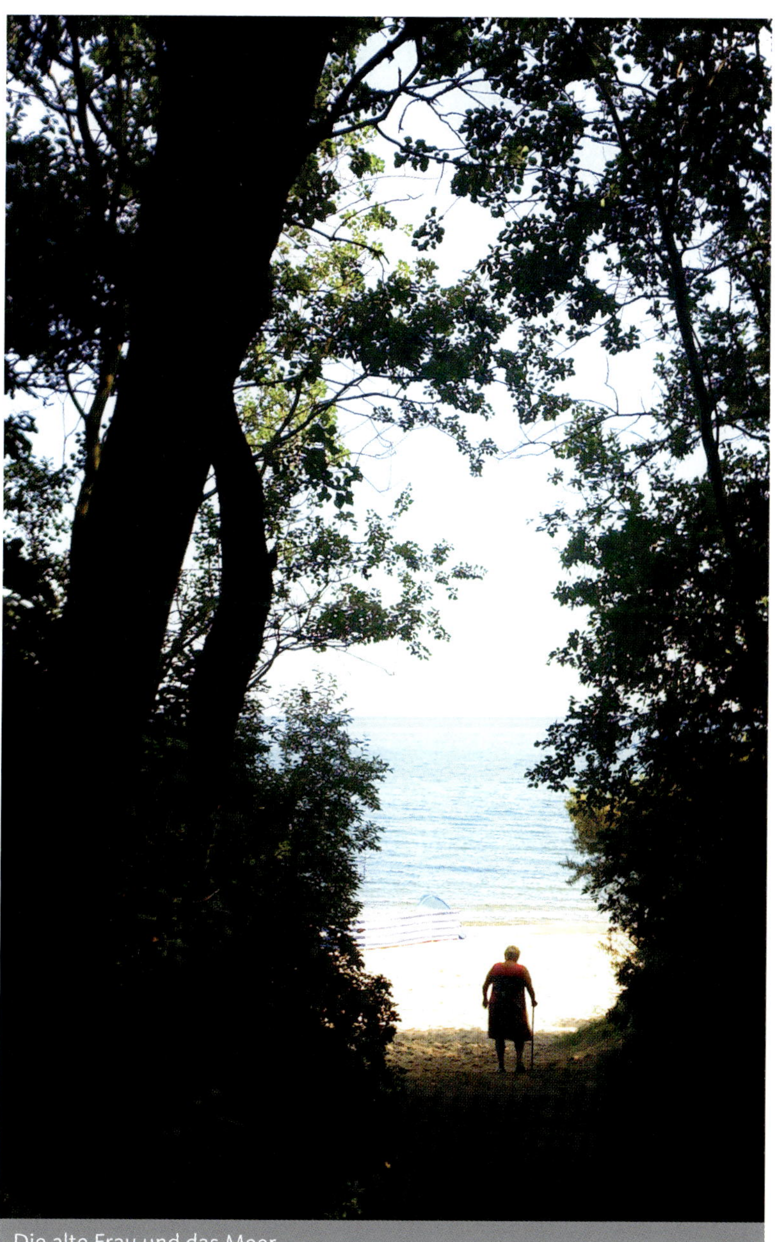

Die alte Frau und das Meer

„Aha“, entgegnet diese trocken, während mein Blick hinunter zu Kathrins Jesuslatschen gleitet.

„Ich weiß was Pilger lieben. Daher die Handtücher. Ich war schließlich selbst Pilger“, plappert die Wandersfrau.

Mir soll`s egal sein. Von mir aus könnte sie auch der Kaiser von China sein. Alles was zählt, ist ein Kopfkissen und eine Matratze. Nun gut das Instant-Kaffeepulver, die extra für uns gekaufte Milch im Kühlschrank und die Handtücher kommen auch nicht ungelegen.

„Und wenn ihr noch etwas braucht, dann ruft mich an. Ich weiß, was Pilger wünschen“, verabschiedet sich die rechte Hand des St. Jakobus mit gewinnendem Lächeln.

„Danke Kathrin“, sperre ich mit spitzbübischem Grinsen die Tür hinter mir zu.

Freitag, der 7. August: Der Laden (Neubukow - Neuburg, 14 km)

Ohne Fremdeinwirkung aufzuwachen ist schon was Feines – kein Wecker, keine Traktoristen, keine Schmerzen: beste Voraussetzungen für einen entspannten Pilgertag also.

Sehr ausgeruht passieren wir eine Windmühle, die am Ortsausgang hübsch aus einem Roggenfeld guckt, und genießen das morgendliche Idyll, bis etwas großes Schwarzes auf uns zu gesprungen kommt.

„Buddy, bei Fuß!“, eilt ein älterer Herr herbei.

„Ganz schön wild hier in Neubukow“, scherzt Inga, die den zotteligen Hund offenbar für ungefährlich hält.

„Keine Sorge, das ist eine ganz Liebe“, begrüßt uns sein schwer atmendes Herrchen.

Mich hingegen macht dieser Satz stutzig.

„Vormittags hat sie Narrenfreiheit und sie darf ohne Leine laufen wohin sie will“, eröffnet der rüstige Rentner seinen Monolog über die Vorzüge der antiautoritären Hunde-Erziehung.

Da mir nicht im Entferntesten der Sinn nach einer Unterhaltung steht, beschränke ich mich auf ein halbherziges Kopfnicken mit einem zustimmenden Raunen als Antwort, während Inga mit Buddy „Hol das Stöckchen“ spielt.

„Viertausend Einwohner und tausendfünfhundert Hartzer, die im Neubau-Ghetto verkommen, seit sie die Kolbenfabrik dicht gemacht haben ...“, hat sein Herrchen offenbar das Thema gewechselt.

„Hartz 4 und der Tag gehört dir“, werfe ich launig ein.

„Aber wie können Sie denn so etwas sagen“, echauffiert sich der Tierfreund.

„War doch nur Spaß“, beschwichtige ich. „Aber wir müssen jetzt wirklich weiter.“

„Na dann lasse ich euch mal besser in Ruhe“, bleibt er angesäuert stehen.

„Wohin gehen Sie denn eigentlich?“, kommt er uns nachgelaufen.

„Wir gehen nicht, wir pilgern“, antworte ich gereizt, woraufhin mir Inga erzieherisch in die Seite boxt.

„Nach Neuburg“, antwortet diese milde und wirft Buddy ein frisches Stöckchen zu.

„Sagen Sie das doch gleich. Ich kann Sie doch zum Abzweig bringen“, läuft er forschen Schrittes voran, bis sein Haustier endlich beschließt, dass es jetzt an der Zeit ist, dieses Gespräch zu beenden.

„Ich muss leider. Sie möchte ihren Lieblingsweg gehen“, entschuldigt sich das Waldorf-Herrchen, und ich kann endlich die Stille des Hellbachtales genießen.

In der Dunkelheit des Urwaldes musste ich anfangs noch die Augen zukneifen, um den Pfad zu erkennen, welcher sich milde um den Hellbach schlängelt. Umgeknickte Bäume liegen moosbewachsen kreuz und quer, Buchen, Erlen, Pappeln, Eichen und Eschen strecken sich zur Sonne hin, lassen uns still und andächtig werden an diesem mystischen Ort. Außer einer Infotafel, ein paar Holztreppen und Sitzbänken hat der Mensch hier wenig Einfluss genommen. Aber einen siebenhundertjährigen Wald darf man ruhig sich selbst überlassen. Er kommt gut ohne uns zurecht.

Als der Pfad in einem Feldrain mündet sind wir geblendet vom gleißenden Licht des Sommers, und es dauert auch hier wieder eine Weile, bis sich die Augen an die neuen Lichtverhältnisse gewöhnen. Vorbei an leuchtenden Weizenfeldern kommen mit der prallen Vormittagssonne auch unsere Biergelüste wieder. Doch in Altbukows einzigem Lokal möchte man uns nicht bedienen.

„Nee, das geht jetzt nicht“, knallt man uns die Tür vor der Nase zu.

Das ist norddeutsche Gastlichkeit, gepaart mit Charme und Eloquenz.

Inga kramt ein Schokocroissant vom Vortag aus ihrem Rucksack hervor und wirft einen letzten traurigen Blick hinüber zur verschlossenen Oase.

„Tadaaa", präsentiert sie belustigt ein angekautes, krümeliges Etwas.

„Aber das ist doch kein Mittag", ziehe ich die Giesela aus der Hosentasche, tippe auf das gekreuzte Besteck als Symbol der Hoffnung und renne los.

„Jägerhof Lischow", rufe ich der verdutzten Inga hinterher, die Mühe hat, mir nachzufolgen.

Das neue Ziel setzt ungeahnte Kräfte frei. In diesem Falle ist es ein Hamburger Schnitzel mit einem hübschen Ei auf der Mütze, dazu Salzkartoffeln mit Mischgemüse, gebadet in einer Soße, deren vertrauter E-621-Glutamat-Geschmack sofort ein wohliges Gefühl des Nach-Hause-Kommens auf die Zunge zaubert.

„Du bist sowas von verfressen", gackert Inga.

„Ich will nur nicht unterzuckern", erhöhe ich das Tempo, nur um vierzig Minuten später wieder vor verschlossener Tür zu stehen.

„Is nich` wahr", stöhne ich.

„Überlisten wir doch unseren Geist und stellen uns vor, es hätte bereits ein Mittagsmahl gegeben", schwafelt Dr. Freud.

„Ja nee, is klar."

„Das ist alles nur psychisch, verstehste?"

„Nein, das verstehe ich nicht. Mein Magen ist dahingehend unbestechlich", schnaufe ich.

„Du wirst nicht gleich sterben, wenn du mal eine Mahlzeit auslässt", beschwichtigt Frau Doktor.

„Bist du dir da sicher?"

„Ich bin der absoluten Überzeugung, dass eine schöne Siesta gesünder ist als regelmäßiges Essen", doziert Frau Neunmalklug und schlägt die von Gisela beschriebene „Oase der Ruhe" als diätische Alternative vor.

Zähneknirschend stimme ich zu, nehme das Croissant und trotte wieder hinterher. Ohne ein Ziel zeigt sich mein Körper ungefähr so kooperativ wie ein störrischer Esel. Wenigstens liegt das von Feldsteinen umsäumte Stück Wiese unweit von Lischow herrlich unter alten Bäumen.

„Oase der Ruhe passt", streift Inga zufrieden ihre Boots vom Fuß, legt sich unter eine Esche und ist fortan nicht mehr zu sprechen.

Der süße Dämmerschlaf kann zwar den Appetit nicht ganz vertreiben, doch nach dem Nickerchen fällt immerhin das Gehen ein wenig leichter. Obwohl mein knurrender Wanst gut hörbar einer warmen Mahlzeit nachtrauert, sträubt er sich nicht mehr gegen die Bewegung, das Bündel auf dem Rücken und den Kohldampf. Auf sonnigen Wegen ist selbst eine hungrige Seele glücklich und frei.

Als wir am späten Nachmittag unserer Tagesziel Neuburg erreichen, bin ich fast ein bisschen traurig. Ein Teil von mir wäre gern weiter gelaufen. Dieses Gefühl ist mir neu. Vielleicht sollte ich mal Fastenwandern ausprobieren?

Der von Gisela beschriebene „Kaufmannsladen“ im Hageböker Weg 1 vertreibt den asketischen Gedanken jedoch sofort. Die Aussicht auf Käse, Wurstwaren, Chips und Rotwein machen die Wanderlust vergessen, und auch Inga strahlt über beide Wangen, als wir über die Schwelle des roten Backsteinhauses treten.

In Windeseile haben wir uns mit allem eingedeckt, was uns ungesund genug erscheint, um die heute erlittene Hungersnot zu kompensieren und zeigen der violett beschürzten Dame an der Kasse dankbar das Foto ihres Geschäftes im gelben Reiseführer.

„Ich hole sofort die Chefin“, lässt uns die Kassiererin mit der unbezahlten Ware stehen.

„Frau Andresen, das müssen Sie sehen. Das ist ja unglaublich“, ruft sie über den Korridor.

„Na das schreit doch förmlich nach einem Gruppenfoto vor Ihrem Geschäft“, gebe ich Frau Andresen einen freundschaftlichen Stups in die Seite.

„Immerhin ist es in Pilgerkreisen eine Berühmtheit“, redet auch Inga ihr zu.

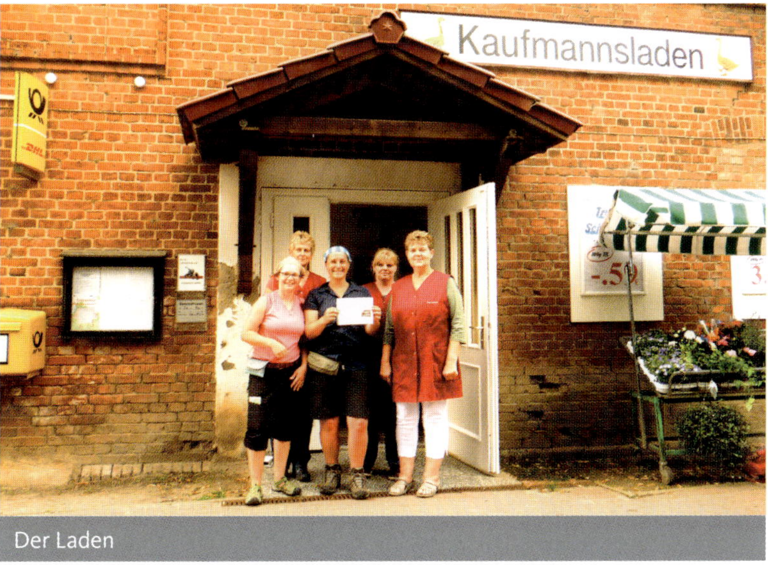

Der Laden

„Na wenn das so ist“, bittet sie ihre Belegschaft nach draußen.

„Määäändy, fotografier` mal“, ruft sie einer jungen Mutter mit zwei Kindern über die Straße zu.

„Sie müssen nämlich mit aufs Foto“, zerrt sie Inga, die sich gerade als Fotografin verdingen möchte, mit ins Bild hinein.

„Dat macht die Lütte“, drückt Mandy ihrer Kleinen meine Kamera in die Hand.

„Bitte recht freundlich“, flötet diese durch ihre Zahnlücke.

„In Berlin Kreuzberg wäre ihr Kaufmannsladen der Hit“, schwärmt Inga, was Frau Andresen ein diebisches Lächeln auf die Lippen zaubert.

„Der Name war ja auch meine Idee“, grinst die Dame mit den kurzen, aschblonden Haaren.

„Dass es so etwas auf dem Dorfe noch gibt“, lobt Inga, worauf die drei lilabeschürzten Damen zufrieden glucksen.

„Wenn Sie uns jetzt noch ein nettes Café empfehlen könnten ...“, bitte ich.

„Aber der Bäcker ist doch direkt vor Ihrer Nase“, zeigt Frau Andresen auf das Haus gegenüber.

„Neuburg ist der Garten Eden“, zurre ich dankbar meinen Rucksack fest. „Ingaaaaa, kommst du?“

Seit Stunden fantasiere ich nun schon von einer schönen Tasse Kaffee, einer Streuselschnecke, zuweilen auch noch dem Hamburger Schnitzel und bin mir inzwischen sicher, dass mich die Pilgerei, ganz kafkaesk, in ein Tier verwandeln wird, welches, von seiner Gefräßigkeit getrieben, rastlos über die Via Baltica pirscht. Bleibt nur zu hoffen, dass ich nicht zu einem Käfer mutiere wie der arme Gregor Samsa. Zu viele kulinarische Gelüste blieben bisher unerfüllt. Mal gab es einen Konsum, dafür aber kein Gasthaus. Meist gab es abseits der Küstenorte jedoch ein wunderschönes Nichts. Kein Wunder also, dass mir Neuburg, ein Kuhdorf mit Bäcker und Kaufmannsladen, gerade wie das Schlaraffenland vorkommt. Ich reiße also Inga von den Kassiererinnen los und steuere stracks auf den Sehnsuchtsort zu, vor dem ein wettergegerbter Niki-Lauda mit roter Schirmmütze unter einer Linde rauchend auf einer Bank sitzt.

„Ist hier noch frei?“, begrüße ich den Alten.

„Na abäää“, lupft der sein Käppi, woraufhin wir unsere Rucksäcke zu seinen Füßen ablegen.

Ich folge Inga in die Backstube, wo laut Infotafel noch Backwaren nach dem deutschen Bäckerinnungsgesetz kredenzt werden sollen. Heißt zu Deutsch: „Familienbetrieb seit Generationen und kein Pamps“, bestätigt die beleibte Dame an der Theke.

„Kundschaft Frau Bock, mach` Kaffffe", brüllt Lauda liebevoll zur Tür herein.

„Weet ick doch", melkt diese sogleich ihre Pumpkanne der Größe XXL.

„So und nu noch ein Softeis aus der alten ‚Komet`, nach gutem alten DDR-Rezept", offeriert das Mondgesicht voller Lachfalten unsere weiteren kulinarischen Möglichkeiten.

„So mogg wi dat", hebt die sprachlich bestens assimilierte Inga ihren Daumen und bekommt dafür eine ordentliche Waffel in die Hand.

Wir setzen uns hinaus zum Alten und starten einen Klönsnack. Wer denkt, Nordwestmecklenburger wären langweilige Drönbüdel mit verkümmertem Sprachzentrum, der verkennt die norddeutsche Eloquenz, welche mittels klarer Spirituosen selbst die höchsten sprachlichen Klippen meistert. Dank Niki Laudas seligen Redeschwalles schlummere ich besser als im Erdkundeunterricht – bis mir die kalte Spitze des kometschen Kühlproduktes in die Bluse rutscht – oh fataler Sekundenschlaf!

„Huch", schrecke ich auf, woraufhin sich Inga und Lauda gackernd auf die Schenkel klopfen.

„Halten Sie mal", drücke ich dem alten Lästermaul die Reste meines abrasierten Eises in die Hand.

Diebisch glucksend reicht der mir seine Serviette und brüllt: „Frau Bock, dein Eis ist zu flüssig", in die Backstube hinein.

„Nu mecker nich` schon wedder", keift es umgehend zurück.

„So `n Schiet", reibe ich mir das verflüssigte Speiseeis so richtig schön ins Hemd.

„Mama kann ja waschen", kichert der Alte, während sich Inga mit ihrer Serviette Tränen der Schadenfreude trocknet.

„Scheiße", tottere ich.

Bei der Vorstellung, die nächsten zweihundert Kilometer mit einem faustgroßen Schokoladenfleck auf der Brust zu absolvieren, wird mir alles andere als warm ums Herz.

„Na na na, Scheiße sagt man aber nicht", mahnt das nächste norddeutsche Unikat mit Kaffeedurst, welches sich als Manfred vorstellt.

„Na Manni, wat machen deine Muckers?", eröffnet Niki Lauda ein Fachgespräch über die holde Kunst der Kaninchenzucht, während ich mir verstohlen die Hand über die befleckte Brust halte.

„Hör mir uff, die fressen so viel wie ein Schwein", winkt er ab und quetscht sich zwischen Inga und mich auf die Bank, die vermutlich gleich zusammenbricht.

Wir erfahren, dass Manni der der Sohn des pleite gegangenen Schlachters von gegenüber ist, schon seit Generationen hier in Neuburg lebt und nicht gedenkt, seine Heimat zu je verlassen.

„Ein gesundes Dorf", werde ich später zu Inga sagen. Und es ist verdammt lebendig hier auf dem Dorfanger.

Eine mollige Frau im Nylonkittel grüßt flüchtig in die Runde, worauf Lauda erneut sein Mützchen lupft, was er immer tut, wenn er ein bekanntes Gesicht sieht, und das passiert ziemlich oft. Ein Jugendlicher mit aschblondem Haar verliert ebenfalls seinen Zipfel Eis, was mich ein wenig freut. Eine dicke Frau kauft eine Tüte Streuselschnecken, ein hippes Paar in Hochwasserhosen und frisch rasierten Undercut-Frisuren ordert Milchshakes. Sogar Mandy und ihre Kinder kommen auf ein Eis vorbei.

Wir bestellen noch eine Runde Kaffee und verwachsen mit Manni, Lauda und der grünen Sitzbank unter unserem Achtersteven, wie man auf Plattdeutsch so schön sagt.

„Eten, freten, supen – langsam gohn und pupen", zitiere ich meinen Vater, was so viel bedeutet wie „essen, fressen, saufen, langsam gehen und pupsen" und ernte dafür den anerkennenden Applaus der beiden Männer. Diese Perle der Dichtkunst beschreibt immerhin eine der wichtigsten Facetten der norddeutschen Seele, will man hier oben doch nur das Eine: seine Ruhe.

Schon Bismarck bemerkte einst sinngemäß so treffend: Wenn die Welt einmal untergehen sollte, geschähe dies nördlich der Elbe erst fünfzig Jahre später. Da mein ganzes Dorf die Wende verschlief, muss ich dem guten Otto leider recht geben. Ohne die rührigen Sachsen wären wir immer noch mit der Erfüllung von Fünfjahresplänen beschäftigt und hätten die mausgrauen, hornbebrillten Herren aus dem Politbüro als Chefs. Danke Leipzig, danke Dresden, danke Karl-Marx-Stadt!

Doch aller Politikverdrossenheit zum Trotz liebe ich meine niederdeutsche Heimat. Zeit ist ein weitaus dehnbarerer Begriff als anderswo, der Himmel kommt mir weiter vor, und die Leute, wenn sie nicht gerade über die Missgeschicke argloser Pilger spotten, bodenständiger, friedlicher.

„Bestellt doch Frühstück bei Frau Bock", unterbricht Lauda meinen sentimentalen Gedankengang. „Dann seid ihr aller Sorgen ledig."

„Drei halbe Hackepeter zu acht Uhr morgen? Mogg wi", nickt Frau Bock Ingas Bestellung ab.

Wenn doch alles so einfach wäre im Leben.

Obwohl ein neues Quartier auf uns wartet, können wir uns nicht loseisen von den knorzigen Urgesteinen des Dorfes, lauschen ihren Dorfgeschichten, rauchen ihre filterlosen Zigaretten und glotzen auf den Dorfanger.

„Vierundzwanzig Jahre bin ick nu schon mit meine Olle, und se kricht immer noch wat to eten, wenn se vonne Arbeit kümmt. Abä nur wat leichtes. Bocki und Kartoffelsalat. Wegen de Kalorien“, erklärt Manfred.

„Und wo sind eure Männer?“, hebt Lauda plötzlich seine Stimme.

„Ham wa nich“, entgegnet Inga frech.

„Aha und nun rumströpen inne Weltgeschichte“, kichert Manni.

„Wir ströpen nicht, wir pilgern“, erhebe ich meinen Zeigefinger.

„Ist das nicht so eine Art wandern?“, hakt er nach.

„Nur, dass wir in Pfarrhäusern auf dem Boden schlafen und nach Gott suchen“, ergänzt Inga.

„Na da unten isser bestimmt nicht“, klopft sich Lauda auf die Schenkel. Wobei ich fürchte, er hat recht, wäre es doch ebenso gut möglich, dass sich das große Göttliche in einem Kingsize-Bett finden ließe.

„Im Pfarrhaus wohnt doch de Fru Dings. De is doch geschieden und jetzt tosammen mit dem Dings“, tratscht Manni.

Und es ist ein wunderhübscher Zufall, dass Frau Dings ausgerechnet jetzt um die Ecke geradelt kommt, um uns zu unserem Quartier zu bringen.

„Aber wat wollt ihr denn da? Die Beichte kann ich euch doch abnehmen“, flachst Lauda.

„Nö, lass` ma“, klopfe ich ihm auf die Mütze.

„Kann ich mit?“, fragt Manni.

„Ich auch“, bittet Lauda.

„Ich fürchte für diese Herren kommt jede Hilfe zu spät“, winkt Frau Dings spitzbübisch ab.

„Auch wedder wahr“, hebt Lauda zum Abschied seine Mütze, um uns mit gespielter Rührseligkeit nachzuwinken.

„Tschüss, ihr zwei.“

Frau Dings stellt sich kurzerhand als Silvia vor und erzählt ohne, dass sie dafür groß warm werden muss, aus ihrem Leben, so wie Manni und Lauda kurz zuvor. Nur dass sie und die Pastorin des Ortes gerade ein evangelisches Noviziat in Birkenwerder absolvieren, wo sie Exerzitien machen, Schweigeseminare besuchen und so. Wobei das evangelische Noviziat viel lockerer sei als das katholische. In Klausur leben müsse man nicht und seinen Ehemann dürfe man auch behalten, sagt sie.

„Also werden Sie bald Nonne?", frage ich entgeistert.

„So sieht`s aus", strahlt die unscheinbare Frau.

„Was es nicht alles gibt", setze ich staunend meinen Rucksack ab.

„Meditiert ihr?", fragt Silvia plötzlich.

„Bis jetzt noch nicht", antwortet Inga geistesgegenwärtig.

„Treff morgen früh 8.15 Uhr mit Petra Maria hier im Meditationsraum, wenn ihr mögt."

„Kann man da was falsch machen?", fragt Inga.

„Ihr müsst nur dasitzen und atmen, mehr nicht", entgegnet Silvia gelassen.

Einem Phlegmatiker fallen solche Dinge leicht – müde vom Tag jedoch eine Kirche zu besichtigen, hingegen nicht. Also lasse ich die beiden ziehen, lege mich nach draußen auf eine Bank, um meine Meditationstechnik aufzufrischen, schließe die Augen und atme tief in den Bauch. Nun ja, eigentlich fließt die Luft ja in die Lunge, aber mein Wanst wird beim Einatmen so fett, dass man meinen könnte, meine medizinballgroße Lunge läge im Abdomen.

„Schön hier, nicht wahr?", fragt eine helle Stimme aus dem Off.

„Kann man wohl sagen", reibe ich mir die Augen und lerne einen neuen Menschen kennen: Johanna, eine junge Frau von schätzungsweise fünfundzwanzig Jahren. Sie studiert Theologie in Jena und verbringt ihre Semesterferien bei den Pfarrersleuten. Vor Freude, endlich mal jemandem unter Fünfzig zu begegnen, lade ich die strohblonde Frau mit der Hornbrille und dem blauen Kleid gleich zum Abendessen in unser bestens ausgestattetes Apartment ein.

„Und? Wie ist die Kirche?", fange ich Inga am Gartenzaun ab.

„Mit Abstand die bunteste auf der Via Baltica", strahlt sie.

„Also schon mal nicht zisterziensisch", klugscheiße ich.

Pilgern macht nämlich auch schlau.

„Wir erwarten übrigens Besuch", verkünde ich stolz. „Unsere Nachbarin Johanna kommt zum Abendbrot."

„Dann müssen wir uns aber beeilen. Der Konsum macht gleich zu. Sonst gibt es nur wieder ranzige Kräuterbutter mit altem Brot", stellt Inga sachlich fest.

Frau Andresen erkennt uns sofort wieder und lässt uns in aller Ruhe die Zutaten für eine Hähnchen-Pilz-Tagliatelle zusammensuchen, um dann mit einem zufriedenen Lächeln ihren Kaufmannsladen zuzusperren.

Wir hocken uns in die Küche und kochen mal wieder mit Rotwein. Johanna trinkt nicht, hat aber umsichtiger Weise eine Packung Fruchtsaft dabei. Da sie unser erster Kontakt auf unserer einsamen Reise ist, platzieren wir sie am festlich gedeckten Tisch und löchern sie mit Fragen. Obwohl das zarte Wesen mit der schwarzen Hornbrille auf den ersten Blick etwas schüchtern und unscheinbar wirkt, gibt sie bereitwillig Auskunft. Atheistisch aufgewachsen, kam sie über die buddhistische Meditation zum Glauben, lernte durch Freunde die evangelische Religion kennen und war so begeistert, dass sie sich taufen ließ, um demnächst sogar Pastorin zu werden. Ihren Neuburger Kollegen lernte sie auf einem Meditationsseminar kennen, während sie zehn Tage lang mit ihm geschwiegen hatte. Als sie dann endlich wieder reden durften, lud er sie über die Semesterferien in sein Pfarrhaus ein, welche sie jetzt in der Wohnung nebenan verbringt.

„Wir sind übrigens morgen früh zum Meditieren eingeladen. Weißt du was uns da erwartet? Ist das so wie beim Yoga", frage ich Johanna.

„Nein nein, viel entspannter. Die Buddhisten sind alle so furchtbar im Erleuchtungsstress", witzelt sie. „Als Christ kommst du auch so in den Himmel, ohne dir dafür den Arsch aufzureißen."

„Frei nach dem Motto: Wähle die ‚richtige` Religion und chill dein Leben?", amüsiert sich Inga.

„Das klingt mir irgendwie zu einfach", zweifle ich.

„Nun, Gott ist keiner, der gelangweilt im Himmel sitzt und deine Fehler zählt", erklärt Johanna. „Er weiß, du bist sein geliebtes Kind, dem er alles verzeiht und das er bedingungslos liebt."

„Jetzt finde ich es fast ein bisschen schade, dass ich nicht getauft bin", wendet Inga seufzend ein.

„Mit ein paar Tropfen Wasser wäre dieser Missstand schnell behoben", öffne ich eine eineinhalb Liter PET-Flasche und hebe sie diabolisch grinsend über ihren Kopf.

„Untersteh` dich!"

„Nicht streiten Mädels! Erzählt mir lieber vom Pilgern", beschwichtigt Johanna.

„Nun, man muss es mögen", bekennt Inga. „Wandern durch die Einöde, auf dem Fußboden schlafen, schmerzhafte Blasen an den Füßen, dazu Schweißgeruch und körperliche Strapazen ..."

„Klingt total verlockend", belustigt sich die Theologin.

„Eigentlich ist es nur am Anfang schlimm. Nach einer Woche läuft dein Körper auf Autopilot, und du spürst nicht einmal mehr deinen Rucksack auf dem Rücken", verteidige ich jene Fortbewegungsform, die ich unlängst noch verfluchte.

„Am ersten Tag war ich nach zehn Kilometern so erschossen, dass ich acht Uhr tot ins Bett fiel. Aber jetzt sind fünfzehn Kilometer keine Hürde mehr", berichtet Inga stolz.

„Und wie sind deine Ferien im Pfarrhaus?“, frage ich Johanna.

„Prima, obwohl ich nur faul im Garten herum liege, wurde ich schon mehrmals von wildfremden Leuten zum Essen eingeladen und habe dadurch schon so viele tolle Begegnungen gehabt, während ihr euch die Hacken abrennt und dabei keine Menschenseele trefft“, erhebt sie sich mit spitzbübischen Lächeln.

„Es gibt viele Arten, den Sommer zu verbringen“, geleite ich sie schmunzelnd zur Tür. „Hauptsache man lebt mal in den Tag hinein ...“

„... ohne Zwänge und vollkommen frei“, beendet Johanna meinen Satz und hält einen Moment inne. „Ich wünsche euch trotzdem, dass euch bald andere Pilger begegnen, damit ihr euch austauschen könnt“, schüttelt sie uns zum Abschied die Hand und zieht die Tür hinter sich zu.

Aber braucht man denn überhaupt andere Menschen auf dem Pfad? Ist er allein etwa nicht gut genug?

Inga geht zu Bett und ich bleibe in der Küche, blättere mein Tagebuch durch. Abgesehen von unseren Herbergseltern und dem hektischen Pilger kurz hinter Greifswald ist tatsächlich von keiner weiteren Begegnung zu lesen. Doch durch die Gesellschaft von Tanya und Inga war ich nie einsam und habe ich immer den Luxus eines guten Gespräches gehabt. Ich schlage das Buch zu und bin von Dankbarkeit erfüllt. Dankbarkeit für unsere Gastgeber, für die Schönheit des Weges und besonders für die wertvolle und tröstliche Gesellschaft meiner beiden Freundinnen. Ihr Humor, ihre Herzlichkeit und nicht zuletzt ihr navigatorisches Geschick haben mich so weit getragen. Und jetzt? Jetzt bin ich bereit, allein zu gehen.

Notiz an mich selbst: Pilgern ist leicht.

Samstag, der 8. August: Meditation für Anfänger (Neuburg - Wismar, 15 km)

Es ist kurz nach sechs, draußen gießt es Bindfäden, in der Ferne grummelt ein Sommergewitter und ich habe schon abgewaschen, Kaffee gebrüht und Tagebuch geschrieben. Erstaunlich, was man alles schafft, wenn man früh aufsteht.

Mit Inga ist hingegen noch nicht viel anzufangen. Erst als ich sie an die gestern bei Frau Bock bestellten Mettbrötchen erinnere, wird sie langsam wach. Wir schleichen uns an der meditierenden Frau (ich vermute, es ist Petra Maria) im Erdgeschoss vorbei, wollen auf keinen Fall von ihr angesprochen oder gar eingeladen werden, weil uns Frühstück im Moment weitaus wichtiger ist als die Erleuchtung.

„Mit Loch im Bauch kommt man eh nicht ins Nirwana“, flüstert Inga.

Bei Gewitter hat sie immer richtig gute Laune.

„An Mettbrötchen überfressen aber auch nicht“, flüstere ich zurück.

„Ist ja auch egal.“

Am Tresen der überfüllten Bäckerei kredenzen zwei Damen Bockwürste und belegte Brötchen im Akkord. Ein gutes, hungriges Dutzend Handwerker muss schnellstens versorgt werden, und obwohl sie wie ein humanoides Fließband agiert, lächelt Frau Bock das Lächeln des Fleisch gewordenen Buddhas. Dass die meisten ihrer Kunden, weder bitte noch danke sagen, kümmert sie nicht. Sie agiert im „Flow“, wie es der berühmte kroatische Psychologe Csíkszentmihályi ausdrücken würde – in einem Zustand vollster Konzentration und höchster Zufriedenheit. Davon sind wir heute meilenweit entfernt. Vom Blätterdach der gestern noch so bewunderten Linde tropft es ungastlich auf unsere Köpfe herab, sodass wir wohl oder übel mit einem der Stehtische im engen Gastraum, umringt von schmatzenden Arbeitern, vorlieb nehmen müssen.

„Platz ist in der kleinsten Hütte“, winkt uns ein schnauzbärtiger Hüne zu sich und seinen ölverschmierten Gesellen heran.

Schüchtern stellen wir uns dazu, essen hastig und gucken verstohlen hinter unseren Kaffeebechern hervor. Umgeben von so viel fleißigem Testosteron komme ich mir vor wie in einem dieser sozialistischen Propaganda-Filme, in denen die durchgeschwitzte Belegschaft eines VEB-Kombinates nach pünktlicher Übererfüllung des Fünfjahresplanes in einer haselnussbraun getäfelten Kantine munter ihre Broiler verdrückt. Aber es hat ja auch sein Gutes, dass das Frühstükken im Kollektiv so ungemütlich ist. So schaffen wir es wenigstens pünktlich zu unserem „Termin“.

An der Schwelle des Pfarrhauses empfängt uns jene Dame, welche eben noch auf einer Fußbank hockte. Es ist tatsächlich Petra Maria, die uns zunächst einmal das Siegel der Neuburger Pfarre ins Credencial ploppt und damit höchst zufrieden die Stempelfarbe trocken pustet.

„Zwanzig Minuten dürften reichen“, murmelt sie, „aber vorher muss ich noch frühstücken. Also treffen wir uns in fünfzehn Minuten an dieser Stelle wieder“, entfernt sie sich, während wir die Zeit nutzen, um unsere Pilgerpässe zu verschönern.

In die Lücke der gestrigen Nacht, malen wir einen kleinen Comic mit dem Titel: „Havanna-Cuba“, denn eine lückenlose Aufzeichnung unserer Nachtlager ist uns inzwischen ungemein wichtig.

„Da seid ihr ja wieder“, drückt uns Petra Maria je ein Meditationsbänkchen in die Hand und wartet geduldig, bis wir uns in einer bequemen Sitzhaltung eingefunden haben.

„Gut, wir praktizieren jetzt das Jesusgebet nach Franz Jalics. Habt ihr denn schon mal meditiert?“

„Nein“, bekennt Inga, während ich zögerlich nicke.

„Okay Nati, dann versuch`s mal zu erklären“, wendet sich diese unvermittelt an mich.

„Ich denke, es geht darum, durch die Konzentration auf den eigenen Atem innerlich zur Ruhe zu kommen“, räuspere ich mich.

„Ganz genau. Kontemplation kommt vom lateinischen Wort ‚contemplari`, was so viel bedeutet wie ‚betrachten oder nach innen schauen`“, bestätigt sie.

„Die christliche Form geht auf das sogenannte Ein-Wort-Gebet der ägyptischen Wüstenväter zurück. Der Mönch Franz Jalics hat diese Tradition durch konkrete Übungsanleitungen und Hilfestellungen für die heutige Zeit adaptiert, um das Beten zu erleichtern. Seid ihr bereit?“

„Bereit“, antworten wir.

„Gut, dann schließt eure Augen, setzt euch gerade hin, legt eure Hände auf den Oberbauch und beobachtet euren Atem wie er über die Nasenflügel, die Brust, bis in den Bauch hinein strömt. Spürt, wie er sich beim Einatmen hebt und beim Ausatmen wieder senkt. Ein und aus und ein und aus ... Damit lasse ich euch jetzt für fünf Minuten allein, jeder in seinem Atemrhythmus“, läutet die Meisterin ein helles Glöckchen.

Ich blinzele und sehe die beiden Damen gelassen, in sich ruhend auf ihren Bänkchen sitzen. Jetzt kann auch ich mich entspannen und meinem Atem folgen. Ich denke an meine zahlreichen Yogastunden, heiße den ersten flüchtigen Gedanken willkommen, lasse ihn ziehen und weiter zum nächsten Thema hüpfen, bis es nichts mehr zu denken gibt und es ganz still wird in mir, bis das Glöckchen wieder klingelt.

„Jetzt sprechen wir beim Einatmen innerlich ‚Christus‘ und beim Ausatmen ‚Jesus‘. Christus, Jesus, Christus, Jesus ... Jeder für sich ...“, raunt Petra Maria.

Christus, Jesus, Christus, Jesus ... Dieses kraftvolle Mantra wirkt ungeheuer schnell. Nach wenigen Atemzügen erscheint ein kleines, faseriges Lichtlein vor meinem inneren Auge und formt sich zu einer menschlichen Silhouette. Doch ich wundere mich nicht groß darüber, denn dafür ist der Moment einfach zu schön. Ich verspüre ein Gefühl tiefen inneren Friedens und höchsten Glücks, bis mich das Glöckchen wieder zurück in die Gegenwart reißt. Offenbar können sich zwanzig Minuten anfühlen wie ein Wimpernschlag. Ich öffne die Augen, komme langsam zu mir und bin verwirrt.

Petra Maria fragt nach unserem Befinden. Inga erzählt von ihren Schwierigkeiten mit dem Stillsitzen und der Karussellfahrt ihrer Gedanken.

Die Pastorin lächelt milde und erklärt, dass derartige Gedankensprünge selbst dem trainiertesten Geist zu schaffen machen können.

„Gehirnfasching nenne ich das", lacht sie und möchte nun an meinen Erfahrungen teilhaben.

Ich gucke beschämt zu Boden und erzähle von meiner sonderbaren Lichterscheinung.

„Was in aller Welt soll das denn bedeuten? Habe ich etwa einen an der Klatsche?", frage ich konsterniert.

Petra Maria schließt ihre Augen und hält einen Moment inne.

„Etwas soll gezeigt werden", spricht sie mit ernster Stimme. „Spüre deinen Sehnsüchten nach!"

„Aha", antworte ich lakonisch und denke: Klatsche, Klatsche, Klatsche.

„Der Jakobsweg ist der richtige Ort, um sich über seine Bedürfnisse klar zu werden, und ich bin mir sicher, du wirst Antworten für dich finden", schüttelt sie mir zum Abschied herzlich die Hand.

„Und dir wünsche ich, dass du weitermachst und dadurch in deine Kraft kommst", wendet sie sich an die zufriedene Inga.

Wir machen uns auf den Weg nach Wismar und Inga versucht mich zu beruhigen.

„Ich denke, diese Erscheinung verfolgt keinen besonderen Zweck, sondern ist einfach nur so da", tröstet sie, aber ich glaube ihr nicht.

Spüre deinen Sehnsüchten nach! Was soll ich denn damit bloß anfangen? Natürlich plagt mich ständig Fernweh. Natürlich möchte ich nicht im Getriebe einer Fünftagewoche feststecken. Aber wer zur Hölle möchte das schon? Der Gedanke, dass ich frühestens erst in einem Jahr in Teilzeit gehen kann, macht mich traurig. Vielleicht liegt es aber auch an den dunklen Buchenwäldern, den regengetränkten, trüben Feldern oder an der Tatsache, dass wir durchnässt sind, dass es nirgendwo ein gemütliches Café gibt, uns Insektenstiche plagen, wir fußlahm und platt sind.

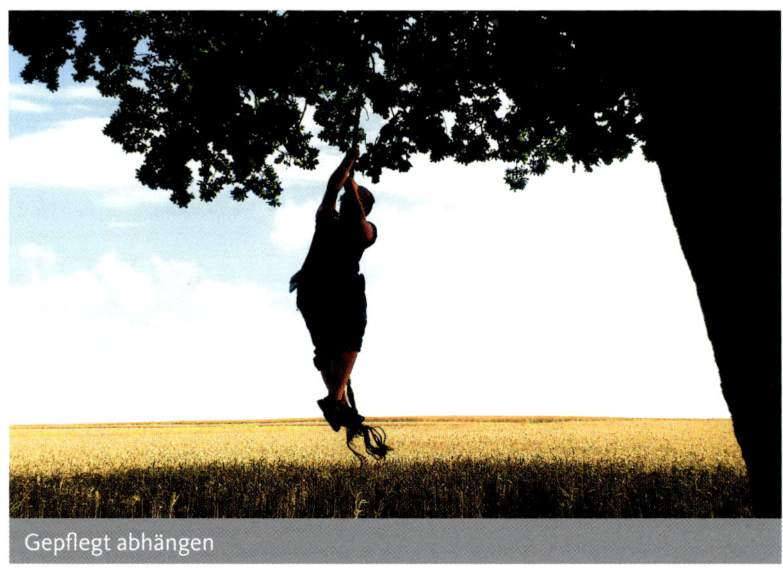

Gepflegt abhängen

Erst als es aufhört zu nieseln, legen wir unsere Rucksäcke unter einer Eiche nieder. Jemand hat einen Strick an ihrem Stamm befestigt, was Inga als Einladung zum Klettern betrachtet. Sie springt in die Höhe, klammert sich am Seil wie ein Äffchen fest, baumelt durch die Luft und jauchzt vergnügt. Woher sie die Energie dafür nimmt, ist mir ein Rätsel. Ich hingegen liege regungslos auf einer Bank, atme flach und weiß nicht recht wohin mit mir.

„Gibt es ein Café in der Nähe?", guckt ein lockiger Frauenkopf aus dem Fenster eines Fiat Panda hervor.

„Natürlich nicht", motze ich. „Alles total erschlossen hier."

Die Frau guckt mich an wie ein angeschossenes Reh, kurbelt die Scheibe wieder hoch und fährt ohne Verabschiedung von dannen.

„Ach Nati, was bist du wieder charmant heute", neckt mich Inga.

„Ich habe einen schlechten Tag. Tut mir Leid", murre ich.

Es ist schwirrt einfach zu viel Müll in meinem Kopf herum. Petra Marias Stichwort „Sehnsucht" hat mich aufgewühlt – vielleicht, weil ich noch so viel davon in meinem Herzen trage: eine Bullireise an den Atlantik zum Beispiel, weniger arbeiten, aber trotzdem irgendwie dabei sparen, um zu reisen, reisen, reisen ...

Inga trabt in einvernehmlichem Schweigen stumm neben mir her. Inzwischen weiß sie schon ganz gut, wann sie mich in Ruhe lassen muss. Vor uns liegt das weite, Mecklenburger Land, hügelig und unspektakulär schön. In der Ferne döst die Hansestadt unter einer schwülen Dunstglocke. Die Werkshalle der ehemaligen „Matthias Thesen-Werft" sticht hellblau aus der Silhouette heraus. Ein paar Schlote hüsteln graue Wolken in den Himmel, zwei Kirchtürme ragen sichtbar hanseatisch in den bedeckten Himmel, als am Ende eines Landweges ein wenig überraschend, das gelbe Ortsschild Wismars aus dem Nichts auftaucht. Ich schieße ein Zielfoto von Inga und trotte grübelnd neben ihr her. Ich hätte ihr einen fröhlicheren letzten Pilgertag gewünscht, aber ich kann mich nicht verstellen. Das konnte ich noch nie. Wenn es mir schlecht geht, sieht man mir das auch an – zumal sich der Weg ins Zentrum zieht wie Kaugummi.

Jägerzäune und streng getrimmte Hecken, die überdekorierte Gärten vor dem Leben abschotten, grausam verbaute Eigenheime mit niedrigen Decken, deren Gardinen eine starre, gutbürgerliche Spießigkeit offenbaren, obwohl sie doch verbergen sollen. Einfältige Hängegeranien und lapprige Nylonfetzen verbergen dunkle Furniermöbel und straßenköterfarbene Couchgarnituren im Stile des Glesenkirchner Barock. Diese gutbürgerliche Öde macht mich mindestens so traurig wie eine Ölpest. Erst die vertraute Backsteingotik der Altstadt hat etwas Tröstliches dagegenzusetzen. Altehrwürdige Giebelhäuser, einen Hafen, Kneipen, Kirchen und Kopfsteinpflaster zum Beispiel, vor allem aber keine Rüschen in den Fenstern.

Routiniert navigiert uns Inga zu unserem Tagesziel, der Heilig Geist Kirche, aus deren Inneren Fragmente Gregorianischer Choräle aus einem Lautsprecher leiern. Wir treten ein und fragen den adipösen Typen am Empfang nach der Pilgerherberge. Er gibt einen tiefen Seufzer von sich, denn er ist leider für uns zuständig und muss seinen Kadaver nun extra für uns bis hinunter ins Pilgerbüro schleppen, welches sich ausgerechnet im Keller des Gotteshauses befindet. An dieser Last atmet er so schwer, dass man meinen könne, er absolviere einen Ironman. Wir schleichen in gebührendem Abstand hinterdrein, wollen schließlich nicht hetzen und wagen kaum zu atmen.

„Wissen Sie, ich bin neu hier und muss ständig Auskunft geben, obwohl ich gar nichts weiß. Wie heißt das Gemälde im östlichen Kirchenschiff? Aus welchem Jahr stammt der Altar?", äfft der Dicke den Tonfall neugieriger Touristen nach. „Können Sie mir mal sagen, woher ich das wissen soll?", schnauft er als wir endlich vor der Bürotür stehen.

„Und jetzt muss ich auch noch den verdammten Pilgerstempel suchen", sinkt er japsend in seinen Drehstuhl und tut mir dabei unsagbar leid, denn hier trägt ein Mann allzu schwer an seinem Schicksal.

„So, fertig", klatscht er liebevoll den Stempel auf das Papier. „Und jetzt zu eurem Quartier", erhebt er sich qualvoll. „Früher war es das Leichen- und Siechenhaus", öffnet er eine schwere Eisentür, die einen dunklen Gang hinunter führt.

„Leichen?", hauche ich mit eingeschlafenem Gesicht.

„Irgendwo musste man die Gebeine der Toten doch lagern", zuckt er die Schultern, als sei es normal, arglose Pilger in ehemaligen Grabstätten zu beherbergen.

„Siechen?", fragt nun auch Inga leicht betroffen.

„Na irgendwo mussten die Leute doch sterben oder nicht? So, und jetzt viel Spaß in der Hansestadt Wismar", verschränkt er die Arme vor seinem fülligen Leib.

„Alles klar, vielen Dank", sagt Inga das einzig Richtige, während ich mich frage, warum er ausgerechnet dieses kleine Detail kennen muss, wo er sich doch sonst so ahnungslos gibt.

Macht er das mit Absicht, um uns für die Ruhestörung zu bestrafen?

Der Dicke zieht die Eisentür hinter sich zu und wir bleiben allein zurück. Es ist kalt hier unten, es stinkt nach Putzmittel (oder ist es etwa Formalin?) und weil ich die Oper Aida zu oft habe spielen müssen, zeigt mein Kopfkino gerade einen hübschen Horrorfilm mit eingemauerten Untoten, welche qualvoll hinter diesen Wänden verwesen. Auch die Unterkunft selbst strahlt wenig Behaglichkeit aus. Inmitten der düsteren Räumlichkeit stehen zwei Couchgarnituren unbestimmter Farbe und unbestimmten Alters. Die Tür zu einer benachbarten Großküche steht sperrangelweit offen. Aufgescheuchte, dauergewellte Hühner in Kittelschürzen schleppen dampfende Teller von A nach B, bedienen eine Gesellschaft, die im Innenhof ausgelassen Hochzeit feiert. Jedenfalls klingen die Lieder schief genug, um auf einen fortgeschrittenen Ethanolspiegel der Gäste zu schließen. Ein Teller fällt zu Boden, die Hühnerschaar gackert wieder und schart sich um den Scherbenhaufen.

„Wo ist der Handfeger?", brüllt eine der Hennen.

„Ich hab ihn", antwortet eine andere.

Regungslos begaffe ich das Chaos, während Inga seelenruhig ihren Schlafsack auf einem der Sofas ausbreitet und ich mir den Schwur abnehme, niemals eine Souterrainwohnung zu beziehen.

„Charmant das alte Gemäuer, nicht wahr?", legt Inga zufrieden ihren Pyjama zurecht.

„Ein Hauch zu morbide für meinen Geschmack", wage ich kaum meinen Rucksack abzusetzen. „Komm, lass uns durch die Kneipen ziehen", schlage ich vor, um meine Ängste in Digestivgetränken zu ersäufen, vor allem aber, um diesen Ort schnellstens zu verlassen.

„Guter Plan", lässt Inga ihr Geld im Hosenbein verschwinden.

„Wenigstens liegt es zentral", ziehe ich die Tür hinter mir zu und atme auf.

„So schlimm?"

„Die Bude ist der reinste Folterkeller", stöhne ich.

„Mit Alkohol geht das schon", tröstet Inga und beugt sich neugierig zu einer Schautafel auf das Trottoir herunter.

Ich trete näher heran und erstarre vor Schreck. Von einem Pflasterstein grinst eine abscheuliche, schwarze Kreatur mit schiefen Zähnen, Segelohren und Freddy-Krueger-Nails.

„Nosferatu, ein Meisterwerk des Expressionismus. Hier gedreht im Jahre 1921", verlese ich mit eingeschlafenem Gesicht. „No way!", rufe ich entgeistert.

„Ist doch eigentlich ganz witzig", amüsiert sich Inga.

„Übernachten in Frankensteins Höhle? Na ich weiß ja nicht", empöre ich mich.

„Na komm, es ist Zeit", zerrt mich Inga vom Ort des Schreckens weg, an den Tresen der „Alten Apotheke" und ordert das erste Likörchen.

Natürlich bedarf es weit mehr an Alkoholitäten, um das Gesehene zu verarbeiten. Deshalb gibt es am Hafen gleich noch ein Bierchen obendrauf.

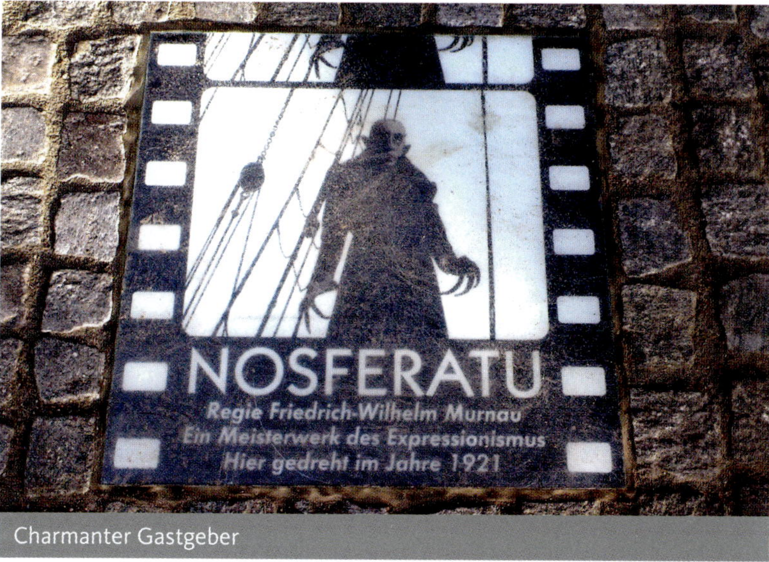

Charmanter Gastgeber

„Wir können immer noch in der Jugendherberge übernachten", schlägt Inga plötzlich vor.

„Das sehe ich nicht ein. Die Siechenbude ist bezahlt", verziehe ich die Mundwinkel und leere mein Glas.

„Und immerhin besteht eine Fünfzig-Fünfzig-Chance, dass Nosferatu zuerst dich ermordet und ich noch flüchten kann", finde ich meinen Humor am Boden meines Glases wieder.

„Du bist eine wahre Freundin, Nati", dreht mir Inga mit gespieltem Entsetzen den Rücken zu und zückt ihr Smartphone, um Anitas Theorie mit den Lebenszahlen näher zu beleuchten.

Ich hingegen ordere die nächste Runde, diesmal ist es Guinness, denn solchen esoterischen Themen nähert man sich am besten aus einer Bierlaune heraus.

„Du bist eine Sieben, und ich bin eine Eins – so wie Anita es gesagt hat", bestätigt Inga. „Die Sieben steht für Veränderung. Menschen mit dieser Schicksalszahl sind sehr spirituell veranlagt und lieben es, philosophischen Mysterien nachzugehen. Ihre Zahl ist sehr heilig", rezitiert sie. Dann schalte ich auf Durchzug. „Auch Unstetigkeit und Sprunghaftigkeit legen sie an den Tag", fährt sie fort.

Vielleicht ist ja doch etwas dran, an diesem esoterischen Geseire, werde ich kurz wieder wach, zieht sich doch die Veränderung wie ein roter Faden durch mein Leben. Immer wenn ich mir etwas aufgebaut habe und sich so etwas wie Routine einstellen will, wird es mir zu langweilig und ich fange etwas Neues an – meist nach drei bis fünf Jahren. Woher diese Rastlosigkeit kommt, habe ich mich nie gefragt. Sie gehörte immer schon zu mir. Jetzt soll also mein Geburtsdatum der Grund für mein unstetes Wesen sein. „Folge deinen Sehnsüchten", gab mir Petra Maria heute Morgen mit auf den Weg. Heißt das jetzt, ich soll den eben erst angefangenen Job kündigen, um mit einem noch nicht vorhandenen VW-Bus den Atlantik herunter zu fahren? Ein ziemlich großer Teil von mir sehnt sich genau danach. Mein erwachsenes Selbst jedoch zeigt mir gerade einen Vogel.

„Menschen mit der Zahl eins besitzen eine ausgeprägte Fähigkeit zum Analysieren, was sie häufig zu Erfindern oder Entdeckern macht. Dabei verfügen sie über ein gefestigtes Weltbild. Durch ihre Durchsetzungsfähigkeit arbeiten sie meist in Führungspositionen", rezitiert Inga die Beschreibung ihres Einser-Typus.

„Aber das stimmt. Anita sagte, du musst etwas Eigenes machen – eine Praxis eröffnen zum Beispiel, und ich finde, das passt perfekt zu dir", lalle ich erstaunt.

„Mag sein", legt Inga grübelnd ihre Stirn in Falten und bestellt zur Sicherheit noch eine Runde Aperol.

„Auf die Freundschaft!“, erhebt sie feierlich ihr Glas.

„Druschba. Ich bin voll wie tausend Russen“, proste ich zurück.

„Dann hätten wir ja endlich unser Tagesziel erreicht“, triumphiert meine Saufkumpanin und ordert zufrieden die Rechnung.

Singend torkeln wir durch die Gassen, wobei ich nicht den leisesten Schimmer habe, wo wir uns befinden. Aber dafür habe ich ja meinen Blindenhund, der selbst im Vollrausch noch die Orientierung behält.

„Here we are“, öffnet sie schwungvoll die Tür zu „Nosferatus Palace“, wobei der vertraute Formalin-Geruch sofort wieder in der Nase ätzt. Dieses Moloch ist selbst mit „Drei-Acht im Turm“ schwer zu ertragen, und ich olfaktorisches Sensibelchen muss mir die Nase zuhalten, damit ich mich nicht übergebe. So wie es hier riecht, verwest bestimmt gerade ein von Nosferatu abgemurkster Pilger in irgendeiner Abseite. Hastig schiebe ich die Sofas zusammen und vergrabe meinen Kopf unter der Decke, bekomme jedoch kein Auge zu, was aber auch an der lästigen Stundenglocke liegen könnte, die mich fortwährend aus dem Schlaf reißt. Inga hingegen, die mit ihrer Körperwärme locker eine kasachische Kleinstadt beheizen könnte, schläft mal wieder den Schlaf der Gerechten. Es ist eine Farce.

Notiz an mich selbst: Alkohol ist keine Lösung.

Sonntag, der 9. August: Pilgerburnout (Wismar/Marnitz, 0 km)

Draußen dämmert es, die Stundenglocke bimmelt mal wieder, und ich habe immer noch kein Auge zugetan. Das heimelige Ambiente der Leichen-Höhle und ihr fauliger Gestank hielten mich durchgehend wach, während Inga, friedlich schlummernd vor sich hin heizte. Mein Wecker klingelt, ich springe aus dem Schlafsack und bin binnen Sekunden ausgehfertig angezogen. Schon erstaunlich, wie dieses Gruselkabinett mein Phlegma überlistet. Ich prügele Inga aus dem Bett und halte ihr hektisch mit dem Fuß wippend ihre Sachen vor die Nase.

„Anziehen! Frühstück!“, drängele ich.

„Ja ja ...“

Glücklicherweise befindet sich nächste Bäckerei gleich um die Ecke. Nach dieser Nacht sind eine Kanne Filterkaffee, viele aufbauende Worte, wenn nicht sogar der Besuch eines Gottesdienstes, dringend nötig.

„Dann müssen wir aber in Nosferatus Kirche", sagt Inga. „Damit du dich versöhnen kannst mit diesem Ort", erwidert sie meinen fassungslosen Blick.

„Na wenn de meinst", spüle ich den letzten Kaffeeschluck hinunter.

Die Heilig Geist Kirche selbst ist, wenn man von ihrem gruseligen Keller einmal absieht, ein wirklich hübsches Gebäude. Das muss man ihr lassen: Ein imposanter, barocker Altar aus dunklem Holz, das Kreuz mit dem leidenden Zimmermann darüber, eine kunstvoll bemalte Holzbalkendecke, umgeben vom üblichen rostroten Backsteingemäuer und ungewöhnlich viel Licht, das durch sechs bunt beglaste Spitzbogenfenster strömt. Ein Herr im zartrosa Kurzarmhemd läutet ein Glöckchen, die Kirche füllt sich, und der Probst ist auch schon da – beste Voraussetzungen für eine innere Läuterung also. Wäre da nicht dieses unsägliche Orgelspiel des knochenalten Kantors, welcher die Musik der Renaissance durch unzählige Bluenotes ungewollt in Freejazz verwandelt.

Wir schreiben den zehnten Sonntag nach Trinitatis, heute soll es um das Verhältnis zwischen dem auserwählten Volk Israel und der Christenheit gehen. Das ist ziemlich harter Tobak für einen Sonntagmorgen nach durchwachter Nacht. Ich döse ein, muss ja Schlaf nachholen. Dann tritt der nächste Protagonist, vermutlich die rechte Hand des Probstes, auf den Plan und nuschelt die Epistel oder besser gesagt, er entstellt sie bis zur Unkenntlichkeit. Wäre ich Logopäde, könnte ich dem guten Mann vielleicht einen sachdienlichen Hinweis zur Verbesserung seiner Aussprache geben. So aber werden all seine verlesenen Botschaften unverstanden bleiben, bis man ihn irgendwann in den verdienten Ruhestand entlässt. Immerhin hat die Art wie er „Kapitel sechundfuffzig" nuschelt, etwas dergestalt Rührendes an sich, dass man ihm die Sache nicht sonderlich übel nehmen kann. Im Augenwinkel sehe ich Inga gegen das Lachen ankämpfen. Noch vermag sie es zu unterdrücken, aber der Greis an der Orgel hat schon den nächsten Choral angestimmt. Das Ehepaar neben uns fällt textsicher, inbrünstig, aber leider auch unsagbar schief mit ein, bis das Metrum umher schwankt wie ein Geisterschiff. Jetzt ist auch das textsichere Ehepaar aus dem Takt, niemand singt mehr, und ich muss mich ebenfalls abducken, um nicht laut loszuprusten. Die in sich gekrümmte Inga, trocknet ihre Tränen und kichert tonlos. Ich muss mich wegdrehen, denn wenn ich sie angucke, wird es immer schlimmer.

Jemand öffnet die Tür. Ein Mann im hautengen Fahrraddress schiebt sein Velo herein, lehnt es geräuschvoll gegen eine Wand, und setzt sich, während Ingas Leib vor Lachen bebt. Ein Anderer schiebt seinen Rollator surrend durch den Mittelgang und stoppt neben unseren sangeskräftigen Nachbarn, um, keineswegs flüsternd, die Menüfolge des kommenden Mittagsmahles zu erfragen. Ich erfahre, es gäbe Leber mit Röstzwiebeln und Kartoffelstampf, dazu Rohkost und Götterspeise, was zur Folge hat, dass ich mal wieder unentwegt ans Essen denke. Doch aller Störungen zum Trotze hält sich der Organist wacker auf seinem Schemel, und der Pastor vorne am Altar lächelt das Lächeln der permanenten Vergebung, die Hände brav gefaltet, bis sich der Hundertjährige plötzlich von seiner Pritsche erhebt und den Gottesdienst beendet. Ich sage ihm einen ähnlich heldenhaften Tod wie einst dem legendären Dirigenten Guiseppe Sinopoli voraus, welcher während einer Opernvorstellung noch am Dirigentenpult verstarb. Doch sein Kollege hier hat es wesentlich besser, da er bequem auf seiner Orgelbank in sich zusammensinken kann. Gegen den Strom stürzen wir zum Seitenausgang, welcher direkt zu unserer Herberge führt und entleeren alle angestauten Lacher, Inga weint mal wieder.

Als sie jedoch die Tür zu Nosferatus Kabinett aufgesperrt, wird sie plötzlich ernst, setzt sich umgehend in den Schneidersitz, stellt ihren Wecker auf zwanzig Minuten und schließt ihre Augen. Seit der Begegnung mit Petra Maria hat sie beschlossen, täglich zu meditieren. Ich versuche es ihr gleich zu tun, schlafe jedoch auf dem Ledersofa ein – so viel also dazu, dass meditieren frischer macht …

„Aufstehen“, weckt mich Inga, wir sind spät dran.“

Ihre Eltern warten an der Fischkuttermeile des Stadthafens. Die Glückliche wird nämlich heute nach Hause geholt, um dort mit warmen Speisen, einem weichen Bett und frischer Wäsche wieder aufgepäppelt zu werden, wogegen ich mich mit alledem allein herumplagen darf. Darüber leicht zerknirscht, aber gleichzeitig auch erleichtert, diese Siechenhöhle endgültig zu verlassen, ziehe ich also mit gemischten Gefühlen die Verließ-Tür hinter mir zu und schaue nicht zurück.

„So schlimm war es nun auch wieder nicht“, klopft mir Inga beschwichtigend auf die Schulter als wir endlich wieder Seeluft schnuppern.

„Mag sein. Viel schlimmer ist, dass ich jetzt ohne dich pilgern muss“, seufze ich.

Aber es bleibt keine Zeit für Sentimentalitäten. Mama Ingrid und Papa Roland warten mit den Fischbrötchen.

„Ihr seht ja ganz schön fertig aus“, begrüßt uns Roland.

„Ich bin ja auch ein Wrack“, bekennt seine Tochter.

„Dann kommt das Mittag ja gerade recht“, steuert Mama Ingrid auf die letzte freie Sitzbank an der Hafenkante zu.

Doch gerade als wir es uns gemütlich machen wollen, nimmt ein Rentner breitbeinig wie Lord Kacke die ganze Bank in Beschlag, um anschließend mit seinem Krückstock die Möwen zu verscheuchen. Schon erstaunlich, welche Energien

Rentner an den Tag legen können, wenn es um die allgemeine Revierverteidigung geht. Davon gänzlich unbeeindruckt nehmen wir den Alten in unsere Mitte.

„Na, wir sind doch schlank", redet Inga dem angriffslustigen Opa gut zu.

„Aber die Möwen sind zu fett", fuchtelt er mit seiner Krücke.

„Da haben Sie vollkommen recht", kichert Inga.

„Das sind diese dicken Dinger aus dem Ausland. Die fressen sich hier durch wie die Kanaken", wettert er.

„Wenn es am schönsten ist, soll man gehen", gebe ich das Signal zum Aufbruch, denn mit rassistischen Gedanken verdaut es sich so schlecht. „Ich kenne ein nettes Lokal am Markt, gleich neben der legendären Tittentasterstraße."

„He he, diese Straße kenne ich", amüsiert sich Inga. „Ich google mal, warum die so heißt", zückt sie ihr Smartphone, während Ingrid und Roland belustigt neben uns her schlendern.

„Hier steht es: Früher gab es an dieser Stelle einen schmalen Durchgang, der so eng war, dass es unausweichlich zu Körperkontakt kommen musste, wenn zwei Personen gleichzeitig hindurch wollten. Deshalb also Tittentasterstraße", erklärt sie. „Schade, dass sie nicht im Stadtplan verzeichnet ist."

Wir nehmen auf der Terrasse des anvisierten Lokals, mit Blick auf das lustige Straßenschild Platz, und bestellen Erdbeertorte und Kaffee.

„Und? Seid ihr sehr müde?", fragt Ingrid mitfühlend.

„Ja, unheimlich", stöhne ich. „Die letzte Nacht war grauenhaft."

„Dann komm doch mit, lade einen Tag deine Akkus bei uns auf, und dann fahre ich dich zurück nach Wismar, damit du von dort aus gestärkt weiter pilgern kannst", schlägt Inga plötzlich vor, während ihre Eltern zustimmend nicken.

Das Angebot ist zu verlockend. Schließlich muss ich mich mental darauf einstellen, dass die Reise jetzt allein weitergeht. Also zögere ich nicht lange und stimme zu. Unterdessen hat Tanya die WhatsApp-Gruppe „Baltisches Pilgern" ins Leben gerufen und schreibt, wie sehr sie uns vermisst. Postwendend schicke ich ihr ein Foto, auf dem die kleine Inga mit dem großen Rucksack durch die Mecklenburger Weite pilgert. Tanya, die Geheimnisvolle mit ihrem trockenen Humor, dem Pokerface und dem Stechschritt, fehlt mir schon sehr. Aber auch Inga, der blitzgescheite, quirlige Wirbelwind ist mir inzwischen so sehr ans Herz gewachsen, dass ich auch sie vermissen werde. Wie wird das also sein, das Pilgern allein? Kann ich das überhaupt?

Ein paar Stunden später mache ich mir darüber keine Gedanken mehr, sondern sinke satt, zufrieden und dankbar in die frisch bezogene Daunen-Insel des Osterlandschen Gästezimmers und schlafe sofort ein.

Montag, der 10. August: Auftanken - Insel Poel (0 km)

Erwacht in einer blumig duftenden Kissenlandschaft, bin ich erstaunlich munter für diese Tageszeit. Ich wickle mir ein Handtuch um die Hüften, weil sich mein gesamtes Hab und Gut auf der Leine befindet, laufe über die Wiese und inspiziere die Wäsche. Als ich sie abnehme, überkommt mich ein sonderbares Wohlgefühl, eine eigentümliche Melange aus Zufriedenheit, Frohsinn und Glück, was zu Hause alles andere als der Fall ist. Im Gegenteil, normalerweise ist das Wäschewaschen eine meiner verhasstesten Tätigkeiten. Heute ist das anders, heute lächle ich, begutachte sorgsam jedes Stück als wäre es neu, falte es sauber zusammen und lege es achtsam in den Wäschekorb. Wäre ich ein Praktikant des Zen, wäre ich jetzt dem Satori etwas näher.

„Früüüühstück", ruft Inga mir von der Terrasse aus entgegen.

Ich zupfe mir das Handtuch zurecht, trage den Wäschekorb wie eine Trophäe ins Gästezimmer, ziehe mein schönstes Gewand an und halte Herbergsvater Roland am Frühstückstisch stolz meinen Pilgerpass entgegen.

„Du bist doch unser Gastgeber, also brauchen wir auch eine Unterschrift von dir", erkläre ich entschieden.

Roland rümpft die Nase. Unglücklicherweise hatte sich vor drei Tagen ein Päckchen Kräuterbutter in der Mittagshitze verflüssigt, das seither sein eigentümliches Odeur nach ranzigem Streichfett in meinem Rucksack verströmt ...

„Was ist denn hier passiert?", fragt der Hausherr pikiert.

„Ein kleiner Kräuterbutterunfall", kichert Inga.

„Ja, du hast gut lachen. Wer darf denn mit diesem wunderbaren Duft von verschmolzener Schokolade, ranziger Kräuterbutter, Schweiß und Hirschtalg bis nach Bremen laufen?", echauffiere ich mich.

„Tja, und ich fürchte, der Geruch wird auch nicht mehr weggehen", begutachtet Mama Ingrid den Schaden, während Roland mit hängenden Mundwinkeln unsere Credencials signiert.

Nach dem Frühstück besteigen wir Ingas roten Fabia und fahren in Richtung Poel. Ich habe mir nämlich einen Strandtag auf dem beschaulichen Inselchen, unweit von Wismar, gewünscht, bevor ich allein nach Grevesmühlen weiterziehen muss. Allzu sehr habe ich mich auf meine beiden Mitstreiterinnen verlassen, allzu oft mein Hirn ausgeschaltet und allzu oft geträumt. Morgen ist das vorbei, dieser Gedanke macht mir Angst.

„Die Via Baltica sollte immer am Meer entlang führen", hatte Inga damals in Warnemünde meine Abenteuerlust geweckt.

Jetzt aber würde ich am liebsten heim zu meiner Mama fahren und mich unter den Plüschtieren in meinem alten Kinderzimmer verkriechen.

Unter uns rauscht der Asphalt, während Ingas Kleinwagen in einer Stunde etwa so viele Kilometer schafft wie wir zu Fuß in einem Monat. Die Gedanken wollen nicht aufhören zu kreisen (vielleicht doch noch kein Satori?) und auch Inga starrt schweigend auf die Fahrbahn. In wenigen Tagen wird sie ihren Kittel überstreifen, über die Intensivstation flitzen und dabei Stück für Stück an Leichtigkeit verlieren. Am dritten, vierten Tag wird sie vielleicht noch innehalten und das Gefühl vermissen, mitten im Nichts auf einem Feld zu stehen. Doch spätestens am fünften oder sechsten Tag wird sie wieder reibungslos funktionieren, weil sich das Hamsterrad unermüdlich weiter dreht. Und das Schlimme ist, in zwei Wochen wird es mir ebenso ergehen.

Ich schiebe den traurigen Gedanken beiseite und schließe die Augen. Ein Sonnenstrahl blinzelt mir ins Gesicht. Das Rad darf sich auch langsamer drehen, flüstert er mir zu. Du musst nur gut auf dich aufpassen.

Wir parken auf dem einsamsten Parkplatz der Insel, auf einem Feld unweit von Neuhof mit der Absicht, im Auto zu übernachten, legen uns an den Strand und lassen den Tag an uns vorbei ziehen. Ich verliere mich im Rauschen des Meeres, fühle den sanften, aber doch schon kühlen, vorherbstlichen Wind auf der Haut, richte mich auf, betrachte die tänzelnden Schaumkronen auf den Wellen, als mir die Worte des anhänglichen Alten aus Neubukow, Buddy`s Herrchen wieder in den Sinn kommen.

„Glauben Sie ernsthaft, dass die Pilger damals immer denselben Weg gegangen sind?“, womit er die Via Baltica meinte. „Nein, sie liefen querfeldein, liefen von Kirchturm zu Kirchturm und kamen irgendwie ans Ziel.“

Sollte er recht haben und dies auch auf den Camino Francés zutreffen, dürften jährlich Abermillionen Wallfahrer „falsch“ unterwegs sein – ein ulkiger Gedanke. Aber letztlich ist es doch belanglos, welchen Weg man geht. Hauptsache, man lässt mal alles hinter sich und trägt seine Habe auf dem Rücken.

Nach Sonnenuntergang lädt mich Inga in die einzige Bar am Platze ein, wobei es sich eher um einen Schuppen mit einer blauen Lichterkette handelt.

Ein einsamer Trinker steht an der Bar und hinter dem Tresen ein hagerer Typ mit blonden Stoppelhaaren mit einer Flasche Jägermeister in der Hand.

„Kommt rein, es ist offen“, macht er eine einladende Geste. „Ich bin Ron, willkommen in meiner Bar.“

Wir steuern auf einen der Strandkörbe im Gastraum zu, der Gastgeber eilt als echter Kavalier herbei, um die Fußteile auszuziehen, damit die Damen ihre Beine hochlegen können.

„Ist bequemer so", zeigt er seine Grübchen und setzt sich zu uns.

Doch statt eine Bestellung aufzunehmen, möchte er wissen, wer wir sind, woher wir kommen und was wir so machen.

„Pilgern, aha, und was wollt ihr trinken?", nimmt er nun doch unsere Bestellung entgegen, um noch in derselben Minute mit zwei gut gekühlten Flaschen Limonade zu uns zurückzukehren.

Mit dem Thema Pilgern kann er zwar nicht viel anfangen, aber das ist auch nicht weiter schlimm. Ich bin viel zu müde, etwas zu erklären, das ich selbst kaum verstehe, und auch Inga schweigt sich aus. Also erfahren wir Rons Geschichte.

Das Kind des berühmten Zirkus Busch wuchs mit sechs Geschwistern im Zirkuswagen auf und erlernte dabei die ganze Palette der Artistik – so richtig mit Hochseilakten und Löwen bändigen und so.

„Manchmal helfe ich noch aus", zeigt er ein Handy-Video als Beweis.

Obwohl seine Schlaghosen synchron zum fein gezwirbelten Schnauzbart hektisch auf und nieder hüpfen und sein kariertes Clowns-Sakko viele Nummern zu groß ist, ist Ron deutlich zu erkennen.

„Und was machst du hier auf der Insel?", fragt Inga neugierig.

„Weißt du, ich habe schon als Fünfzehnjähriger in den Sommerferien hier als Surflehrer gearbeitet und wollte immer schon am Meer leben. Und wenn dein Wunsch so stark ist, findest du auch Mittel und Wege", erklärt Ron, wobei seine Augen leuchten wie die eines Jungen, der gerade eine elektrische Eisenbahn geschenkt bekommen hat. „Als der alte Bootsschuppen frei wurde, habe ich nicht lange gezögert, sofort ein Gewerbe angemeldet und die Bar eröffnet. Jetzt lebe ich meinen Traum, mit fast vierzig Jahren. Jeder Tag beginnt mit einem Bad im Meer, ich bin den ganzen Tag am Strand, habe viel Zeit für meinen kleinen Sohn und natürlich auch zum Surfen. Mein Leben ist perfekt", erhebt er sich zufrieden, um wenig später mit drei Gläsern Likör zurückzukehren.

„Geht aufs Haus", erhebt er freudig sein Glas.

„Und wenn ihr euch fürchtet im Auto, könnt ihr jederzeit zurückkommen", drückt er uns zum Abschied ein Küsschen auf die Wange. „Ich bin die ganze Nacht hier."

„Gut zu wissen", verschwinden wir in absoluter Dunkelheit.

„Glaubst du, Ron ist erleuchtet", hake ich mich bei Inga unter.

„Zwar auf eine andere Art als Gerhild oder Anita, aber ich denke ja", antwortet sie, und ich vermute, dass sie lächelt.

„Und warum?", frage ich erneut.

„Weil er tut, was er liebt", schaltet sie ihre Taschenlampe an, um die Pferdeäpfel, die schön ebenmäßig auf dem Wanderweg verstreut sind, mit ihrer Taschenlampe auszuleuchten.

„Vorsicht, Tretminen", mahnt sie, als es beginnt zu regnen.

„Das ist eklig", maule ich.

„Dann lass uns am Strand entlang gehen", zerrt mich Inga durch das Gebüsch in den weichen Zuckersand, der hoffentlich frei von Exkrementen ist.

Der schwarze, rauschende Fleck links von uns wird wohl das Meer sein. Erkennen kann ich es aber nicht. Mond und Sterne haben sich unter einer dichten Wolkendecke verschanzt und werden wohl heute nicht mehr für uns leuchten. Stattdessen grummelt es in der Ferne.

„Hier geht`s rein", leuchtet Inga auf eine Lücke zwischen zwei lebensgroßen Hecken, deren Zweige bedrohlich hin und her schaukeln. Ich darf mir auf gar keinen Fall vorstellen, es wären Greifarme.

„Wann sind wir da?", wimmere ich.

„Gleich", antwortet Inga einsilbig.

In der Ferne glimmt ein Licht. Es kommt aus den Scheinwerfern eines unbesetzten Autos, das mutterseelenallein neben Ingas Wagen auf dem Parkplatz steht. Ich hoffe, sein Besitzer hat nur vergessen, das Licht auszuschalten. Etwas anderes möchte ich mir jetzt nicht vorstellen.

„Es gehört bestimmt den Leuten, die am Strand bei Ron zelten", spreche ich uns Mut zu, aber Inga antwortet nicht und leuchtet fieberhaft mit ihrer Taschenlampe durch das Unterholz.

„Okay, hier ist niemand", atmet sie erleichtert auf, öffnet die Autotüren, klappt die Rückbank um, während ich die Isomatten aufblase und die Nachttoilette auf der Wiese erledige, bevor wir uns zu zweit in den Kleinwagen zwängen. Es dauert ewig, bis wir eine Schlafposition finden, in der niemand das Nachsehen hat. Doch als wäre die Embryonalstellung nicht schon unbequem genug, gewittert es erneut – diesmal begleitet von taghellen Blitzen und prasselndem Regen auf dem Blechdach. Gewitterschisser Inga zittert wie ein Hund im Artilleriefeuer und mir tut der Rücken weh.

Notiz an mich selbst: Nächsten Sommer mache ich Pauschalurlaub.

Dritter Teil - Pilgern allein

Dienstag, der 11. August: Grabenkämpfe (Alt Jassewitz - Grevesmühlen, 15 km)

Meine sterblichen Überreste klemmen in Fötalstellung zwischen Heckklappe und Vordersitz des roten Autos fest, das niemals hätte unser Nachtlager werden dürfen. Notiz an mich selbst: Nicht im Kleinwagen übernachten. Das nimmt dir dein Rücken sehr übel.

Vorsichtig öffne ich den Reißverschluss meines Schlafsacks. Der Platz neben mir ist verwaist. Ich richte mich auf und entdecke Inga auf dem Fahrersitz kauernd, den Kopf auf das Lenkrad gestützt.

„Mooooin Inga, aufstehen!", rufe ich zu ihr nach vorne.

„Du kannst mich mal", krächzt sie zurück.

Offenbar hatte sie eine ähnlich wonnigliche Nacht wie ich.

Draußen auf dem Parkplatz herrscht schon rege Betriebsamkeit. Ein halbes Dutzend Badegäste, drei Reiter, zwei Traktoren und ein Müllauto tummeln sich vor unserer „Haustür", was das Anziehen merklich erschwert. Auch die Morgentoilette erweist sich als vertrackt, wenn man kein Wasser zur Verfügung hat. So stopfen wir also all unsere Habseligkeiten zurück ins Auto und rollen ohne die Sitze hochzuklappen oder die Isomatten einzurollen durch den Staub zurück in die Zivilisation.

„So, und wohin jetzt?", fragt Inga genervt.

„An einen Ort, wo es frisches Wasser gibt", erwidere ich gelassen und stelle mir dabei eine verschlafene Landbäckerei vor, wo neben dem kühlen Nass auch noch reichlich Kaffee, Milch und Honig fließen – ein frommer Wunsch, sind doch in der Hochsaison selbst die belanglosesten Küstendörfer ungefähr so stark bevölkert wie Kalkutta. In Timmendorf kann man kaum treten, und in Kirchdorf entladen sich die Aggressionen an einem defekten Parkscheinautomaten.

„Rückzug", keuche ich, wieder zurück im Auto.

„Aber wohin denn nun?"

„Egal, nur runter von der Insel."

„Erinnerst du dich an die Alte Apotheke?", fragt Inga.

„Wie könnte ich nicht", erwidere ich und denke schmunzelnd an jenen Ort zurück, an dem wir jüngst ein erstes Likörchen tranken, um die Begegnung mit Nosferatu zu verarbeiten. Die Henkersmahlzeit wird also an alt vertrauter Stätte eingenommen, um nochmals Kraft zu tanken.

„Bloß keine Landkarten kaufen, das verwirrt nur, sondern streng nach Gisela laufen", empfiehlt mein ehemaliger Scout.

„Bei meinem Orientierungssinn wird das sowieso nichts", lege ich meine Stirn in Falten.

„Ach, das wird schon", klopft mir Inga kumpelhaft auf die Schulter, wobei ich meine, in ihren Gesichtszügen eine Spur Erleichterung erkennen zu können – wahrscheinlich darüber, dass sie nicht mehr pilgern muss.

Nach einem letzten kurzen Einkauf (Frau Johannßen empfiehlt, im Entwicklungsland MV immer eine Notration bei sich zu haben) setzt mich Inga auf halber Strecke in Alt Jassewitz aus. Es ist nämlich schon weit nach vierzehn Uhr und der Weg nach Grevesmühlen mit knapp zwölf Kilometern nicht ein unbedingt ein Halbtagsausflug.

„Das ist er", rufe ich und zeige auf die Jakobsmuschel an einem Stromkasten.

„Was denn?", fragt Inga.

„Der perfekte Ort für den Start", antworte ich zufrieden.

Inga schaltet den Motor ab, packt meinen Rucksack auf eine Parkbank mit Blick auf den Dorfteich, setzt sich und verstummt, während ein herrenloser Bernhardiner interessiert an unseren Füßen schnüffelt und darauf mit hängenden Mundwinkeln von dannen zieht.

„Du kannst mich zu jeder Tages- und Nachtzeit anrufen", drückt mir Inga ihre selbst erstellten Karten in die Hand. „Ich hole dich von überall ab."

„Danke, aber das wird nicht nötig sein", erwidere ich mit gespieltem Stolz.

„Hier, nimm` mein Duschbad und mein Shampoo", öffnet sie ihren Rucksack.

„Nein danke. Du weißt ja, ich gehe lieber mit leichtem Gepäck", schultere ich den meinen, nehme ich sie in den Arm, winke ihr noch ein letztes Mal zu und marschiere forschen Schrittes in den vor mir liegenden Wald hinein ohne mich noch einmal umzudrehen.

So haben wir es vereinbart, um uns den Abschied nicht unnötig schwer zu machen.

Doch in den letzten zweiundzwanzig Tagen habe ich mich so sehr an den kleinen Wirbelwind gewöhnt, dass ich mir das Pilgern allein überhaupt nicht mehr vorstellen kann. Unfassbar, dass ich in Rostock noch allein wandern wollte. Jetzt muss ich mir sehr lange einreden, dass das Alleinsein wichtig für mich ist. Zwar haben das schnelle Gehen, der dunkle Buchenwald und der frische Wind auch etwas Tröstliches, aber eine liebe Seele ersetzt das alles nicht. Bei Tanyas Abschied war es leichter, weil Inga noch an meiner Seite war. Jetzt aber habe ich niemanden mehr.

Trotzig pfeife ich ein Liedchen an, bis ich vor dem Ortsschild Jamels plötzlich zusammen zucke – nicht nur, weil ich an dieser Stelle das Örtchen Warendorf erwartet hätte und somit offenkundig falsch bin, sondern vielmehr, weil mir Jamel aus den Medien als „Nazidorf“ bekannt ist. Kürzlich soll hier ein rechter Mob die Scheune eines linksalternativen Ehepaars angezündet haben, um es aus dem Dorf zu vertreiben. Weiterhin wurde von Sonnenwendfeiern, Kriegsspielen im Wald und Grillveranstaltungen berichtet, die den Namen „Happy Holocaust“ tragen.

Mit weichen Knien scanne ich die Vorgärten nach Eisernen Kreuzen, Reichskriegsflaggen, Wolfsangeln, Gauwinkeln und schwarzen Sonnen ab. Doch das einzige politische Statement, das ich entdecke ist die Parole „Letzte Option Revolution“ an einer Ruine, wobei in den Buchstaben „o“ des Wortes Revolution ein Fadenkreuz wie eine imaginäre Zielscheibe eingezeichnet ist. Furchtsam schaue ich mich um, gebe den Namen Jamel in die Suchmaschine meines smarten Telefons ein und lese von einem Festival gegen Rechts, auf dem sogar die Toten Hosen singen wollen, weil selbst der Bürgermeister den Ort schon aufgegeben habe. Ich lasse meinen Blick über den verwaisten Spielplatz schweifen und erkenne ebenso wenig Anzeichen politischer Aufruhr wie im Nebel von Avalon. Nein, das darf nicht sein. Heutzutage darf es überhaupt keine Nazidörfer mehr geben, denke ich mir, und außerdem hat Campino hier nicht einmal Platz für eine anständige Bühne.

Die nächsten Kilometer jage ich durch den Wald wie Richard Kimble alias Harrison Ford im Hollywoodstreifen „Auf der Flucht“, bis ich endlich einen Schotterweg erreiche, an dessen Rand ein Pilgerzeichen an einem Strommast klebt. Ich ringe nach Luft und rase ohne innezuhalten weiter, die Augen stur geradeaus, bis ich zur Strafe an einer stark befahrenen Bundesstraße lande. Ich vermute, es ist die B 105, die von Wismar nach Grevesmühlen führt. Aber sicher bin ich mir nicht. Ich klettere über die Leitplanke und entkomme in den Straßengraben. Doch statt zu frohlocken, dass jener kaum Wasser führt, verfluche ich die Auswüchse der Zivilisation und ganz besonders die der deutschen Autoindustrie. Jeder vorbei rasende Laster lässt mich fühlen wie ein Reh, das kurz vor seinem Unfalltod ein letztes Mal mit angstgeweiteten Pupillen in die Scheinwerfer eines neuen Volkswagens blicken darf. Meine Füße sind nass, und über meinem Kopfe prangt ein gelbes Schild, das mir sagt, ich solle doch lieber umkehren, wenn ich nicht wieder zurück nach Wismar will. Erneut klettere ich über die Leitplanke, renne über die Straße, übersteige über die zweite Stahlwand, um jetzt im gegenüberliegenden Graben auf Grevesmühlen zuzukriechen.

Als die Nässe bis zu meinen Hüften empor gekrochen ist entdecke ich endlich einen Trampelpfad, der zu den von Gisela beschrieben Großsteingräbern in zwei Komma vier Kilometern Entfernung führen soll. Zwar sind steinzeitliche Gräber in puncto Unterhaltung nicht unbedingt meine allererste Wahl, aber verglichen mit den feuchten Gräsern des Mecklenburger Vietkongs kommen mir diese gerade paradiesisch vor. Der Weg durch den Wald ist mir zwar unheimlich, aber das wird vermutlich am Schock durch die Todesstraße und dem Nazidorf liegen, beruhige ich mich. Die Grabstätte selbst, eine Schar Feldsteine auf einer moosbewachsenen Anhöhe, ist ebenfalls kein Ort, an dem ich gerne verweilen möchte. Aber wenigstens verläuft der Pfad in Sichtweite der Bundesstraße, sodass ich mich wenigstens nicht um die Richtung zu sorgen brauche. Doch mit diesem tröstlichen Gedanken endet auch dieser Weg, was bedeutet: Zurück in den Schützengraben der elenden B 105, zurück in die Nässe, zurück zu den teuflischen Lastkraftwagen.

Nein, ich weigere mich, auf diese menschenunwürdige Art zu pilgern und biege in den nächstmöglichen Feldweg ein. Dieser führt zur Abwechslung mal wieder an einer Grabstätte - diesmal ist es die eines Mädchens, das laut Gedenktafel 1945 bei einem Luftangriff ums Leben kam. Ich blicke auf und sehe nur Kiefern.

Außer einer verwesten Kinderleiche, dem Nazidorf, dem Gräberwald und der Bundesstraße, bin ich also so mutterseelenallein wie ich es mir immer gewünscht habe, und ich schwöre, niemals wieder werde ich die Gesellschaft eines netten Menschen verfluchen. Inga, Tanya, wo seid ihr? Bitte kommt zurück!

Ich erweise der toten Irene einen stummen Gruß und ziehe weiter. Aber auch diesmal dauert es nicht lange, bis ich wieder am altvertrauten Teerstreifen stehe. Von diesem Katz-und-Maus-Spiel einigermaßen mürbe klettere ich unter Ausstoß nicht jugendfreier Flüche über die Leitplanke in meinen Schützengraben zurück und ergebe mich meinem Schicksal. Ist dies deine Rache, Jakobus? Die Rache dafür, dass ich jüngst allein gehen und nichts planen wollte? Wenn du mich hören kannst, bitte ich hiermit um Gnade. Heiliger Jakob, du mächtiger Schutzpatron der Pilger, verzeih mir bitte, es tut mir aufrichtig leid.

Aber was ist der Mensch doch für ein Gewohnheitstier. Nach wenigen Kilometern habe ich mein Schicksal angenommen, habe es ja auch nicht besser verdient und betrachte nun die Nässe und den Lärm als rechte Strafe für meine Eitelkeit.

Schließlich erreiche ich den Jakobsweg kurz vor Hamberge aus entgegengesetzter Richtung sowie einen Wegweiser mit der Aufschrift „Grevesmühlen 3 km“. Doch ich bin zu nekrotisch, um mich großartig darüber zu freuen. Mit eingeschlafenem Gesicht zücke ich mein Telefon, um der Pastorin eine Prognose meiner Ankunft zu geben.

Nass, dreckig und durchgeschwitzt wie ein Vietnam-Legionär klingele ich an der Tür des hübschen roten Backsteinhauses in der Kirchenstraße achtundzwanzig und freue mich über zwei Jakobsmuscheln, die auf dem Briefkasten der hiesigen Pfarre kleben. Jetzt hast du es geschafft. Jetzt bist du zu Hause, flüstern sie.

„Sie müssen die Pilgerin sein", öffnet ein Jugendlicher und weist mir den Weg ins Pastorenbüro, wo seine jung gebliebene Mutter in geblümtem Rock, weißer Bluse und schwarzer Hornbrille lautstark mit ihrem Drucker spricht.

„So jetzt aber", verpasst sie dem Gerät einen ordentlichen Klaps und bemerkt mich dabei nicht.

Verlegen verharre ich auf der Schwelle und raschele mit meinem Reiseführer.

„So sagen Sie doch was", blickt sie erschrocken auf, findet aber umgehend ihre Fassung wieder. Schnell erbittet sie meinen Pilgerpass und den üblichen Obolus von zehn Euro, um sich endlich wieder ihrem Drucker zu widmen.

„Wäre es möglich, die Kirche zu besuchen?", frage ich vorsichtig.

„Was? Wirklich? Sie sind einer der ganz wenigen, die anschließend noch in die Kirche wollen", staunt sie mit schiefem Lächeln und nimmt ein dickes Schlüsselbund von ihrem Schreibtisch.

„Ich möchte mich bedanken", entgegne ich schüchtern und denke, heute ist es nötiger denn je.

„Wollen Sie Ihr Gepäck nicht ablegen?", fragt sie erstaunt.

„Nicht nötig", schmunzele ich. Ich habe meinen Rucksack heute noch nicht bemerkt.

Da kommt es auf weitere zehn Minuten nicht mehr an.

„Wenn ich meine Ruhe brauche, schließe ich mich manchmal hier ein", sperrt die Pastorin milde lächelnd das schwere Holztor ihrer Kirche auf, bietet mir an, im Pfarrgarten zu verweilen und lässt mich kurz darauf allein.

Einschließen möchte ich mich jedoch nicht. Im Gegenteil, ich wäre froh, wenn jemand käme. Ich notiere meinen Dank im Gästebuch, setze mich und bestaune den Weg des Abendlichts durch die bunt verglasten Fenster. Diese Andacht möchte ich Inga widmen, die es liebte, am Tagesziel eine Kirche aufzusuchen – nicht etwa, weil sie sonderlich religiös ist, sondern ein demütiger Mensch. Ich schließe meine Augen und danke ihr und auch Tanya für ihre gute Gesellschaft auf dem Weg. Jetzt muss ich lernen, mir selbst eine gute Gesellschaft zu sein.

Als ich mich erhebe, spüre ich die längst vergessenen Blasen am Hacken wieder brennen, auch mein Rücken sendet ein dumpfes Signal des Schmerzes, und plötzlich fällt es mir schwer, die wenigen Schritte hinüber in die Herberge zu gehen. Ich lege meine Sachen ab, werfe aber nur einen flüchtigen Blick in die Unterkunft hinein, weil ich weiß, dass man in der mecklenburgischen Provinz Hungergefühle nur in einem schmalen Zeitfenster verspüren darf.

Ich humpele zur Terrasse eines italienischen Restaurants in der Nähe des Marktplatzes, das logischerweise den Namen „Athen" trägt, bestelle Aglio Olio und Alsterwasser, und hoffe inständig, mein Tagebuch möge einen guten Gesprächspartner ersetzen. Obwohl ich heute allerlei wirres Zeugs zu schreiben habe, hätte ich jetzt lieber ein menschliches Wesen um mich herum. Um überhaupt eine Stimme zu hören, wähle ich die Nummer der Schönberger Gemeinde und staune nicht schlecht als noch jemand ans Telefon geht. Ich hatte einen Anrufbeantworter erwartet. So führe ich immerhin ein kurzes, freundliches Gespräch und habe das morgige Quartier schon sicher.

„Warum heißt dieses Restaurant eigentlich Athen?", frage ich den Kellner als ich die Rechnung begleiche.

„Weiße nischt. Isch neu hier", zuckt er mit den Schultern und trabt zurück in seine Gaststube. Schade, wieder kein Gespräch.

Zurück in der Herberge liege ich auf dem Sofa. Über mir hängt ein kitschiges Poster mit dem irischen Segenswunsch „Gottes Hand schütze dich" und einem Baum darauf. Aber es beruhigt mich, hatte ich mich doch vor diesem Moment am meisten gefürchtet: Mutterseelenallein in einem riesigen Gemeindehaus zu übernachten. In dieser Herberge fühle ich mich jedoch ungemein behütet. Sie ist bescheiden, aber gemütlich eingerichtet und verfügt sogar über eine kleine Bibliothek und ein Klavier. Beides nutze ich allerdings nicht mehr, und auch für die wenigen Schritte hinaus in den Pfarrgarten reichen meine Kräfte nicht. Es ist anstrengend, das Pilgern allein.

Mittwoch, der 12. August: Die Gespräche der Anderen (Grevesmühlen - Schönberg, 24 km)

Verschlafen! Zwar klingelte ein Wecker, aber der akustische Reiz kam nicht im Oberstübchen an. Jetzt ist es weit nach neun, und ich habe vierundzwanzig Kilometer Weg vor mir. Fußlahm und zerknirscht stehe ich an Bäcker Freytags Tresen.

„Jawoll, einmal Wiederbelebung, bitte sehr", platziert ein fülliges, dauergewelltes Original schwungvoll einen Pott Kaffee auf der Theke ihres kleinen Cafés, das bis auf den letzten Platz mit fröhlich glucksenden Rentnern gefüllt ist.

Mit trübseligem Dackelblick trage ich mein Tablett an den geriatrischen Tischen vorbei und warte, dass mir jemand einen Platz anbietet. Zwei weißhaarige Damen debattieren über meinen Fall, bis mich schließlich eine weißhaarige, füllige Frau gütigen Blickes zu sich heran winkt.

„Aber nur solange bis unsere Freundin kommt", blickt ihre Tischnachbarin, vom Typ pensionierte Schulrätin, streng über die Ränder ihrer schmalen Brille.

„Nun setzen Sie sich erstmal. Wir kriegen das schon hin", beschwichtigt ihre mollige Begleitung, während ich mich schüchtern auf den freien Platz in die Ecke zwänge und mich dabei fühle wie ein ungeliebtes Kind.

„Dat Ei kommt später. Das muss erst noch gelegt werden", ruft mir die Bedienung über den Tresen zu und kommt mir damit ungewollt zur Hilfe.

Meine Tischnachbarinnen schütteln sich vor Lachen, und somit ist das Eis gebrochen. Jetzt darf ich guten Gewissens an ihrer Tafel mein Käsebrot verspeisen, bis die bereits angekündigte, dritte Dame zur Türe herein gelaufen kommt.

„Nanu?", stutzt diese.

„Ich bin freundlicherweise adoptiert worden", verweise ich auf ihre kichernden Freundinnen und hoffe insgeheim, in Ruhe aufessen zu dürfen.

„Und ich dachte schon, ich bin hier falsch", taxiert mich die Neue argwöhnisch.

„Da drüben wird ein Tisch frei", ergreift die Oberstudienrätin meinen Teller und platziert ihn auf einem Tablett, worauf ich mich fühle wie ein verstoßenes Kind. Wie ein geprügelter Hund trolle ich mich nach nebenan und blicke verstohlen zu den drei fröhlich schnatternden Damen herüber. Wie es scheint werde ich nicht vermisst. Inzwischen kommt mein Ei.

„Ja, Elli, tot ist tot", seufzt es vom Nachbartisch.

„Ilse fährt auch immer wie eine Irre. Die wird es als nächste treffen, wenn die so weiter macht", mahnt Frau Oberstudienrätin.

„Und dann fährt sie auch immer alleine", lästert die Neue.

„Christel will auch nicht mehr leben, schafft die sieben Stufen nicht mehr hoch, will immer vom Balkon springen und ich sage ihr immer, ach, da kommste gar nicht hoch", winkt die Mollige ab.

Das gesprächige Trio fühlt sich beobachtet und taxiert mich mit strengen Blikken.

„Ach, von mir aus hätte sie noch bleiben können", wirft mir die Mollige einen wehmütigen Blick zu.

Leider stimmen ihre Tischnachbarinnen dahingehend nicht mit ihr überein und nehmen eiskalt den Gesprächsfaden wieder auf, worauf ich weiß, wie sich wohl ein Hund im Tierheim fühlt.

„Habt ihr die sieben Stufen auch?", nimmt die Neue den Gesprächsfaden wieder auf.

„Ja, die ham wir alle. Die Treppe kriegst du nich wech", seufzt die Gütige, und ich werde demütig.

Während ich über das Luxusproblem der Einsamkeit klage, ansonsten aber fit genug bin, fünf Wochen am Stück zu pilgern, hat das Trio mit sieben lausigen Treppenstufen ein gewaltiges Problem. Da kann ich verstehen, dass es kein wanderndes Junggemüse an seinem Tische duldet.

Eine vierte Dame schiebt ihren Rollator zur Tür herein und winkt den anderen freudig zu.

„Ilse, du kannst deinen Porsche hier abstellen", winkt ihr die Mollige zu.

Das ist sie also, Ilse, die Frau, die aufgrund ihrer wilden Raserei bald zu Tode kommen wird.

„Ilse, die wie eine Irre fuhr", wird auf ihrem Grabstein stehen.

Ich hingegen sehe nur ein knapp neunzigjähriges Mütterchen, das kaum noch laufen kann.

„Ist noch ungewohnt", parkt Frau Bleifuß ihren Porsche zwischen den anderen Rollatoren ein.

„Aber ist ja gut, dass es so etwas gibt", lässt sie sich seufzend auf einem extra herbei gebrachten Stuhl fallen.

Na toll, Ilse bekommt also einen Stuhl – nur, weil sie alt und gehbehindert ist. Das ist rassistisch.

Ein wenig bockig notiere ich die Ungeheuerlichkeit in meinem Tagebuch und verfolge das nächste Gespräch (ich glaube, es geht um das Marmeladekochen) nicht mehr weiter. Bis eine Fünfte herbei gehumpelt kommt, die abgesehen von ihrer Krücke keinerlei orthopädische Hilfsmittel bei sich führt.

„Wird auch nich besser dat Bein", stöhnt sie zur Begrüßung in die Runde.

„Warste schon beim Doktä wejen Röntjen?", fragt es aus der senilen Crowd.

Ihre Antwort geht im Geschnatter unter.

„Immer schön bewegen, dat Bein!", mahnt Frau Oberstudienrat.

„Ach wat, schmeiß wech, dat wächst wieder nach", lautet die emphatische Antwort der nicht mehr ganz so Neuen, und je munterer es am Nebentisch wird, desto einsamer fühle ich mich.

„Christaaaa, haste wieder alle beisammen?", brüllt Ilse durch den Raum. „Ach, die hört wieder nüscht"

„Waaaas?", brüllt die Gehörlose zurück.

„Ob es dir wieder besser geht?", hakt Ilse nach.

„Ach woher denn, sind ja alle Ärzte im Urlaub", watschelt Christa herbei.

„Na essen brauchste jedenfalls nüscht mehr, so viele Tabletten wie du frisst", scherzt Ilse.

Aber Christa lacht nicht. Vermutlich hat sie mal wieder nichts gehört.

„Ich sach Edith, nu lass doch den armen Mann in Ruh, sach ich. Du hast den Zug verpasst. Nu hat er eine", geht Christa umgehend zu amourösen Geschichten über.

Ihren Beschreibungen zufolge muss diese Edith eine ganz Schlimme sein, ein wahrer männermordender Vamp. Und natürlich hoffe ich, dass auch sie den Weg in Bäcker Freytags Café findet.

„Ich sach, du machst dir ja lächerlich, sach ich", lästert Christa, und ich schmunzele über ihre Grammatik.

Dieses „Ich sach, sach ich" klingt so niedlich doppelt gemoppelt, sach ich.

Es wird bald Mittag, und ich fürchte, Edith wird nicht kommen. Schade, ich hätte gerne einmal einen achtzigjährigen Vamp hautnah erlebt.

So zahle ich sechs Euro für das fröhliche Frühstück und laufe die ersten sechs Kilometer bis Börzow im Eiltempo durch. Dabei nahm ich die waldige Gegend um mich herum kaum war. Der Weg führte immer geradeaus, parallel zur meiner Freundin, der B 105, was navigatorische Kunstkniffe unnötig machte.

Die alten Wunden am Hacken klaffen zwar wieder, mein Körper jedoch scheint eine gewisse Gleichgültigkeit gegenüber dem Schmerz entwickelt zu haben. Wie auf Autopilot stapfe ich durch die grüne Stille, während mein Geist Ping Pong mit alten Gedankenfetzen spielt. Erst ein uriger Backsteinbau mit einem alten Fischerboot im Vorgarten weckt meine Aufmerksamkeit.

„Nur herbei, hier gibt's was zu essen", ruft mir ein Kellner zu, der in seinem Camouflage-Outfit aussieht wie jemand, der seine Ingredienzien selbst erlegt.

Ich trete über die Schwelle des Gasthauses, das aussieht wie der Schauplatz eines Heimatfilmes, hinein in eine sepiafarbene Dunstwolke aus Alkoholausdünstungen, Zigarettenqualm und Schweiß. Nur Hirschtalg wittere ich nicht. Es dürften also keine weiteren Pilger anwesend sein. Um dem Erstickungstod zu entgehen ordere meinen Kaffee nach draußen, worauf ein Dutzend Waldschrate, inklusive Oberförster-Kellner, enttäuscht aus ihren Humpen gucken. Trinkt weiter Jungs. Ich bin nur eine Fata Morgana, denke ich und setze mich auf eine Bank unter einer Linde im Garten mit Blick auf das Fischerboot.

„Ich hab gehört hier brauch` einä Kaffö?", stellt mir Mr. Camouflage einen guten Türkischen vor die Nase und schiebt mir vorsorglich ein Kissen unter den Po.

„Jo", gebe ich einsilbig zurück, wirbele mit dem Löffel durch den Kaffeesatz und warte.

In diesen Breiten wird das Kaffeepulver nämlich mit heißem Wasser übergossen, ordentlich umgerührt und gewartet, bis sich das schwarze Gold am Boden des Bechers absetzt. Was daran nun gerade explizit türkisch sein soll, erschließt sich mir zwar nicht, aber das Warten auf seine Genießbarkeit hat wohl etwas mit mediterranem Zeitempfinden zu tun. Schon auf meiner Italienreise vor fünf Jahren überkam mich der Gedanke, dass der Mittelmeerraum und Norddeutschland diesbezüglich einiges gemeinsam haben. Ich trinke ihn jedenfalls seit meinem dreizehnten Lebensjahr so – Türkisch und mit viel Zeit. Während ich über die hiesige Kaffeekultur nachsinne, füllt sich das Boot, in dessen Mitte eine rustikale, hölzerne Sitzgruppe eingearbeitet ist. Ich wette, Camouflage hat sie selbst mit seiner Motorsäge hineingeschnitzt. Ein strohblonder Junge von vielleicht fünfzehn Jahren hüpft unter dem Getöse der Feuerwehrsirene aus seinem Traktor geradewegs ins Boot hinein, wobei ich wette, dass der Nachwuchsbauer keinen Führerschein hat. Eine Kleinfamilie gesellt sich hinzu, deren vorschulaltriger Filius freudig über die Planken klettert, bis er eine Katze auf dem Tisch entdeckt, die er am Schwanz packen will.

„Runter da, sonst zieh` ich dir paar rein. Da wollen noch Leute sitzen", schimpft der Vater, der selbst noch ein Kind ist.

„Ach, geh` ruhig zu deiner Miezekatze. Die gibt's beim Asiaten", zischt seine adipöse Mutter, die aussieht wie eine brünette „Cindy aus Marzahn".

Wenn das mal nicht die Nazis aus Jamel sind, schießt es mir durch den Kopf, und ich empfinde unsagbares Mitleid mit dem Kleinen.

„Holleratütü", bringt eine hübsch berüschte Kellnerin die Karte.

„Allet schick?“, erkundigt sie sich nach dem Befinden ihrer Gäste.

„Jo Susi, aber wenn wir wat zu essen kriegen würden, wäre dat noch besser“, flappst der juvenile Familienvater.

„Hacksteak oder Königbergää?“, zückt sie umgehend ihren Notizblock.

Mit Nazis ist schließlich nicht zu spaßen.

„Hacksteak“, antwortet es unisono.

Ein weiteres Pärchen mit Kind gesellt sich hinzu. Diesmal ist es ein Mädchen, das leicht debil aus einer viel zu großen Brille glotzt. Jetzt sitzen sie zu siebt in einem Boot – die zwei Familien und der frühreife Traktorist.

Und auch hier belausche ich mal wieder nur die Gespräche der Anderen.

„Kannst du auch mal hören?“, wird nun das arme Mädchen angeblafft, das gerade so schön auf den Bug geklettert ist.

„Die hört nix, die musste anbölken“, winkt seine Mutter ab – ein Mannsweib mit raspelkurzen Haaren und tätowierten Kugelstoßerarmen, der ich nicht in einem dunklen Park begegnen möchte.

„Komma zu uns, wir pusten die mit nem Kompressor durch. Dann is die Düse wieder frei“, offeriert der Traktorist, und ich bekomme Angst.

„Ach wat, Füße waschen, dat der Dreck nachrutscht“, schlägt ihr Erzeuger vor.

Der Kleine wirft seinem Papa einen linkischen Blick zu und klettert zum gehörlosen Mädchen in den Rumpf des Bootes.

„Junge, hast du Hummeln im Mors oder wat“, keift seine Frau Mama.

„Fast so schnell wie bei McDonald's“, entkrampft Kellnerin Susi die schreckliche Situation.

Ich war schon kurz davor, das Jugendamt anzurufen wegen Verletzung zarter, kindlicher Seelen.

„Einmal fehlt äbä noch“, poltert die Tätowierte.

„Kommt ja gleich“, murrt Susi und trollt sich zurück in die Küche.

Plötzlich wird die Meute still. Nur der Kleine hat keinen Hunger und möchte lieber spielen.

„Wat meinst du wat wir hier machen? Wir essen“, meckert sein Herr Papa.

„Hör auf zu dallern und ess, sonst ess ick deine Pommes, so schnell kannste gar nicht gucken“, droht Cindy aus Marzahn.

„Hose rutscht schon vom ganzen Gerenne“, eilt Susi mit dem letzten Teller herbei und rettet erneut den kleinen Frechdachs vor einer sicheren Backpfeife.

„Nu is alles im Lot aufm Boot, wa?“, fragt sie in die Runde, aber keiner antwortet.

Ach, Susi, dieses Gefühl kenne ich.

„Und? Wat gibt's `n morgen?", schiebt sich die Tätowierte zufrieden den Teller vom Leib.

„Dat weet ick noch nich. Diese Woche is nur Stress, sach ick", stöhnt die fleißige Bedienung.

„Überall dat selbe", schmatzt der Traktorist.

„Ich will auch ma nach Hamburch", jammert Susi plötzlich.

„Wat wisst `n da?", fragt Cindy.

„Na ma die Beine hochlegen, ma` `ne Reise machen, mich ma` bedienen lassen. Dat ham wir alle ma` verdient", antwortet sie, aber niemand geht darauf ein.

„Dirk, nich` uffe Straße", brüllt der jugendliche Vater.

Das arme Kind heißt Dirk? Warum nicht Kevin oder Justin? Oh mein Gott, ich merke ich muss gehen. Diese Blödheit ist nicht auszuhalten.

„Und? Wie viel habt ihr schon?", bemüht sich Susi erneut um ein Gespräch.

„Fünfundsiebzig Weizen und `n büschn Raps", antwortet der Traktorist.

„Oha, da müsst ihr abä noch", mahnt Cindy.

„Och, der Sommer ist noch lang", reicht er der armen Servicefachkraft seinen leeren Teller hinüber.

„Na, keinen Hunger?", kommt sie nun zu mir.

„Dat büssn wat ick ess, kann ick ock trinken", begleiche ich, bestens assimiliert mit meiner Umgebung, die Rechnung und schultere meinen Rucksack.

„Seht ihr, sogar mit Trinkgeld", wedelt sie meinen Schein in Richtung der wakkeren Erntehelfer, und ich drehe mich ein letztes Mal zu der illustren Runde um.

Notiz an mich selbst: Keine Gespräche sind besser als dumme Gespräche.

Mit dieser tröstlichen Erkenntnis freue ich mich auf den Wald, der nur vom hübschen Dörflein Roxow unterbrochen wird.

In Hof Mummendorf treffe ich das erste menschliche Wesen am Weg. Es ist eine reife Dame die ein hübsches Muster in den Gehweg harkt.

„So viele kommen hier lang", ruft sie mir zu.

„Etwa Pilger?", frage ich neugierig.

„Ja, aber Sie sind die Erste, die allein unterwegs ist. Haben Sie denn keine Angst?", fragt sie mich.

„Nein, wozu, hier passiert doch nix", winke ich ab.

„Seien Sie sich da mal nicht zu sicher", mahnt sie, und ich ziehe rasch weiter, bevor ich wirklich noch Angst bekomme.

Neben den handelsüblichen Verbrechern scheinen also noch weitere Pilger im Umlauf zu sein. Das lässt hoffen.

Über kleine, gut ausgeschilderte Landstraßen schrubbe ich ordentlich Kilometer bis nach Kirch Mummendorf, wo ich auf einem Baumstumpf an der Kirche, umringt von duftenden Pilzen raste. Doch statt einer Pizza Funghi, die in meinen Gedanken auf einem Wagenrad daherkommt, müssen die alten Schinkenbrötchen von Ingas Mama reichen. Wobei die seichte Güllenote, die aus einer Senke zu mir empor steigt, es keinesfalls vermag, mir den Appetit zu verderben. Wenn ich Hunger habe, ist es mir gleich, wo ich esse. In diesem Moment würde ich auch auf einer Müllhalde ein Schwein verdrücken. Diese Gefräßigkeit habe ich von meiner Mutter, quasi als genetischen Code mit auf den Weg bekommen, kenne ich doch keinen leidenschaftlicheren Esser als sie.

„Traudi, an deiner Stelle könnte ich mir ebenso gut ein Schwein halten", sagt Vater immer, wenn Mutter lustvoll die Reste eines x-beliebigen Mahles in ihrem erstaunlich schlanken Leib verschwinden lässt. Für einen Norddeutschen ist das eine Liebeserklärung, denke ich, falte schmunzelnd das Brotpapier zusammen und wandere weiter, über hügeliges Terrain geradewegs ins Ungewisse hinein. Leider waren im Dorf keine Wegmarkierungen zu finden, und aus Ingas selbstgebastelten Spezialprodukten werde ich überhaupt nicht schlau. Vertieft in meine gelbe Reisebibel stehe ich oberhalb des Flüsschens Stepenitz und versuche mich zu orientieren. Eine ältere Dame, die so aussieht wie ich mir die märchenhafte Anita in zwanzig Jahren vorstelle, guckt zum Fenster ihres blauen Kleinwagens heraus.

„Kann ich dich mitnehmen?", fragt sie.

„Gerne", lasse ich ohne zu zögern meinen Reiseführer im Hosenbein verschwinden.

„Wohin willst du?"

„Nach Schönberg", schlage ich die Tür zu und reiche ihr die Hand.

„Hallo, ich bin Hannelore."

„Angenehm, Nati."

„Schade, aus Schönberg komme ich gerade", seufzt die freundliche Dame.

„Wenn Sie mich wieder zurück bis nach Kirch Mummendorf mitnehmen könnten, wäre ich sehr dankbar. Ich habe mich nämlich verlaufen", bekenne ich.

„Na klar, kein Problem", strahlt der weißgelockte Engel, dass es mir ganz warm ums Herz wird.

Hannelore, die wettergegerbte Frau mit den schlohweißen Haaren und wallendem Gewand, sieht aus wie jemand, der seine Jugend in einem Ashram (vielleicht bei Osho in Poona?) verbracht hat. In ihrem Auto duftet es nach Lavendel, ein vermutlich selbstgeflochtener Korb voller Gemüse und Kräuter wackelt auf dem Rücksitz. Aus dem Radio dudelt orientalische Musik.

„Von meiner Bauchtanzlehrerin", schmunzelt sie eine weitere Lachfalte in ihr sonniges Antlitz hinein.

„Cooool", hebe ich meinen Daumen und hülle mich in Schweigen.

Ich könnte ewig so weiter fahren, berauscht vom Südfrankreich-Duft, der aus einem Jutesäckchen vom Rückspiegel herunter baumelt, und von meiner krassen Meditationserfahrung bei Petra Maria erzählen. Mach` dir keine Gedanken, meine Süße, auf LSD habe ich ganz andere Sachen gesehen, würde sie sagen und mich damit ungemein beruhigen. Vielleicht würden wir auch gemeinsam ein Tütchen rauchen und ich dürfte in ihrer Kommune übernachten. Daraufhin würde ich das Pilgern aufgeben und mich bis auf weiteres dem Konsum von psychedelischen Substanzen hingeben ...

„Da ist er ja", rufe ich stattdessen.

Leider entdeckte ich kurz hinter dem Kirch Mummendorfer Ortsschild eine Jakobsmuschel, die unspektakulär an einem Verkehrsschild klebt.

„Was denn?", fragt Hannelore.

„Na das Pilgerzeichen", antworte ich.

„Wo?"

„Der kleine blaue Aufkleber mit der Jakobsmuschel dort am Vorfahrtsschild", erkläre ich stolz.

„Das ist ja interessant. Den habe ich noch nie gesehen, obwohl ich die Strecke jede Woche fahre", staunt Hannelore.

„Ist ja auch winzig der Aufkleber. So winzig, dass auch ich ihn übersehen habe", erwidere ich.

„Willste noch ein paar Tomaten mitnehmen für den Weg?", stoppt Hannelore das blaue Hippiemobil.

„Gerne."

„Die sind aus unserem Gemeinschaftsgarten", wischt das Blumenkind mit seinen schrundigen Händen liebevoll die Erde vom Gemüse.

„Danke für alles", reiche ich ihr die Hand, würde ihr aber am liebsten um den Hals fallen.

„Namaste", legt mir Hannelore ihre warme Hand auf die Schulter, während ich immerfort, lass mich nicht zurück, denke und dem Lavendelmobil wehmütig hinterher winke.

Jetzt bin ich wieder allein, so allein, dass ich schon mit dem Gedanken spielte, einer Kommune beizutreten.

Dessen nicht genug gabelt sich nach wenigen Metern der Weg, und ich kann mich nicht entscheiden, ob ich nach links oder nach rechts gehen soll – von gelben Pfeilen mal wieder keine Spur.

Ich schiebe die Entscheidung auf und futtere zunächst einmal Hannelores Kommunalerzeugnisse auf (bin ja Stressesser) und verharre auf einem Stein, bis das Universum mir eine junge Frau im feinsten Jack-Wolfskin-Nerz mit zwei angeleinten Doggen vorbei schickt.

„Tschuldigung, wo geht`s denn hier nach Hansdorf?", springe ich auf.

„Ach, das kleine Stückchen können wir zusammen gehen", winkt sie ab. „Darf ich vorstellen? Inge Koschmidder, stolze zwölf Jahre, und Töchterchen Emmi", stellt sie ihre beiden Lieblinge vor, wobei mir klar ist, dass sie dies nur tut, um mir die Angst vor den riesigen Hunden zu nehmen. Ihren Namen verrät sie indes nicht. Wozu auch? Wir haben nicht mehr als zwei Kilometer zusammen und werden für immer Fremde bleiben. Natürlich ist Frau Koschmidder nach der berühmten Comicfigur des kongenialen Zeichners Walter Moers benannt, so wie ich es vermutet habe. Wir tauschen uns kurz über das „Kleine Arschloch" aus, wobei damit ausnahmsweise mal kein Chef gemeint ist, sondern der gleichnamige Zeichentrickfilm aus dem Jahre `97. Ich gebe noch eine Kurzfassung des Pilgerns auf Norddeutsch zum Besten, und schon verabschiedet sich Inges Frauchen auch schon wieder und biegt in ein Gehöft ein, das einsam in einer steppenartigen Mondlandschaft liegt. Weit und breit ist kein Nachbarhaus zu sehen, nur frisch getellerte Felder soweit das Auge reicht. Inge, du wohnst ja fast so einsam wie dein cineastisches Pendant. Nur Hansdorf ruht vor mir in einem wunderschönen Nichts, das sich hübsch, aber monoton bis Prieschendorf fortsetzt. In dieser Einöde darf ich also lernen, mir selbst ein guter Begleiter zu sein. Auf dem alten Bahndamm nach Schönberg jedoch gelingt dies nur bedingt. Zu langweilig ist der Weg durch den grünen Tunnel, der keine tröstlichen Ausblicke auf die Umgebung freigibt, sondern nur endlos geradeaus geht.

Ich raste auf einer Bank, setze meine Wasserflasche an, und fahre hoch vor Schreck. Ein zwielichtiger Typ kommt mit seinem Mofa auf mich zu gerollt, parkt ausgerechnet am Papierkorb neben meiner Bank, holt ein Bier aus einem Beutel und setzt zu mir.

„Bier und Mofa passen nicht zusammen", wende ich mich um zum Gehen.

„Ach wat, Bier geht immer", zeigt er mit widerlichem Lächeln seine fauligen Zahnstümpfe, worauf ich ohne ein Wort des Abschieds davon renne und mich immer wieder nach dem Trunkenbold umsehe.

Er kommt mir nicht nachgelaufen. Herzklopfen habe ich trotzdem und renne in einem Affenzahn fast durch bis nach Schönberg. Erst auf einer Autobahnbrücke halte ich inne, schleppe mich weiter, an der städtischen Mülldeponie vorbei, über einen letzten Anstieg in die Stadt hinein. Die Flucht vor dem Zahnlosen hat meine letzten Körner gezogen. Schwer atmend und mit zwickenden Waden, klingele ich an der Tür des Gemeindehauses.

„Steffi Peters?", öffnet ein attraktiver Mitvierziger.

„Jawoll", nicke ich.

„Angenehm, Rathke. Mitkommen bitte", führt er mich ohne Umschweife zum Quartier. So mag ich das. Ich habe nämlich Hunger wie ein Wolf. Und auch die Unterkunft gefällt. Runde, mit Kinderhänden verzierte Bullaugenfenster, viele Sofas, vermutlich Relikte eines Jugendclubs, dazu ein einfaches, aber sauberes Bad ohne Dusche. Da ich inzwischen keine zwischenmenschlichen Kontakte mehr pflege, bin ich damit vollends zufrieden, entrichte dankbar meinen Obolus und lasse Steffis Credencial abstempeln.

Jetzt brauche ich nur noch meine Hose vom Vogelkot zu befreien, den ich mir auf der Säuferbank hübsch ins Bein gerieben habe, und ich kann endlich schlafen gehen. Passend zum Einweichen erschallt ein lupenreines „Lobet den Herren" aus der unteren Etage. Ich werde schlagartig wach, laufe hinaus auf den Flur und renne dabei eine Frau über den Haufen. Meine kleine Seele dürstet nach Kultur.

„Oh Entschuldigung. Gehören Sie zum Chor?", frage ich.

Das Unfallopfer nickt betreten.

„Ihr klingt super", erhebe ich meinen Daumen. „Darf man euch zuhören?"

„Klar, aber wir haben gleich Pause", entfernt es sich schnell, ehe es sich noch weitere Blessuren einfängt.

Eine Flügeltür öffnet sich, eine Menschenmenge strömt heraus, und ich frage den jungen Mann am Dirigentenpult, ob ich zuhören darf.

„Kein Problem, setz dich rein", antwortet der unscheinbare, sympathische Typ mit Brille und Stoppelfrisur.

Ich verkrieche mich in die letzte Reihe hinter die Bässe, während der Maestro seine Sänger mit einer Klavier-Improvisation über „Ihr Kinderlein kommet" zur zweiten Hälfte ruft. Anlass der Probe ist die europäische Erstaufführung einer komplizierten, jüdischen Musik namens „Sacred Service" begleitet vom Strelitzer Kammerorchester. Zunächst wird der hebräische Text nur gesprochen, das „Chchch" gewissenhaft geübt, bis der Chor belustigt kichert.

„Gut gemacht. Besser übertrieben als gar nicht", lobt er seine Schäfchen.

„Und jetzt nur die Männers", bittet er die neun Herren, die aber singen wie mindestens zwanzig, um ihre Passage.

„Wunderbar, und jetzt der Sopran. Der quatscht und muss unterhalten werden", ruft der Maestro die Damen zur Ruhe, welche daraufhin glockenhell und lupenrein intonieren.

„Und jetzt mal alle auf do do do, und wenn wir schon unseren Gast aus dem Schlaf geholt haben, können wir jetzt auch ruhig laut singen", wendet er sich lachend zu mir um.

Ich spüre Röte in mir aufsteigen, weil sich in diesem Moment circa dreißig Augenpaare zu mir umdrehen und grüße schüchtern in die Runde, worauf der Chor freundlich zurück winkt.

Zu guter Letzt proben sie ein Stück namens „Yischme", so konzentriert, rhythmisch und sauber wie es Laienchöre selten können. Wie eine Umarmung klingt diese Musik. Nach dem obligatorischen Chorsäufzen singen sie ein musikalisches Nachtgebet, bei dem ich am ganzen Körper Gänsehaut bekomme. So perfekt stimmen und atmen sie zusammen. Im Sopran verklingt ein letztes „Amen", und mir huscht ein leises „Schade" über die Lippen, als der Schlussakkord verklingt.

Ich danke dem Maestro für die wohligen Klänge, steige beseelt die Treppe zu meinem Zimmer hinauf, vernehme das freudige Schwatzen des Chores unter meinem Fenster, und diesmal erfreue ich mich an den Gesprächen der Anderen, die mich sanft in den Schlaf hinüber leiten.

Donnerstag, der 13. August: Grabenkämpfe II (Schönberg - Lübeck, 25 km)

Ausgeruht und schmerzfrei stehe ich als erster Kunde vor dem Schönberger „Treppenkonsum“, bestelle Brötchen und Kaffee, kaufe Proviant für den Weg und frühstücke draußen vor dem Café. Hellblau und wolkenfrei der Himmel, die Vögel zwitschern wild, und es geht ein seichter Wind, während die Stadt langsam aus ihrem Schlaf erwacht. An friedvollen Teichen führt der Pilgerweg schnell aus Schönberg heraus, und ich renne in Siebenmeilenstiefeln in einem Zug durch bis nach Palingen. Jener Ort, der einst Schauplatz eines der spektakulärsten Kriminalfälle des vorigen Jahrhunderts war und gleichzeitig das letzte Dorf in der ehemaligen DDR!

Ich frage zwei Einheimische nach dem Jakubowski-Denkmal und lasse mir von ihnen die Geschichte des unschuldig verurteilten Polen Joseph Jakubowski erzählen, der des Kindsmords bezichtigt und im Jahre 1926 mit dem Handbeil hingerichtet wurde. Angeblich soll der Wanderarbeiter eine Affäre mit der Mutter des getöteten Jungen gehabt haben, was den Dorfbewohnern ein Dorn im Auge gewesen war. Dieser gewaltige Justizirrtum führte zu einem Umdenken über die Todesstrafe in der Weimarer Republik und schließlich zu ihrer gänzlichen Abschaffung im Jahre 1949. Ich danke den freundlichen Anwohnern für die kleine Geschichtsstunde und finde nach einigem Suchen den schlichten Gedenkstein an einer Sitzecke versteckt im Gebüsch. Wie es aussieht hat hier schon lange niemand mehr an jenes Verbrechen gedacht.

Es ist ein beschauliches Dorf, dieses Palingen. Alte Bauernhöfe erstrahlen im neuen Glanz, kastenförmige Volvos parken davor, bunt bemalte Baumhäuser erzählen von unbeschwerten Kindheiten. Wie es hier vor knapp einhundert Jahren zu jenem grenzenlosen Unrecht kommen konnte, ist nur schwer erklärlich. Auch Jamel ist ein hübsches Dorf, und auch dort liegen all die schlimmen Dinge, die dort jüngst geschahen, jenseits meiner Vorstellungskraft.

Nachdenklich öffne ich den „Schrank der freigelassenen Bücher“, der sich in einer nahegelegenen Bushaltestelle befindet. An diesem hoffnungsvollen Ort möchte ich rasten und auf die Vernunft der Menschheit hoffen. Immerhin befand sich die Bank, auf der ich gerade liege, noch vor weniger als drei Dekaden mitten im Sperrgebiet, wenn es sie damals überhaupt gegeben hat, und ein heiterer Fußmarsch ins drei Kilometer entfernte Lübeck wäre undenkbar gewesen.

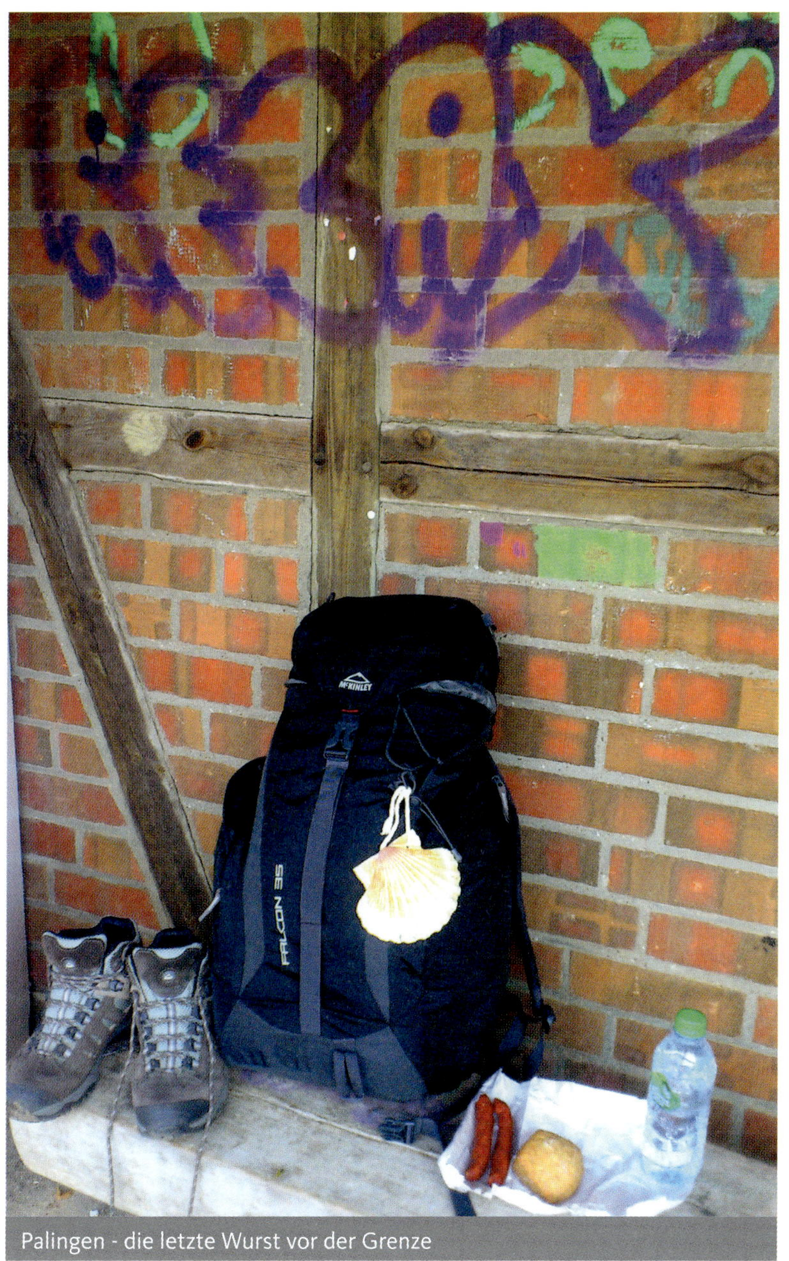

Palingen - die letzte Wurst vor der Grenze

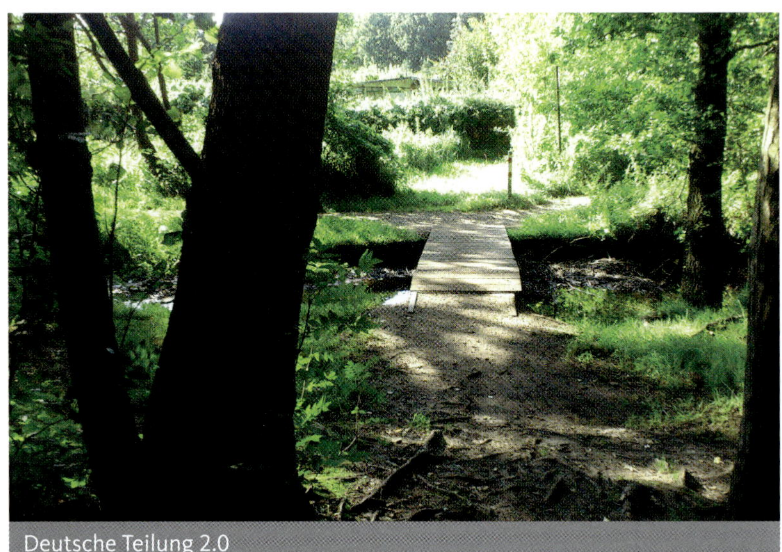

Deutsche Teilung 2.0

Jemand hat mit blauer Farbe das Wort „Relax“ an die Wand gesprüht, eine Holzbank aufgestellt und einen Bücherschrank daneben und somit dem Ort etwas von seiner Schwere genommen. Ich nehme die Botschaft wörtlich und döse ein, bis ein Grashüpfer auf meinen Schuh springt und mir zuruft: Schluss mit der Faulenzerei und ab mit dir an die Grenze.

Irgendwo in dieser gräsernen Steppe muss sich der Landgraben befinden, welcher Deutschland einst in zwei Hälften teilte. Auf einem Kolonnadenweg gehe ich auf ein Wäldchen zu, doch außer ein paar Birken und ein paar Büschen ist nichts zu erkennen. Kein Todesstreifen, keine Selbstschussanlagen, keine Wachtürme, kein Stacheldraht, nichts, was an ein geteiltes Land erinnern könnte. Ich sehe nur ein Naherholungsgebiet und ein paar bunt gekleidete Freizeitsportler im Sonnenschein. Ich frage jeden einzelnen Hundebesitzer der Palinger Heide nach dem ehemaligen Grenzfluss, und alle zeigen sie in eine Richtung. Doch ich kann partout nichts ausmachen, das auch nur im Entferntesten nach den Trümmern des Kalten Krieges aussieht. Es vergeht eine verzweifelte Stunde der Suche bis mich ein Jogger zu einem Holzsteg geleitet, der über ein mickriges Rinnsal führt. Ich erblicke die winzige Brücke, und mich überkommt ein Lachanfall über die grenzenlose, menschliche Idiotie, dann eine Anwandlung unbändiger Freude. Als die Mauer fiel war ich zehn. Freiheit ist für mich selbstverständlich, und jetzt stehe ich auf einem herkömmlichen Brücklein und tanze vor Dankbarkeit. Notiz an mich selbst: Grenzen sind endlich und Wunder jederzeit möglich.

Die erste Haltestelle im Lübecker Stadtgebiet heißt Stintfang. An diesen Namen erinnere ich mich noch ganz genau, weil meine Eltern, wie so viele konsumhungrige Ex-DDR-Bürger, 1990 die ersten Aldi-Märkte nach der Grenze hemmungslos plünderten und damit kilometerlange Staus verursachten. Stiegenweise schleppten wir die Alpia-Scholokaden und den guten Joghurt in unseren eierschalenfarbenen Trabant, um uns an neuen Fetten, Süßstoffen und Glutamaten zu berauschen. Und ausgerechnet als ich diese Bushaltestelle erreiche, an der wir damals ewig warteten, ruft mich Christiane an – eine Frau, die wir 1990 in einem dieser Staus kennenlernten. Zwischen Grevesmühlen und Lübeck ging es damals meist nur im Stop and Go, und meine kommunikative Schwester Tina spurtete zum Wagen vor uns, einem ferrariroten Opel „Kadett", um den kürzesten Weg zum Aldi zu erfragen. Es war nämlich schon weit nach siebzehn Uhr, und die Filialen drohten zu schließen. Zu meiner großen Überraschung verschwand meine Schwester im roten Auto, das uns über Schleichwege routiniert zum Supermarkt lotste. Nach unserem Einkauf lud uns Christiane zu sich nach Hause ein. Seither sind unsere Familien Freunde, und natürlich hüpft mein Herz vor Freude, als ich ihre Stimme höre.

„Da bist du in Lübeck und sagst mir nichts", rügt sie mit mütterlicher Strenge.

„Ähm ..."

„Ich hab von Trautchen erfahren, dass du pilgerst, und du schläfst natürlich bei uns. Wo kann ich dich abholen?"

„An der Jakobikirche, um kurz nach sechs", entgegne ich perplex.

„Gut, bis gleich", legt sie auf.

Ich nehme den Bus ins Zentrum und stehe kurz vor Toresschluss an der Rezeption von St. Jakobi vor einer weißhaarigen Dame.

„Schönen guten Tag, Rasch mein Name, wir hatten telefoniert. Leider muss ich meine Übernachtung stornieren."

„Wie das?", lupft sie ihre Brille.

„Ich schlafe bei einer Freundin", erkläre ich.

„Und trotzdem wollen Sie einen Pilgerstempel?", fragt sie kritisch.

„Genau", schiebe ich ihr das Credencial durch die Luke.

„Steffi Peters?"

„Ähm ja, ich habe meinen Pilgerausweis verlegt und den meiner Freundin mit auf den Weg genommen", räuspere ich mich.

„Aber was sind denn das für komische Geschichten", echauffiert sie sich. „Also Sie sind Frau Rasch?", beginnt sie ihr Verhör.

„Ja", gestehe ich kleinlaut.

„Und pilgern unter falschem Namen?"

„Das kann man so sagen."

„Und dafür soll ich Ihnen einen Stempel geben?", empört sich die Frau mit der Blumenkohlfrisur.

„Ist ja schon gut. Nicht schimpfen", beschwichtige ich.

„Hier ist ihr Stempel und jetzt gehen Sie", schlägt sie entrüstet ihre Luke zu.

Innerlich aufgewühlt warte ich vor der Kirche, hoffe, St. Jakobus möge mir verzeihen, und plötzlich verspüre ich ein ähnliches Gefühl des Unbehagens wie vorgestern im Straßengraben. Diesmal ist es eine Scheu vor dem Straßenlärm und den vielen Menschen um mich herum – eine Abneigung gegen die Großstadt.

„Na wer ist denn da", kommt Christiane auf mich zu gelaufen und nimmt mich in den Arm.

Bis auf die grauen Haare hat sie sich kaum verändert in all den Jahren.

„Weißt du was? Ich bin jetzt Ossi geworden", erklärt sie. „Ich nehme dich jetzt mit in die Nähe von Schönberg ins kleine Dörfchen Demer", öffnet sie lachend die Tür ihres Mittelklassewagens.

„Diese Gegend kommt mir irgendwie bekannt vor", staune ich, als wir nach erschreckend kurzer Fahrt die Palinger Heide durchqueren.

„Ja, von dort bist du gekommen", lacht sie.

Kurz vor einem Dorf winkt uns jemand aus einem Traktor zu.

„Das ist mein neuer Schatz, Joachim", hupt sie ihn an.

Joachim hupt zurück und wirft seiner Liebsten einen Luftkuss zu.

Am Ende des Dorfes liegt ihre Ranch am Waldrand. Hier wagte sie einen Neustart mit fünf Pferden, zwei Hunden, einer Katze und einem neuen Ehemann.

„Dieses Leben auf dem Bauernhof ist mein Wunsch seit Kindertagen", strahlt Christiane, und wieder darf ich einen Menschen erleben, der seine Träume lebt.

Und ihren neuen Mann Joachim mag ich auf Anhieb.

„Ich hatte euch ja vorgewarnt, dass ich stinke wie ein Puma", verziehe ich mich unter die Dusche, während Christiane sogleich die Waschmaschine anschmeißt und auf der Terrasse eindeckt. Joachim teilt sein Bier mit mir, und es gibt eine deftige Brotzeit bei herrlichem Ausblick auf die Pferdekoppel und den Sonnenuntergang. Kurz darauf bekomme ich das weichste Bett der Welt und das tollste Kissen, und es ist ein gutes Gefühl, bei alten Freunden zu sein. Christiane und Joachim haben mich von meiner Einsamkeit befreit.

Freitag, der 14. August: Podologische Finessen (Lübeck - Klein Wesenberg, 3 km)

Durch die Tür krabbelt ein verführerischer Kaffeeduft. Ich schlüpfe in meine frisch gewaschene Wanderrobe und platze vor Dankbarkeit. Es geht nichts über duftende Textilien und eine Nacht in einem weichen Bett.

„Ich habe Pilgerweh", lese ich Ingas Nachricht.

„Dann komm doch nach Lübeck auf ein Käffchen", schreibe ich zurück.

„Gut, dann fahre ich jetzt los", tickert sie.

Wie leicht das Leben ist, wenn man ein Auto hat.

Ich schlurfe in die Küche, wo mich Christiane mit einer Tasse Kaffee empfängt. Joachim ist schon unterwegs, Holz holen. Wir warten mit dem Frühstück auf ihn, bis er zurückkommt und schnattern, als würden wir uns jeden Tag sehen. Thema ist natürlich auch unsere Kennenlerngeschichte im Stau. Über fünfundzwanzig Jahre ist das jetzt her. In diesem viertel Jahrhundert hat sich so viel verändert, aber wir sind immer noch Freunde.

„Für mich seid ihr so etwas wie eine zweite Familie, und du bist wie eine Tochter für mich, die versorgt werden muss", streichelt sie mir über die Wange.

Dann kommt Joachim, und wir frühstücken gemeinsam.

„Ihr könntet locker eine Pilgerherberge aufmachen", lobe ich.

„Ja, das wäre etwas für mich", lacht Christiane. „Aber dann müssten wir wohl die Via Baltica umleiten."

„Kein Problem, damit habe ich gute Erfahrungen gemacht", erkläre ich.

„Wir kleben einfach heimlich nachts die Pfeile um und führen die Pilger über Demern", schlägt Joachim vor.

Christiane kichert vergnügt und schnürt einen Knoten um das Lunchpaket bestehend aus Würstchen, Stullen, Gurken, Eiern und Rote Beete.

„Da wiegt mein Rucksack ja das Doppelte", hebe ich den Beutel in die Höhe.

„Mich würde überhaupt mal interessieren wie viel du so mit dir herum schleppst", zieht die Neubäuerin eine Waage unter ihrem Küchenschrank hervor.

„Sieben Komma neun Kilo", verkünde ich, lege das Futterpäckchen wieder hinaus und staune. Denn jetzt ist er um ein ganzes Kilo leichter.

„Damit werde ich es wohl geradeso bis nach Klein Wesenberg schaffen", bedanke ich mich und besteige Joachims SUV.

Die beiden nehmen mich mit in die Stadt, setzen mich am mit Inga vereinbarten Treffpunkt ab und lassen zwei glückliche Pilger zurück.

„Ich staune, dass du es bis hierher geschafft hast", lacht Inga.

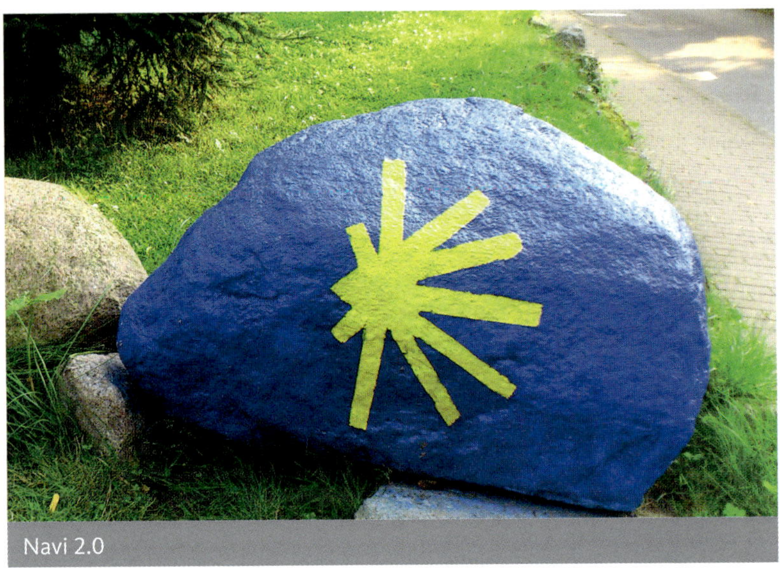
Navi 2.0

„Ich auch", nehme ich den kleinen Wirbelwind in den Arm, der ganz sonderbar aussieht in Zivil.

Wir legen meinen Rucksack in Ingas roten Fabia und ziehen durch die Stadt. Zum Pilgern ist es sowieso zu heiß, schon dreißig Grad am Vormittag, aber für einen Stadtbummel ist das Wetter ideal. Und wieder stört mich die Stadt mit ihren Autos, den Baustellen, dem Lärm und ganz besonders den Betonklötzen zwischen den ehrwürdigen Hansehäusern. Im direkten Vergleich der Architekturen überzeugt mich die Moderne nicht. Doch wenigstens findet sich in einem der Kuben ein nettes, thailändisches Restaurant, das vermutlich wie das ganze Gebäude, günstig ist. „Ich vermisse das Pilgern", seufzt Inga. „Zu Hause versteht niemand, warum ich meinen Urlaub für diese Strapaze geopfert habe."

„Ich verstehe es auch nicht, aber ich weiß, mir wird es in wenigen Tagen genau so ergehen wird wie dir", schmunzele ich und begleiche ich die Rechnung.

Nach dem Essen setzen wir uns an die Trave, fläzen in hippen Liegestühlen, trinken Kaffee, und plötzlich fühlt es sich Lübeck an wie Berlin.

Erst am Nachmittag fährt mich Inga nach Reeke, einem Stadtteil von Lübeck Moisling, das ich mir gerne gespart habe.

„Ich hasse Stadtpilgern und bin so froh, dass du mich fährst", bekenne ich, während Inga eine Jakobsmuschel am Wegesrand entdeckt.

„Kein Problem", setzt sie mich direkt am Pilgerzeichen ab, und schon bin ich wieder allein.

„Und schick mal ein paar Fotos von den Herbergen", ruft mir Inga aus dem offenen Fenster ihres Wagens zu.

„Mach ich", winke ich zurück und trotte zunächst ein wenig lustlos über den Radweg neben der Landstraße her.

Am liebsten hätte ich den Rest des Tages im Liegestuhl verbracht.

Nach einer Stunde auf dem Asphalt biege ich in einen Feldweg ein, von dem ich wünschte, es möge der Jakobsweg sein. Doch bevor ich großartig darüber nachsinnen kann, erblicke ich auch schon einen blau angemalten Feldstein mit einer leuchtgelben Jakobsmuschel darauf, dessen Foto ich schon aus meinem Reiseführer kenne.

Der Pastor, ein hagerer Mann mit Polohemd und Stoppelfrisur, kassiert zwanzig Euro für eine Nacht im Doppelstockbett. Das ist zwar die teuerste Herberge auf der ganzen Via Baltica, aber dafür bekomme ich ein Meditationsbänkchen zur Andacht angeboten und es wartet ein Kühlschrank voller Leckereien nach Minibarprinzip, die der hungrige Wanderer für Centbeträge kaufen kann. Auch Jakobsmuscheln für den Rucksack gibt es zu kaufen, für nur fünfzig Cent das Stück. Im Schlafsaal findet sich ein Regal voller Pilgerlektüre, an den Wänden eine kleine Kalender-Galerie, auf welcher der drahtige Pastor auf dem Olavsweg abgebildet ist. Aber das Allerbeste ist ein vollautomatischer Super-Sockentrockner im Badezimmer – ein an der Wand befestigtes Ufo mit acht geriffelten Staubsaugerschläuchen. Voller Begeisterung schmeiße ich meine Socken ins Waschbecken, quetsche etwas Waschmittel aus der Tube, wasche sie ordentlich aus, stülpe sie über den Super-Sockentrockner, lausche dem süßen Klang der Maschine und nehme nach kaum einer viertel Stunde die trockenen, duftenden Strümpfe vom Gerät. Dafür haben sich die zwanzig Euro doch gelohnt.

Zum Abendbrot setze ich mich in den Garten, verputze Christianes Fresspaket und gönne mir ein kleines Bierchen aus der Minibar.

„Keine Angst so allein im Haus?", guckt eine ältere Dame aus dem Gemeindesaal heraus.

„Nö, passiert ja nix", antworte ich lakonisch.

„Na dann, weiterhin alles Gute", verschwindet der graugelockte Kopf wieder hinter dem Fenster.

Wozu sollte ich Angst haben? Gefährlicher als eine Pilgerreise ist doch der Alltag, der unmerklich tötet, der dir montags bis freitags leise und heimlich deine Energie absaugt.

Außerdem habe ich mir das Gästebuch mit hinaus in den Garten genommen und fühle mich durch die Zeilen der vielen Pilger nicht allein. Die Handschriften von Lisa, Kathrin, Ute und Dajana kenne ich schon seit Greifswald. Immer wieder tauchen ihre Einträge ein paar Tage vor den meinen auf. Auch in Schönberg waren sie. Obwohl ich sie nicht persönlich kenne, fühle ich mich ihnen verbunden. Wie gerne würde sie einholen und sie nach ihren Erlebnissen fragen. Aber dafür bin ich wohl zu langsam unterwegs.

Draußen wütet ein Gewitter, und ich finde keinen Schlaf. Also ziehe ich jenes Buch aus dem Regal, das mich vor fast zehn Jahren mit dem Pilgern bekannt machte und einen regelrechten Pilgerboom auslöste.

Hape, vielleicht wäre die Via Baltica ja etwas für dich – keine Hitze, keine Berge und deinen Wanderstab könntest du getrost zu Hause lassen, denke ich, klappe das Buch nach ausgiebiger Lektüre zufrieden zu und schlummere endlich ein.

Samstag, der 15. August: Kicker um halb zehn (Klein Wesenberg - Kloster Nütschau, 22 km)

Der Himmel ist wolkenverhangen, beim Packen zeigte sich ein ellenlanger Riss in meinem Regenmantel, und passend zu meiner Stimmung führt die morgendliche Route direkt an der A 1 entlang, die wie ein Ungeheuer durch ein Industriegebiet tost.

Dahinter wartet eine spießige Eigenheimsiedlung im kleinen Städtchen Reinfeld, in dem ich mich ebenso unwohl fühle wie an der Autobahn.

„Darf ich Sie mal was fragen?“, ruft mir ein Rentner über den Gartenzaun zu. „Ist unsere Straße irgendwo in einem Wanderführer verzeichnet?“

„Ja, ihr Haus liegt direkt an der Via Baltica“, antworte ich.

„Und was soll das sein?“, fragt der Alte mit skeptischem Blick.

„Ein Pilgerweg von Usedom nach Bremen“, erkläre ich stolz wie ein Staubsaugervertreter.

„Hier kommen nämlich sehr viele Menschen mit Rucksäcken durch“, erklärt er.

„Tatsächlich?“, frage ich verblüfft.

„Diesen Sommer ist es besonders schlimm. Fast täglich sehe ich Leute mit Wanderrucksäcken durch unser schönes Viertel laufen.“

„Haben Sie keine Angst, wir sind friedlich", verabschiede ich mich vom knorrigen Kauz, den ich fast ein bisschen beneide.

Immerhin sieht er mehr Pilger als ich. Lisa, Kathrin, Ute und Dajana? Könntet ihr vielleicht ein bisschen langsamer laufen?

Immerhin entschädigt der Abschnitt zwischen Reinfeld und Oldeslohe für Lübecks trostlosen Speckgürtel. Zwar treffe ich auch hier weit und breit kein menschliches Wesen an, aber seit Klein Wesenberg sind die Wegmarkierungen kreativ und zahlreich, weshalb ich mich um die Navigation nicht mehr zu sorgen brauche. Eine Bäckersfrau in Reinfeld bestätigte, dass der Pastor für seine Pilgerreisen bekannt sei und sich vorbildlich um die Pflege seines Jakobsweges kümmere. Dafür bin ich ihm ehrlich dankbar. Jetzt kann ich mich endlich auf das Gehen konzentrieren und mich an den erquickenden Mischwäldern des Stormarn-Kreises erfreuen – bis mich auf dem Traveradweg Müdigkeit und Hunger überkommen. Trotz dichter Wolken ist es schwülwarm, und die Schweißperlen rinnen mir am Rücken herunter. Ich verschlinge zwei Bananen, und es kommt mir ewig vor, bis ich Bad Oldeslohe erreiche.

Im erstbesten Kaffee lasse ich mich auf ein hippes Loungemöbel fallen, das viel zu schick ist für eine liederliche Erscheinung wie mich. Der Kellner behandelt mich kühl, und als ich mit gierigem Blick in die Tortenvitrine schaue, weicht er zurück. Vermutlich stinke ich wieder, aber selbst das ist mir inzwischen egal. Ich gebe ein ordentliches Trinkgeld und befördere mich Punkt 16 Uhr hinaus aus dem Tortenkoma zurück auf den Weg. Leicht fällt es mir nicht. Ein großer Teil von mir möchte die vier Komma vier Kilometer bis nach Nütschau lieber im Taxi zurücklegen. Ich habe schon mehr als dreihundert Kilometer in den Beinen, und heute merke ich das besonders. Das Spiegelbild im Schaufenster ist fast schlank, mein Doppelkinn ist weg, Beine, Po und Oberkörper wirken schmaler. Doch ehe mein Körper an die Fettreserven am Bauch geht, muss ich wohl bis nach Santiago rennen.

Wie ein träger Ackergaul schleppe ich mich zurück an die Trave, durch ein Sumpfgebiet, über Holzstege vorbei an mannshohem Schilf. Erinnerungen an den Peene-Vietkong kurz hinter Usedom werden wieder wach, und ich verstricke ein Ornithologenpärchen (so richtig mit Stativ und so), in ein Gespräch, nur um nicht allein zu sein. Womöglich habe ich eine Phobie gegen hohe Gräser entwickelt. Doch die beiden khakifarbenen Männlein finden Vögel leider viel interessanter als Pilger und wenden sich schnell wieder ihren Fernrohren zu. Die Marienbildnisse am Wegesrand, welche schon vom nahen Kloster künden, trösten da wenig. Schwitzend trabe ich an einer Kuhweide vorbei, ein Bulle begattet

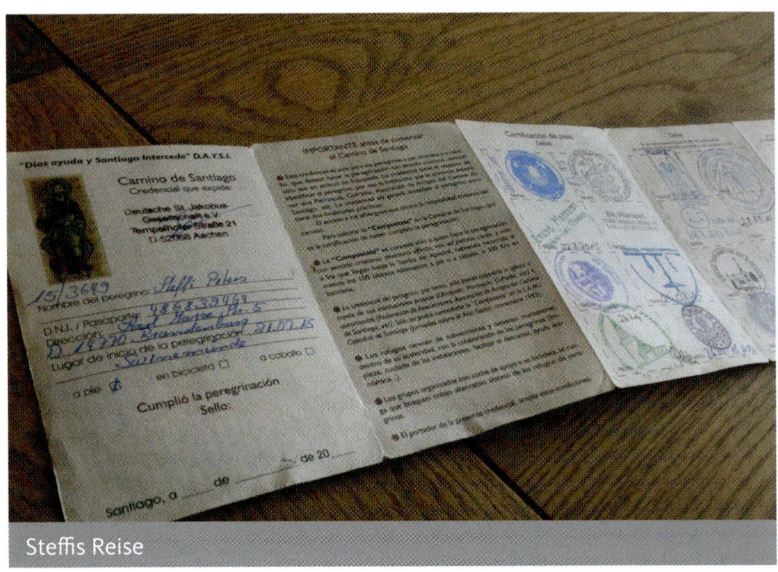

Steffis Reise

gerade einer seiner Damen, als ich endlich die lang ersehnte K 65 an der Streuobstwiese des Klosters erreiche. Ich folge dem perfekt platzierten Pfeil zu einem roten Backsteinhaus, an dem ein buntes Banner mit der Aufschrift „Jugendhaus, lass knacken“ befestigt ist und erblicke einen hellen Prachtbau direkt gegenüber. Das muss das Ziel sein, wobei ich mich frage, wie man es denn knacken lässt in einem Kloster. Ich belausche zwei Frauen, die lautstark von den heilsamen Wirkungen des kontemplativen Rückzugs plappern, und betrete, erleichtert, nicht Teil dieses Gesprächs zu sein, das Jugendhaus St. Benedikt, mit der festen Absicht, es mal so richtig knacken zu lassen. Dabei laufe ich einem barfüßigen Schlacks mit Rastazöpfen in die Arme, der sich überraschend höflich als Teo vorstellt.

„Tschuldigung“, murmele ich verlegen.

„Eine Pilgerin“, begrüßt er mich mit sanfter Stimme. „Herzlich willkommen!“

„Soooo viele Pilgerstempel“, bestaunt er Steffis Credencial.

Und bevor ich mich von seinem Gefühlsausbruch erholen kann, entblößt der Jüngling von schätzungsweise zwanzig Jahren seinen linken Hacken und zeigt voller Stolz auf eine Wunde, die ich als Fachfrau sofort als Ex-Blase identifiziere.

„Kapitales Ding“, lobe ich.

„Danke“, entgegnet er stolz als hätte ich ihm gerade zur Promotion gratuliert.

„Und was bedeuten die selbstgemalten Kunstwerke in Ihrem Ausweis, Frau Peters?", erkundigt er sich höflich.

Ich antworte nicht, weil ich es manchmal nicht gewöhnt bin, Steffi Peters zu sein.

„Frau Peters?", fragt Teo im Tonfall eines Altenpflegers, der seine demente Patientin zu einem Bastelnachmittag überreden möchte.

„Ach ja, die, ähm, ja, da habe ich am Strand oder bei Privatleuten geschlafen", räuspere ich mich.

„Aber das muss Ihnen doch nicht unangenehm sein. Sie haben meinen vollsten Respekt, Frau Peters", lobt er, und spätestens jetzt fühle ich mich gänzlich wie ein Heimbewohner.

Der freundliche Jugendliche scheint mein Unbehagen zu bemerken und erzählt die Geschichte seiner eigenen Wallfahrt.

„Ich bin erst seit sechs Tagen von einer geführten Tour mit Bruder Johannes zurück. Von Harsefeld bis Bremen sind wir zehn Jungs unter seiner Anleitung gepilgert, und ich vermisse es so sehr. Seither muss ich ständig raus in die Natur und mich bewegen. Ich habe sogar schon mit Joggen angefangen", seufzt er.

Und jetzt klingt Teo nicht mehr wie ein Altenpfleger, sondern wie ein Mitglied einer Selbsthilfegruppe. Aber ich kann ihn gut verstehen. Tanya und Inga klagten über ähnliche Symptome klassischen Pilgerwehs.

„Hier, nehmen Sie das. Das sind die Adressen unserer Unterkünfte, und wenn Sie in Quersdorf einkehren, müssen Sie unbedingt die Thea von mir knuddeln, weil sie so warmherzig ist. Bei ihr habe ich geweint, weil ich nicht mehr laufen konnte. Da hat sie mich getröstet", schwärmt er.

Während viele seiner Altersgenossen sich eher ein Bein abhacken würden als ihre Tränen zugeben, spricht Theo voller Stolz und Glückseligkeit über seine Gefühle.

„Waren das die berüchtigten Pilgertränen?", frage ich vorsichtig.

„Ja, ohne sie kommt kein Pilger ans Ziel", klingt er jetzt plötzlich wie Konfuzius.

„Komisch. Bei mir kamen sie bisher nur einmal, aber nicht so richtig", wundere ich mich.

„Waaaas? Wirklich? Dann bist du wahrscheinlich ein sehr ausgeglichener Mensch", staunt Teo.

„Ich bin nur eine Norddeutsche mit Schilddrüsenunterfunktion. Vermutlich ist es das", entgegne ich trocken.

„Eine fatale Kombination", belustigt er sich. „Jetzt aber schnell einchecken, sonst verpassen Sie noch das Abendbrot, Frau Peters."

Schnell zahle ich meinen Unkostenbeitrag, werfe den Rucksack auf das Bett und folge der Lärmwolke zum modernen Glasanbau des Klosters, in dem sich der Essenssaal befindet. Das Buffet ist schon abgegrast, wahrscheinlich, weil innere Einkehr ebenso hungrig macht wie das Pilgern.

Ich mache einen großen Bogen um die zahlreichen Frauengruppen, deren Geschnatter mich jetzt schon nervt, obwohl ich nicht weiß, worum sich die Gespräche eigentlich drehen.

„Sie können auch drüben im Schweigezimmer Platz nehmen", liest die Küchenhilfe meine Gedanken.

„Danke", steuere ich entschieden auf die Glastür zu, welche die Welt in laut und leise teilt.

Warum in aller Welt bucht man einen Klosterurlaub, wenn man dann doch nur banales Zeugs plappert? Und warum sehne ich mich ausgerechnet jetzt nach Ruhe, wo mich doch die ganze Zeit die Einsamkeit plagte? Manchmal werde ich aus mir selbst nicht schlau.

Ich schließe die Tür hinter mir, tauche in einen See aus Stille und werde milder in meinem Urteil. Vielleicht haben sich die redseligen Damen zuvor in Kontemplation geübt und tauschen nun ihre Erfahrungen aus. Wer weiß?

Das Klappern des Bestecks verschwimmt allmählich zu einem Rauschen, das ich irgendwann nicht mehr als solches wahrnehme. Der Brummkreisel in meinem Kopf verlangsamt sich. Mein Blick ruht auf dem Teller. Stumm kaue ich jeden Bissen. Zu Hause habe ich oft am Computer gegessen und konnte hinterher nicht einmal genau sagen, wie das Essen eigentlich schmeckte. Heute genieße ich jeden Happen, kaue monoton wie ein Wiederkäuer das Gras und bin vollkommen glücklich dabei.

Kaum wieder im Freien, werde ich von einem erstaunlich jungen Mönch angesprochen.

„Ah, eine Pilgerin", begrüßt mich der attraktive Kuttenträger freundlich.

Man sieht es mir also an, denke ich und reiche ihm verlegen die Hand.

„Bruder Johannes", sagt er lachend.

„Dann sind Sie also der Chef", entfährt es mir.

Teo hatte nämlich eben voller Begeisterung von einem Bruder Johannes als seinem „Chef" gesprochen, dem jüngsten Klostervorsteher Deutschlands.

„Nun ja, Chef ist vielleicht nicht das richtige Wort dafür", räuspert er sich.

„Ich war vierzehn Jahre lang in diesem Kloster Mönch, bis ich von meinen Brüdern zum Abt gewählt wurde", erklärt er.

Mein Blick bleibt auf seinem Dreitagebart haften und schätze ihn auf vielleicht fünfunddreißig Lenze. Was ihn also als Zwanzigjährigen wohl dazu bewogen haben muss, Benediktinermönch zu werden?

Ein Mann vom Typ „Davidoff-Model" gesellt sich zu uns und strahlt wie ein Kind kurz nach der Bescherung.

„Haben Sie Dank für diese wundervolle Andacht. Ihre Worte und die Orgelmusik haben mich tief berührt", schüttelt er die Hand des Priors.

„Orgelmusik haben wir nur selten in unserer Messe und ist auch für mich etwas Besonderes", entgegnet der Geistliche bescheiden.

„Wie gefällt Ihnen Ihr Kurs, Lars?", wechselt er gekonnt das Thema.

Der graumelierte Einmeterneunzigtyp, der in seinem Poloshirt und seinen Designerschuhen eher wie der Gewinner eines Golfturniers aussieht, steigt gerne darauf ein und berichtet von seinen Empfindungen während seines Kurses im Bogenschießen.

Sofort kommt mir Eugen Herriegels Buch „Zen in der Kunst des Bogenschießens" in den Sinn. Ich las es während meines Musikstudiums, um mein Lampenfieber durch absichtsloses Tun zu ersetzen. Dies gelang mir bis zum letzten Tag als Profimusikerin nicht, aber vielleicht ist mein Zen-Weg ja auch noch nicht zu Ende. Selbstverständlich haben es die beiden Männer ebenfalls gelesen und reden in hübschen Worthülsen über ein Thema, das man nicht bereden, sondern nur erfahren kann. Und gerade als Mr. Poloshirt ansetzt, das Wort „Absichtslosigkeit" genüsslich zu deklamieren, jagen zwei Polizeiautos mit Blaulicht und ordentlichem Tatütata an uns vorbei.

„Läuft hier der Tatort Kloster Nütschau?", brülle ich in den Klang des Martinshornes hinein.

„Ist ein heißes Pflaster, dieser Storman-Kreis", lacht der Chef.

„Sagen Sie, Bruder Johannes, ich bin auf der Suche nach einem jungen, gutaussehenden Mönch, groß, schlank, blond", kommt eine unscheinbare Dame mittleren Alters auf Bruder Johannes zugelaufen.

Ich wusste gar nicht, dass ein Konvent auch als Partnerbörse dienen kann, quasi als eine Art „Holy Parship". Alle elf Minuten verliebt sich ein gläubiger Single über „Holy Parship", dichte ich schon mal den passenden Werbeslogan.

„Das könnte Bruder Benedikt sein. Der passt auf Ihre Beschreibung und sieht auch gut aus. Nur wo sich der Bruder gerade befindet, weiß ich nicht", weckt mich der Klostervorsteher mit schelmischen Lausbubenlachen aus meinem Tagtraum.

„Haben Sie vielen Dank", verabschiedet sich die Suchende und rennt davon wie ein aufgescheuchtes Huhn.

Wie es aussieht hat sie noch keine innere Ruhe gefunden. Aber das ist auch schwer bei diesen attraktiven Ordensbrüdern. Unterdessen haben die beiden Adonisse wieder ihren Gesprächsfaden aufgenommen und plaudern nun über das Pilgern. Mr. Polo ist schon auf dem Camino del Norte gewandert, dem nicht so überlaufenen, spanischen Küstenweg und legt uns diesen als Alternative zum Camino Francés wärmstens ans Herz. Ich hingegen schweife gedanklich ab und frage mich, was die aufgescheuchte Dame wohl von Bruder Benedikt gewollt haben könnte.

„Und danach habe ich dann als Seelsorger gearbeitet", beschließt Mr. Polo seinen Monolog.

Doch im Gegensatz zu mir hat Bruder Johannes aufmerksam zugehört.

„Und? Warum hast du dich auf den Weg gemacht?", möchte er jetzt von mir wissen.

„Pffff", atme ich aus. „Das muss ich wohl noch herausfinden", antworte ich achselzuckend.

„Komm doch in die Komplet. Vielleicht kommen dir da ein paar gute Gedanken", schlägt Lars vor.

„Ich bin aber nicht getauft", wende ich ein. „Und da wo ich herkomme ist katholisch eher ein Schimpfwort", bekenne ich mit gesenktem Haupt.

„Na das muss ja eine schlimme Gegend sein", hebt Bruder Johannes seine linke Augenbraue.

„Ja, Nordvorpommern ist berüchtigt", bestätige ich.

„Während du das erzählst, muss ich an einen Bruder von uns denken. Er musste zu DDR-Zeiten aus der Kirche austreten, weil er sonst nicht hätte studieren dürfen. Nach seiner Ausreise trat er dann in unseren Orden ein und ist seitdem ein zufriedener Mönch. Nur das unabgeschlossene Studium bedauert er heute noch", erzählt der Geistliche betroffen.

Lars berichtet von seiner besonderen Pilgerschaft durch das „grüne Band" über die grüne Grenze und von dem beklemmenden Gefühl am Todesstreifen.

„Ich habe ein Kloster auf der Ostseite besucht, das zu DDR-Zeiten ein helles Kreuz auf dem Dach hatte, damit es beide Seiten sehen konnten."

„Doll", zeigt der Chef ein schelmisches Grinsen.

Dann kommt Teo aus dem Jugendhaus auf seinen „Chef" zu gelaufen und umarmt ihn wie einen Vater.

„Wie ich sehe, hast du unserer Pilgerin schon von unserem Abenteuer erzählt", sagt er mit gütiger Stimme und lässt seine Hände in die Bauchtaschen seines Habits verschwinden.

„Er hat mir sogar die Adressen der nächsten Herbergen gegeben", erzähle ich freudig.

„Schön", klopft ihm der Chef auf die Schulter. „Kümmerst du dich um die Kerze für die arme Seele?", fragt er plötzlich. „Du weißt, sie muss zwei Tage und zwei Nächte brennen", erklärt er.

„Mach` ich", nickt Teo seinen Auftrag ab.

Während ich mit einem Ohr dem Gespräch der beiden lausche, mutmaßt Lars über das Wetter. Zu gerne wüsste ich, wer diese arme Seele ist und wie ihr ausgerechnet eine Kerze helfen soll.

„So, jetzt müssen wir aber los, Teo", mahnt der Prior plötzlich zum Aufbruch.

„Wir spielen nämlich jeden Abend vor der Komplet noch ein Ründchen Kicker", räumt er ein.

Lars verabschiedet sich eilig, und die beiden Tischfußballer verschwinden im Jugendhaus. Ich schlurfe unschlüssig hinterdrein, sehe die beiden hinter der Scheibe wild gestikulieren und höre ihren Torjubel.

„Neeeeiin", brüllt Teo.

„War ein ganz knapper Sieg", tröstet der Chef.

„Das war aber ein engagiertes Match", applaudiere ich.

„Ach, das war doch noch gar nix. Manchmal brüllen wir sogar noch lauter", keucht Teo.

Dann schellt ein Glöckchen.

„Oh, jetzt muss ich aber los", eilt der Bruder von dannen.

Ich krame meine Flip Flops aus dem Rucksack und trabe hinüber zum Hauptgebäude, wo ich das Abendgebet vermute. In den leichten Sommertretern friere ich und darüber hinaus fühle ich mich für eine Messe inadäquat gekleidet. Warum nur habe ich keine Wechselschuhe mitgenommen, fluche ich innerlich. Ach ja, richtig, mein Rucksack war zu klein, und jetzt habe ich den Salat.

Darüber leicht zerknirscht folge ich dem Duft des Weihrauchs in den überraschend modernen Gebetsraum. Ein Mönch, der aussieht wie Sean Connery in „Der Name der Rose", ist noch später dran als ich. Ich halte ihm die Tür auf, er huscht hinein.

„Danke", dreht er sich noch einmal zu mir um, bevor er seinen Platz seitlich des Altars einnimmt.

Doch keiner seiner Brüder scheint von seiner Verspätung Notiz zu nehmen. Sie scheinen ganz in ihren Gebeten versunken. Ich suche mir einen Platz in der letzten Reihe, achte aber darauf, dass ich trotzdem alles sehen kann. Ich bin nämlich neugierig wie ein Dorfkind, das gleich etwas Neues erleben darf.

Der Gebetsraum selbst ist ein schmuckloser Saal, dessen Fenster mit bunten Glassteinen versehen sind. Der von Holzbänken umsäumte Altar ist ebenfalls schlicht gehalten. Ein paar Teelichter dienen als einzige Lichtquellen, und der Weihrauch reizt zum Niesen. Rechts und links vom Altar sitzen je fünf Mönche. Ein paar verspätete Besucher benetzen ihre Stirnen mit Wasser und verbeugen sich tief. Einer sinkt sogar auf die Knie. Ein junger Bruder von vielleicht fünfundzwanzig Jahren kommt nach vorn und entzündet eine Kerze, woraufhin ein elektrisches, aber warmes Licht angeht. Ein paar Reihen vor mir erkenne ich die hochaufgeschossene Silhouette von Lars im Dämmerlicht wieder. Der junge Mönch mit der Kerze stimmt einen Gebetsgesang an, wirkt aber mit seiner schwarzen Hornbrille, dem ernsten Blick und dem akkuraten Kurzhaarschnitt eher wie ein Diplomingenieur als ein Vorsänger.

Der Chor, bestehend aus den anderen neun Benediktinerbrüdern singt ein musikalisches Echo, allerdings einen Halbton tiefer. Sofort ertappe ich mich dabei, eher auf die Musik als auf den Inhalt des Gebets zu achten. Ein Musikstudium ist aber auch ein Fluch!

Immerhin hat der Ingenieur einen angenehm weichen Tenor, der konsequent einen Halbton höher singt als der antwortende Chor. Vor lauter Krittelei verpasse ich die eben angesagte Nummer im Gesangbuch und bin weiterhin zum Zuhören verdammt.

Dann erhebt sich Bruder Johannes, dessen schlanke Gestalt ich sofort wiedererkenne und stimmt einen weiteren Psalm an, der fließend in ein gesprochenes Gebet übergeht. Der Prior spricht von uns Menschen als „armen Sündern“, die den Herrn um Vergebung bitten sollen. Die gesungene Antwort des Chores klingt so intensiv, dass ich eine Gänsehaut bekomme, obwohl ich dieses „Arme-Sünder-Thema“ sonst eher abschreckend finde. Plötzlich erheben sich alle. Bruder Johannes spricht ein letztes Gebet, und die gesamte Gemeinschaft begibt sich in den Vorsaal. Die meisten nehmen wieder ein paar Tropfen Wasser, bevor sie sich im Kreis vor einer Marienstatue versammeln. Bruder Johannes lächelt mir zu, und ich verstecke mich hinter Lars. Doch der ist so in sich versunken und bekommt das alles nicht mit. Der BWL-Mönch stimmt einen weiteren Gesang an – eine Art „Vater Unser“ der Katholiken, das alle kennen, außer mir. Eine dicke Frau, die sich zwischen Lars und mich quetschte, murmelt es laut und inbrünstig. Ich möchte ihn unbedingt nach allem hier befragen, aber er verschwindet schnell hinter einer Tür, die vermutlich ins Hauptgebäude führt. Gut, dann frage ich eben die textsichere „Dicke" neben mir.

„Für jeden Wochentag gibt es einen Psalm", flüstert sie mit gütiger Stimme, während der Prior ein Weihrauchfass schwenkt.

„Gute Nacht", beendet er mit schlichten Worten die Zeremonie.

Eine Frau stürmt auf ihn zu und redet wirres Zeug mit polnischem Akzent. Das muss die Frau sein, für die die Kerze zwei Nächte lang brennen muss, denke ich. Vorhin hatte ich Teo und seinen Chef dahingehend belauscht, dass die beiden selbst nicht recht wissen, wie sie mit ihr umgehen sollen, und jetzt bedaure ich den Umstand, dass die Türen des Jugendhauses keine Schlüssel haben. Ich lege nämlich keinen gesteigerten Wert auf Besuch von einer Verwirrten heute Nacht.

Zurück in der Küche des Jugendhauses entzünde ich eine Kerze für sie und vielleicht auch ein bisschen für mich. Innerlich aufgewühlt, versuche ich das eben erlebte im Tagebuch festzuhalten. Manchmal sortieren sich ja die Gedanken beim Schreiben.

„Wie gemütlich", kommt der Prior zur Küchentür herein. „Tagebuch schreiben bei Kerzenschein, das ist Pilgern", schwärmt er.

„Willste ein Bier?", öffnet er den Kühlschrank und köpft eine Flasche. „Wir haben auch Tee und Wasser", erwidert er entwaffnend lächelnd auf meinen entgeisterten Blick.

„Danke, ich nehme den Tee", antworte ich verlegen.

Ich traue mich nicht, in seiner Gegenwart ein Bier zu trinken, obwohl ich dem Gerstensaft sonst nicht abgeneigt bin.

„Ich wusste gar nicht, dass Geistliche Alkohol trinken", plappere ich und schäme mich noch im selben Moment dafür.

„Jesus hat den Wein geliebt und sogar aus Wasser Wein gemacht", trocknet er seine Hände mit dem Geschirrhandtuch.

Es ist ein komisches Bild: ein Mönch an der Spüle mit einem Bier in der Hand.

„Damals ging es schon recht weltlich zu", gesellt sich Teo hinzu und beendet den wundersamen Moment.

„Was waren das eigentlich vorhin für Gesänge", wechsele ich das Thema.

„Psalmen", antwortet der Prior. „Es gibt einhundertfünfzig Stück, und jeder Wochentag hat bestimmte Psalmen für eine bestimmte Tageszeit."

„Der Vorsänger hat eine tolle Tenorstimme", lobe ich.

„Das ist Bruder Eliah. Der macht das ganz wunderbar", lobt der Chef.

„Und der Antwortgesang soll einen Halbton tiefer klingen?", frage ich verlegen.

„Nein, nein, das soll nicht so sein", lacht der Prior laut auf. „Der Plan war schon, dass wir in der selben Tonart antworten, aber leider sacken wir immer wieder ab", bekennt er.

„Lasst das ruhig so. Es klingt erfrischend exotisch", tröste ich. „Und, dass alle wussten, wann sie aufstehen mussten", staune ich weiter.

„Da gibt es ein System dahinter. Ich weiß nur nicht mehr welches", amüsiert sich Theo.

Der Prior erklärt es, aber ich verstehe es noch immer nicht so ganz.

„Hast du noch Zeit für ein Match?", fragt Teo vorsichtig.

„Klar, ist doch erst halb zehn", bejaht er.

Jetzt legen die beiden erst richtig los, brüllen „neeeeiin" und „aaaahh" und „oooooh".

„Super gespielt", lobt der Chef, der das Match knapp gewinnt.

Ich schreibe wieder, und der Prior sieht mit spitzbübischem Lächeln zu mir herüber – fast so, als ob er ahnte, dass ich gerade über ihn schreibe.

Sie starten ein weiteres Match, der kleine, weiße Hartball ploppt hell von Bande zu Bande, der ganze Tisch wackelt. „Ooooh", ruft es, dann rumpelt es wieder.

„Na gut, ein Abschlussspiel noch", lässt sich der Prior breitschlagen, bis sich die beiden ein letztes Mal abklatschen.

Jetzt bin ich allein, zünde eine Kerze an und bete, dass die Umnachtete nicht kommt.

Sonntag, der 16. August: Heiliges Bettle (Kloster Nütschau - Nahe, 18 km)

Kurz vor fünf. Fröhliches Männergelächter vor meinem Fenster weckt mich. Ich meine, Bruder Johannes` Stimme zu erkennen und schlummere wieder ein, bis die Morgenglocke mit unermüdlicher Penetranz zur Laudes ruft. Da muss man ja zwangsläufig gläubig werden bei diesem Lärm. Ich versuche mich mit einer eiskalten Dusche zu wecken. Es klappt aber nicht. Ansonsten ist das Szenario das Gleiche wie gestern Abend: In Flip Flops hinüber zur Messe schlurfen, sich dafür schämen und nicht recht wissen, warum ich dort sitze – und täglich grüßt das Murmeltier. Der Gedanke, dass selbst ein Leben in Klausur irgendwann zum Alltag werden kann, hat etwas Tröstliches. Überall muss man es mit sich selbst aushalten. Mein Blick schweift nach vorne zum Altar. Instinktiv prüfe ich die Vollständigkeit und stelle fest, zwei Brüder fehlen. Außerdem sitzen heute Morgen nur fünfzehn Gäste im Gebetssaal. Wie es die anderen geschafft haben, trotz Glocke zu schlafen ist mir ein Rätsel.

Der Sean Connery-Mönch schnäuzt sich lautstark, was in der Kirche lange wiederhallt. Danach geht es sinngemäß um Christi Leib und Christi Blut – alles wieder hübsch verpackt im gesungenen Call und Response-Prinzip, doch diesmal mit erheblich weniger Tonschwankungen. Ob der Prior heute Nacht noch eine Probe angesetzt hat?

Die zwei fehlenden Brüder trudeln ein, nehmen ohne Anzeichen von Reue Platz. Einer reibt sich vor Müdigkeit die Augen.

Von alledem unbeeindruckt stimmt Bruder Johannes einen Gesang ein. Seine Stimme klingt ein wenig kratziger, als die von Eliah, aber dafür so hell wie die eines Fünfzehnjährigen. Vorne in der ersten Reihe erkenne ich auch Lars aufrechte Silhouette wieder. Ich kämpfe mit dem Schlaf, muss ständig das Gähnen unterdrücken und weiß nicht recht, wohin mit meinen Händen – sehr anstrengend dieses Opus Dei!

Die Laudes ist überstanden, ich lege mich wieder ins Bett, gehe erst nach dem letzten Weckerklingeln hinüber zum Frühstück und setze mich diesmal gleich in den Raum für Einzelgäste. Die Gruppen sind mir schon zu sehr in viel zu angeregte Gespräche verstrickt. Wahrscheinlich haben sie ein paar Tassen Kaffee Vorsprung.

„Ist hier noch frei?", beendet eine ältere Dame mit kurzen Haaren und roter Schlabberhose meine Einsiedelei.

„Klar", verweise ich auf die fünf freien Plätze am Tisch, während ich „quatsch mich bloß nicht voll" denke.

„Gut, dann komme ich gleich zu dir, und meine Freundin auch", schlurft sie zum Buffet, während ich mich frage, welchen Kurs die beiden wohl besuchen?

Töpfern im Dunkeln? Backen ohne Fett?

„Hallo", drückt mir eine schlaksige, braungebrannte Dame herzhaft die Hand „Bist du eine Pilgerin?"

„Ihr etwa auch?", frage ich verdutzt.

„Ja, ich bin Hedi", antwortet sie. „Und das ist meine Freundin Bicki."

„Ihr seid die ersten Pilger, die ich seit Swinemünde treffe. Endlich!", begrüße ich die beiden überschwänglich.

„Ja, in Norddeutschland ist alles ein bisschen anders“, schiebt Bicki ihre Brille zurecht. „In Frankreich und in der Schweiz ist die Infrastruktur erheblich besser, zumindest was die Herbergen und die Beschilderung angeht.“

„Und was führt euch dann ausgerechnet auf die Via Baltica?“, frage ich frech.

„Eigentlich wollten wir unsere Tour vom letzten Jahr fortsetzen, von München aus über Frankreich bis nach Spanien, aber dann wurde meine Mutter krank“, seufzt Hedi.

„Aber ganz verzichten auf das Pilgern wollten wir auch nicht, also haben wir einen Jakobsweg in Deutschland gesucht und diesen hier gefunden“, ergänzt Bicki.

„Habt ihr euch in Schönberg ins Gästebuch eingetragen?“, erkundige ich mich.

„Kann sein. Es gibt ja leider nicht so viele Gästebücher hier und überhaupt wird man auf anderen Wegen mehr begleitet“, räumt Hedi ein.

„Ist das denn so wichtig?“, frage ich naiv.

„Für mich schon“, gesteht sie. „Nächstes Jahr geht es wieder nach Frankreich.“

Da es für mich vollkommen in Ordnung ist, nicht „betreut“ zu werden, ich aber auch keine Lust auf eine anstrengende Diskussion habe, lenke ich das Gespräch schnell auf das Lieblingsthema eines Spießers.

„Und was macht ihr beruflich?“, frage ich, obwohl ich weiß, dass das die dämlichste aller Frage aller Zeiten ist.

Seltsamerweise gucken die beiden nicht böse.

„Lehrerin für Chemie und Biologie“, seufzt Hedi.

Ich verstehe vollauf, doch von irgendetwas muss der Mensch ja schließlich leben.

„Tröste dich, ich unterrichte auch, aber bloß Musik“, winke ich ab.

„Da wünsche ich uns beiden herzliches Beileid“, schüttelt mir Hedi kondolierend die Hand.

„Aber warum denn?“, wendet Bicki ein. „Wenn du Musikerin bist, dann bist du ganz nah bei Gott. Musik und Spiritualität sind nämlich Verwandte, musst du wissen. Ich spiele übrigens Bratsche in einem Laienorchester. Dieser Haufen ist mein Leben, und Hedi spielt Cello.“

„Ich habe zwölf Spielzeiten in verschiedenen Profiorchestern hinter mir und bin eigentlich ganz froh, nicht mehr auf Knopfdruck perfekt spielen zu müssen“, gestehe ich. „Aber ich kenne noch das irre Gefühl aus Jugendorchestertagen, wenn man jeden Ton genießt. Irgendwann in der fünfzigsten Fledermaus-Vorstellung habe ich dieses Gefühl wohl verloren“, bekenne ich wehmütig.

Die beiden sehen mich mit großen Augen an und gucken ganz betreten.

„Entschuldigt, ich wollte euch nicht traurig machen. Glaubt mir, es ist alles gut so wie es ist. Sonst hätte ich niemals die Zeit, fünf Wochen am Stück zu pilgern und hätte euch somit niemals kennengelernt“, zwinkere ich den beiden zu, und endlich zeigt sich auch ihr Lachen wieder.

Notiz an mich selbst: Andere Leute nicht mit meiner Biografie verschrecken!

„Musik ist Lebenselixier für mich. Das war das Erste, wonach ich im Bewerbungsgespräch gefragt habe, ob es in der Stadt auch Laienorchester gäbe. Nur für die Arbeit kann ich nicht leben“, sagt Hedi, während Bicki ihre Zustimmung in ihren Kaffeebecher nickt.

„Noch mehr als die Musik liebe ich die Stille“, räume ich ein.

„Und das Pilgern“, flötet Hedi. „Die Freiheit, die Bewegung, die Natur ...“

„... und der Duft von Hirschtalg“, schwärme ich.

„Unschlagbar“, kichern die beiden und erkundigen sich ganz mütterlich wie ich denn alleine zurechtkäme.

Ich berichte von Tanya und Inga, meiner anfänglichen Einsamkeit und meinen navigatorischen Unsicherheiten, verschweige aber auch meinen Disput mit Inga und meine Aversion gegen das Vorbuchen nicht.

„Och, das ist ganz normal. Am Anfang haben wir uns schon auch oft gezofft“, schmunzelt Hedi. „Doch jetzt haben wir uns eingepilgert und laufen, im zunehmenden Konsens still und friedlich nebeneinander her.“

„Bei uns war es übrigens genau anders herum“, lacht Bicki. „Wir haben anfangs alles genauestens geplant und erst auf dem Weg gelernt, spontan zu sein.“

„Da war dieser Tastgarten in Lassan. Kennst du den?“, fragt Hedi.

„Und ob“, schnaufe ich. „Da hatte ich meinen ersten Pilgerburnout.“

„Wie viele hattest du denn?“, belustigt sich Bicki.

„Bisher nur anderthalb, aber wer weiß, was noch kommt“, antworte ich lakonisch.

„Jedenfalls haben wir uns in dieses Fleckchen Erde verliebt, ließen unser Quartier sausen und blieben länger dort“, führt Hedi fort.

„Natürlich hatten wir eine heftige Diskussion darüber, ob es richtig sei, das Quartier einfach abzusagen, bei diesem Mangel an Herbergen“, räumt sie ein. „Doch die wichtigste Lektion eines jeden Weges ist doch, zu lernen auf das zu vertrauen, was kommt, Ungewissheiten auszuhalten und ganz im Jetzt zu leben.“

„Klingt schwer nach Eckhard Tolle“, seufze ich. „Auf meiner Italienreise konnte ich das besser. Da gab mir mein Moped die Freiheit, wegzufahren, wenn es mir nicht gefiel. Doch als Pilger bin ich auf meine bescheidene Muskelkraft angewiesen und ganz auf mich selbst zurück geworfen. Ich fühle mich so was von an der Basis, fast so wie ein Tier, das triebhaft nach Nahrung und einer sicheren Bettstatt sucht", seufze ich.

„Aber das ist ja das Faszinierende daran. Immer wieder musst du dich auf etwas Neues einstellen. Nie weißt du, was dich erwartet", wendet Bicki lachend ein.

„Besonders hier im Norden. Hier hängen die Jakobsmuscheln sogar manchmal falsch herum", lacht sie. „Dabei muss die Spitze der Muschel eigentlich in Richtung Santiago de Compostela zeigen."

„Die gelben Pfeile wären eigentlich vollkommen überflüssig, wenn man nur die Muscheln richtig ausrichten würde", lästert Hedi.

„Anfangs haben wir uns deswegen oft verlaufen", gesteht Bicki. „In der Schweiz findest du den Weg blind, so gut ist er dort ausgeschildert. Und in Frankreich sind wir manchmal sogar im Peloton gepilgert, so groß war der Andrang."

„Da siehst du abends Manager in Anzügen vor der Herberge sitzen, weil sie sich ihre Koffer hinterher fahren lassen. Ein ganz ekliger Tourismus ist das", rügt Hedi. „Aber toll, dass es in dieser schönen Gegend überhaupt einen Jakobsweg gibt", räumt sie nun mit milderer Stimme ein.

„Die Via Baltica ist ja auch erst vor ungefähr zehn Jahren wiederbelebt worden. Hier im Norden wissen viele noch nicht einmal, was pilgern überhaupt ist", gebe ich zu bedenken und erinnere mich schmunzelnd an die Joggerin, die Pilger mit Pflegern verwechselte.

„Stimmt, im Süden hat die Wallfahrt eine ganz andere Tradition", pflichtet Hedi bei.

„Und warum hast du dich auf den Weg gemacht, Nati?", fragt Bicki plötzlich.

„Ich wollte meine Heimat aus einer anderen Perspektive erleben", antworte ich, wobei ein ganz kleiner Teil in mir den Grund dieser wahnwitzigen Unternehmung immer noch anzweifelt.

Ich hole eine neue Kanne Kaffee, und die vielleicht fünfzigjährige Hedi listet die Stationen ihres Lebens auf: Kanada, Zwickau, München, und überall war ihr Cello mit dabei. Bicki stammt ursprünglich aus dem Sauerland, das sie selbst aber als ‚eher spießig' bezeichnet und lebt jetzt wesentlich entspannter im südholländischen Leiden. Einmal im Jahr treffen sich die beiden Freundinnen zum gemeinsamen Pilgern mit dem großen Ziel Santiago de Compostela.

„Die Via Baltica ist ein hübscher Umweg für uns, noch etwas unerschlossen aber wunderschön", wendet sich Bicki zum Gehen, tippt ihrer Freundin auf die Schulter und stimmt ein Liedchen an:

„Tous les matins nous prenons le chemin. Tous les matins nous allons plus loin. Jour après jour la route nous appelle, c´est la voix de Compostelle. Ultre-e-ia, Ultre-e-ia, et Suseia, Deus, adjuva nos!“, ziehen die beiden singend von dannen.

„Vielleicht sieht man sich ja in Nahe“, winke ich ihnen zu, aber die beiden Lerchen sind längst schon hinter der Glastür verschwunden.

So ist das also, das Leben in den spanischen Albergues: Auf Holzbänken sitzende fröhliche, braungebrannte Grüppchen leeren schunkelnd ihren Wein und verschmelzen dabei zu einer eingeschworenen Gemeinschaft, weil ihre Erlebnisse so besonders sind. Oberflächliche Gespräche ergeben erst gar nicht, weil Belanglosigkeiten auf dem Weg nicht zählen. Recht freudlos mag dagegen das Pilgern auf Norddeutsch erscheinen. Doch für den Erstkontakt mit dieser obskuren Art des Reisens, bin ich zufrieden so, wie es gerade ist.

Zurück im Jugendhaus verabschiede ich mich von Teo.

„Vielleicht führt dich dein Weg ja mal wieder zurück nach Nütschau“, unterbricht er sein Gespräch.

„Ja, vielleicht“, rufe ich zurück und schlage mit einem Stich im Herzen die Tür hinter mir zu.

Kann man einen Ort vermissen, den man noch gar nicht richtig kennt?

„Gehen wir ein Stück zusammen?“, fragt eine Frauenstimme.

Sie gehört der Dame, Mitte vierzig und weiß gekleidet, die ich eben mit Teo am Tresen plaudern sah.

„Ok“, zucke ich mit den Schultern wie ein Siebtklässler, der gerade einer Einladung ins Kino zugestimmt hat und denkt, warum nicht.

„Ist ja nur bis Tralau“, fügt sie entschuldigend hinzu.

Grund hierfür scheint ihr immenser Redebedarf zu sein, denn in den wenigen Kilometern gibt sie sehr viel von sich Preis: Geschieden, zwei Kinder, zweiundzwanzig Jahre Ehe mit einem Surfertypen, der die Familie vernachlässigte, was sie wiederum mit Marathonläufen und anderen irrsinnigen Sportarten zu kompensieren suchte. So schlank wie sie ist, nehme ich ihr jeden Marathon ab. Dann kam der Krebs, und sie verlor ihre langen Haare.

„Der Stress mit meinem Mann hat mich nach Nütschau geführt“, gesteht sie. „Alle Frauen, die ich hier treffe, haben Stress mit ihren Männern. Scheiß Männer!“, flucht sie.

„Scheiß Männer“, bestätige ich ihr, und ich frage mich, ob jeder Klosterbesucher etwas derartig Schlimmes zu verarbeiten hat.

Anja empfiehlt mir die Herberge im Hamburger Schanzenviertel und das Kino 3001. „Wenn ich am Kino vorbeikommen sollte, werde ich an dich denken“, nehme ich die Fremde zum Abschied in den Arm.

Sie weiß zwar nichts von mir, aber das spielt auch keine Rolle. Ich hätte sowieso nichts zu erzählen gehabt. Längst hat der Weg eine schweigsame Frau aus mir gemacht.

Wieder allein denke ich an Teo, der kürzlich sein FSJ verlängerte, weil er sich so wohl in Nütschau fühlt. Bruder Johannes ist es egal, ob Teo getauft ist oder nicht. Für ihn ist er kein Atheist, sondern einfach ein geliebter Mensch, der im Kloster angekommen ist. Anja nicht, sie ist nur auf der Durchreise, schöpft Kraft für das Kommende und ist damit auf ihre Weise auch ein Pilger. Auch ich möchte auftanken, aber weniger spirituell, sondern ganz irdisch im nächsten Gasthaus. Laut Gisela soll sich eines im nahegelegenen Grabau befinden.

„Huuuuhuuu", ruft mir von dort aus ein fröhliches Duo entgegen.

Es sind Bicki und Hedi, die sich im Biergarten des Dorfkruges an Gerstensaft und fangfischen Forellen laben.

„Setz dich doch zu uns", flötet Bicki, die im Gegensatz zu mir, aussieht wie das blühende Leben – ohne einen Schweißtropfen auf der Stirn.

Ich habe mal irgendwo gelesen, dass nur die Unsportlichen schwitzen. Die Fitten bleiben trocken, und während ich noch mit meinen Ausdünstungen zu kämpfen habe, bemühen die beiden, immer noch fasziniert von Bruder Johannes, ihre Smartphones, um zu erfahren, was ein Priorat denn so genau ist.

„Prior, lateinisch der Erste, ist der Vorsteher eines katholischen Klosters", verliest Hedi.

„Katholisch oder nicht, der Mann ist erleuchtet", schwärme ich. „Schade, dass er schon an den Herrn vergeben ist."

„Weißt du schon, wo du heute Nacht schläfst?", unterbricht Bicki meine Schwärmerei.

„In Nahe", entgegne ich. „Kommt doch mit, die gute Frau Pfadler hat bestimmt noch ein Bettchen für euch frei", schlage ich vor.

„Ist eine Überlegung wert", lupft sie ihre Brille.

Dann kommt die Kellnerin mit den Nudeln.

„Wie willst du denn danach weiter pilgern?", fragt die gertenschlanke Hedi entgeistert. „Da rollst du ja nach Nahe."

„Ob ich nun vollgefressen daher humple oder mit einem Loch im Magen, spielt bei mir absolut keine Rolle. Ich quäle mich sowieso", wende ich mich meiner Eierteigware zu.

Am Nachbartisch sitzt eine ältere Dame, die die beiden aus dem Kloster kennen.

„Sie war mit ihrer Enkelin auf der Via Baltica unterwegs und musste ihre Tour hier in Grabau abbrechen. Das war tragisch", flüstert Bicki, als die besagte Frau auf uns zu gelaufen kommt.

„Nehmt! Heute ist Sonntag, da hat nichts auf", legt sie eine Packung Pumpernickel auf den Tisch und setzt sich zu uns.

Offenbar ist sie mit den beiden bekannt und eröffnet sofort das Gespräch. Die Hamburgerin ist pilgersüchtig und wollte ihrer Enkelin diese Faszination nahe bringen. Dieses Vorhaben konnte nur scheitern, denke ich. Eher würden Pubertierende zwei Stunden ohne WLAN verbringen als eine Woche lang mit ihrer Oma zu wandern.

„Ich verstehe das Kind einfach nicht", klagt sie. „Das Pilgern tut doch so gut", seufzt sie.

„Für ein Mädel in ihrem Alter ist das ungefähr so interessant wie für uns das neue Pokémon Go", übersetze ich.

„Was ist denn das?", fragt sie verdutzt.

„Ein brandheißes Computerspiel", erkläre ich langmütig.

„Das kann man doch gar nicht vergleichen", empört sie sich.

„War ja nur ein Versuch. Es tut mir leid, dass Sie Ihre Tour abbrechen mussten", entschuldige ich mich.

Wer will schon Ratschläge von einer Lehrerin hören? Ich verstehe das, schon gut.

„Danke. Aber wir Pilger sagen: Du", entgegnet sie, „Ist wohl dein erstes Mal, was?"

„Merkt man das?", erstaune ich mich.

„Das Greenhorn steht dir förmlich auf der Stirn geschrieben", neckt mich Hedi.

„Auf jeden Fall hast du dir da zum Anfang gleich einen schweren Weg ausgesucht", stellt die Dame fest. „Abenteuerliche Beschilderung, magere Herbergsdichte und insgesamt eine schwache Infrastruktur gestalten das Spontanpilgern schon recht schwierig. Da nützt auch das platte Land nichts", verabschiedet sich die Pilgerbegeisterte, besteigt einen Mittelklassewagen und rauscht davon.

Obwohl sie mir schon fast ein kleines Bisschen leid tut, verstehe ich nicht, warum ihre Enkelin ausgerechnet diese geriatrische Fortbewegungsform mögen soll. Wenn es mir als weise Frau jenseits der Dreißig schon manchmal schwerfällt, diese ausreichend zu würdigen, wie muss es dann erst einem weiblichen Teenager ergehen, der sich auf gar keinen Fall die Nägel ruinieren darf.

„Ich kann die Kleine voll und ganz verstehen. Das ist doch viel zu einsam für eine Heranwachsende", bemerkt Hedi, als der Wagen um die Ecke biegt.

„Ich war sogar so einsam, dass ich angefangen habe, Spuren zu lesen. Wie soll das eine Dreizehnjährige aushalten?", bestätige ich.

Dass ich mich sehr lange nach dieser Begegnung gesehnt habe, verrate ich den beiden lieber nicht. Sonst halten sie mich noch für eine Irre.

„Also, vielleicht sieht man sich ja in Nahe", klopft mir Hedi zum Abschied auf die Schulter – fast so, als hätte sie meine Gedanken gelesen.

Treudoof winke ich den beiden hinterher, während ich mich frage, ob ich mich nicht besser ins hiesige Wirtshaus einmiete und bis zum Ferienende durchschlafe, bevor mich diese Pilgerei noch ganz kirre macht. Ich verwerfe den Gedanken, begleiche meine Rechnung und setze meinen Weg fort, behalte diese Variante aber als Plan B im Hinterkopf.

„Eine Pilgerreise, das ist ja toll", ruft ein Opa über den Jägerzaun und strahlt mich an, als hätte er eben im Lotto gewonnen.

Ich zucke mit den Achseln und hebe meine Mundwinkel zu einer Art Lächeln.

„Buen camino", krächzt er. „Ich habe das Buch von dem Kerkeling gelesen, aber glauben Sie mir, hier ist es viel besser. Ist doch viel zu voll da drüben in Spanien, nech?"

„Jupp", winke ich kurz und gehe weiter.

Schon der zweite hier drüben im Westen, der Pilgern unglaublich toll findet, wogegen es in der „Zone" niemanden interessiert, ob du mit einer Jakobsmuschel am Rucksack durch die Pampa schleichst. Egal, ich befinde mich noch im Nudelkoma und bin viel zu träge, um irgendwelche Unterschiede zwischen Ost und West zu reflektieren. Vielleicht hätte ich doch lieber einen Salat nehmen sollen.

Hat man Grabau hinter sich gelassen, geht es mal wieder auf einem alten Bahndamm stur geradeaus. Ich mag diese Dinger nicht. Mannshohe Hecken verdekken die Sicht, dass man nicht in die Verlegenheit kommt, zu rasten oder gar die Landschaft zu bestaunen. Erst die nächste Ortschaft befreit mich aus dem Trott. Sülfeld heißt das verschlafene Nest und hat neben einer Landbäckerei noch einen herrlichen Schattenparkplatz unter alten Bäumen zu bieten. Ich kaufe Brötchen und Cappuccino und lege die Beine hoch. Wäre ich ein Ackergaul, müsste mich der Bauer jetzt zur Arbeit prügeln. Erst eine SMS von Frau Pfadler vermag die Pilgerstarre zu durchbrechen.

„Zwei Damen sind gerade angekommen. Wann kommen Sie?", erscheint ihre Nachricht auf meinem Display.

„Ich kenne die beiden und bin in Sülfeld“, schreibe ich zurück.

„Das meinen die Damen auch. Also immer auf dem alten Bahndamm weiter und guten Weg!“

Schmunzelnd stecke ich mein Mobiltelefon in die Tasche, stelle mir eine Oma mit Rüschenbluse und Dutt am Handy vor und laufe weiter. Ich darf die alte Dame nicht warten lassen. Bestimmt verpasst sie sonst noch „Rote Rosen“ oder „Sturm der Liebe“. Soweit darf es nicht kommen.

„Klock, klock, klock, klock“, hallen meine monotonen Schritte über den Schotter. Das Laufen ist des Pilgers Tagwerk. Daran habe ich nicht mehr viel auszusetzen und überlege, wo es als nächstes hingeht: Auf jeden Fall nicht auf den Camino Francés. So langsam wie ich bin, werde ich niemals eine Herberge finden und jede Nacht draußen mit giftigen Tieren verbringen müssen. Außerdem meinte die pilgersüchtige Dame vorhin, es gäbe so viele Jakobswege, da reichte ein Leben nicht und schwärmte ganz besonders vom Camino Portugues. Der sei nicht so überlaufen und viel ursprünglicher. Vielleicht wäre der eher etwas für mich.

Ich für meinen Teil hätte jedenfalls größte Lust, weit über meine Sommerferien hinaus pilgernd durch die Lande zu ziehen. Das Blätterdach über meinem Haupt setzt zu einer bestätigenden Laolawelle im Pappelstadion an. Eine vorzügliche Idee, raschelt es. Doch ich habe erst vor kurzem einen neuen Arbeitsvertrag unterschrieben und fühle mich dabei so wie ein Wellensittich, der zur halboffenen Tür seines Käfigs hinaus guckt und sich nicht traut zu fliegen.

An der erstbesten Bank inmitten eines Naturschutzgebietes zücke ich mein Tagebuch und sortiere meine Gedanken. Doch, schreibe ich, von mir aus könnte es gut und gerne noch eine Weile so weiter gehen.

An einer Recyclinganlage endet das Pappel-Idyll. Zum Glück sind es jetzt nur noch wenige Kilometer bis nach Nahe, wo sich das Gemeindehaus in einem unscheinbaren Klinker-Flachbau versteckt. Ich klingele. Eine Dame, die ich für Frau Pfadler halte, öffnet, während Bicki und Hedi fröhlich auf mich zu gelaufen kommen.

„Bist du geflogen?“, fragt Bicki.

„Wir sind erst seit einer Stunde da und ohne Pause durchgelaufen“, erklärt Hedi.

„Ich hatte heute einen extrem guten Tag, und meine Beine liefen wie von selbst“, entgegne ich froh und strecke der Hausherrin freudig meinen Pilgerausweis entgegen, woraufhin mir diese einen Eimer in die Hand drückt.

„Die sind aus dem Kirchgarten. Daraus könnt ihr Apfelmus kochen, wenn ihr wollt“, sagt sie und verabschiedet sich eilig.

Apfelmus reicht uns aber nicht. Wir brauchen jetzt etwas Herzhaftes, kehren in einer amerikanischen Bar ein, bestellen Chickenwings, Burger und eine Flasche Chardonnay.

„Und wie schätzt ihr als Pilgerprofis die Via Baltica im Vergleich mit anderen Jakobswegen ein?", frage ich neugierig, möchte ich doch eine echte Erfahrung hören, statt nur im Internet darüber lesen.

„Ab Rostock wird es richtig nett", lacht Hedi.

„Aber den Raum Tribsees sollte man meiden", wirft Bicki seufzend ein.

„Selbst Gisela schreibt, dass man diesen Ort getrost mit dem Bus umfahren kann", gebe ich lachend zu Protokoll.

„Aber alles in allem ist es doch ein beschwerdefreier, gut zu laufender Weg, vor allem, wenn man ihn mit dem Französischen vergleicht", erklärt sie.

„Dort lauern überall Bettwanzen, widerlich", flucht Hedi.

„Was sind denn das für Viecher?", frage ich mit neugieriger Abscheu.

„Parasiten, die in Betten leben und das Blut der Schlafenden saugen und ihnen somit einen fiesen, juckenden Hautausschlag bescheren", erklärt Hedi. „Einmal war es sogar so schlimm, dass wir Pilger zum Bürgermeister gingen und ihn baten, etwas dagegen zu unternehmen. Der organisierte prompt einen Eisschrank, in den wir unsere verseuchten Sachen einfroren, bis die Biester endlich tot waren und wohnten sogar beim ihm persönlich."

„Ja, wer in Frankreich pilgert, sollte Bettwanzen nicht scheuen", schließt Bicki lachend, und damit ist für mich auch La France aus dem Rennen.

„Auf Norddeutschland", erhebe ich mein Glas.

„Auf Norddeutschland", prosten sie zurück.

„Bloß wie wir das Hamburg-Problem lösen, ist mir noch unklar", seufzt Bicki.

„Der ÖPNV wird die Sache für mich klären", grinse ich. „Meine Ferien nähern sich dem Ende, und ich sehe nicht ein, die kostbare Zeit in einer Betonwüste zu vergeuden."

„Genau das ist unser Problem, wir haben noch ganze zwei Wochen Zeit, genug also, um es bis Bremen zu schaffen, wenn wir zu Fuß durch Hamburg laufen", flucht Bicki.

Hedi hingegen vertritt die Ansicht, ein steinerner Moloch gehöre genauso zum Pilgern wie ein malerischer Landweg.

„Aber ohne Hamburg könnten wir sogar Osnabrück erreichen", mault Bicki.

„Lass uns noch eine Nacht darüber schlafen", schlägt Hedi vor, worauf die beiden das erneut das Glas erheben.

Zurück in der Herberge, verteilen wir unsere Liegen großzügig im ganzen Haus.

Bicki schläft draußen auf der Terrasse unter dem Sonnensegel, Hedi im Vorsaal, und ich trage meine Klappliege hinüber in die Kirche. Frau Pfadler hatte es ausdrücklich angeboten, unsere Liegen im Inneren des Gotteshauses aufzustellen und das besondere Erlebnis zu genießen.

„Mal sehen, wovon man in einer Kirche träumt?“, fragt sich Hedi.

„Vielleicht von Bruder Johannes“, kichert Bicki, und die beiden ziehen glucksend von dannen.

Obschon der Wein seine Wirkung nicht verfehlte, finde ich es dennoch befremdlich, mich in einer Kirche zu entkleiden. Wer möchte schon, dass Gott seinen nackten Hintern sieht. Also schlüpfe ich behänd wie nie in meinen Pyjama und verkrieche mich in mein heiliges Bettle, als mir zu dämmern beginnt, warum Kirchen gemeinhin nicht als Nachtlager gelten. Drei sechseckige Kronleuchter baumeln bedrohlich von der Decke herab, die Fliesen auf dem Boden strahlen Kälte aus, und ferner habe ich das Gefühl vom Herrn Jesus beobachtet zu werden. Ich stoße einen tiefen Seufzer aus und bitte ihn um eine friedliche gemeinsame Nacht.

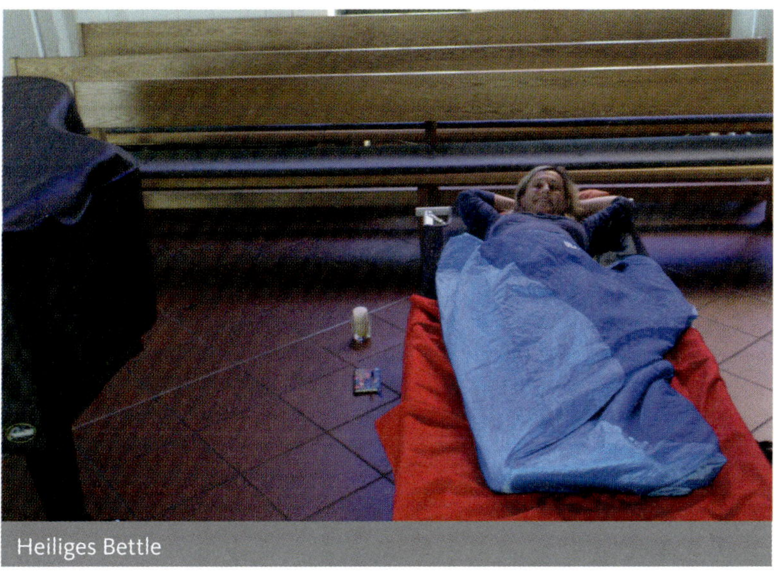

Heiliges Bettle

Montag, der 17. August: Hausmeister Krause (Nahe - Hamburg, 11 km)

„Entschuldigung", beugt sich eine klapprige Gestalt über das Kopfende meiner Liege. „Ich wollte Sie nicht wecken. Ich bin der Küster der Gemeinde und möchte die Kirche herrichten", stammelt der rüstige Rentner, der denselben Hut trägt wie Hausmeister Krause.

Ich springe aus dem Bett, stehe leicht zerknittert vor dem armen Rentner, der doch eigentlich nur seine Arbeit machen möchte und zucke mit den Schultern.

„Ist doch erst halb acht", gucke ich konsterniert.

„Ich leide an seniler Bettflucht müssen Sie wissen", knurrt er und lässt mich stehen.

Ich schlurfe hinüber in die Küche und sehe Hedi noch immer regungslos auf ihrer Pritsche liegen. Dank Ohropax hat sie den Küster nicht gehört und sieht mit ihrer Schlafmaske wie eine Superheldin aus. Draußen unter dem Sonnensegel zeichnen sich die mumienartigen Umrisse Bickis ab, die weder Regen noch umtriebige Küster wecken können.

In das heitere Glucksen des Kaffeeautomatens mischt sich das Geräusch von herum geschobenen Mülltonnen, welche der arbeitssame Rentner auf dem Kirchenvorplatz rhythmisch von A nach B befördert. Ich nehme meinen Kaffee und lege mich wieder zurück ins heilige Bettle. Es ist einfach kein Wetter, für Outdooraktivitäten.

Außerdem hat sich nach drei Wochen Pilgerschaft mein Schlafverhalten erheblich verbessert. Schlief ich anfangs noch so schlecht, dass ich mich sogar auf das Weckerklingeln freute, nicke ich heute wieder ein – egal wie hart die Pritsche ist.

„Bei dem Regen kann man nicht pilgern", rufe ich dem verdutzten Küster zu, der erneut und triefnass vor meinem Bett auftaucht.

„Eigentlich putze ich die Kirche immer montags früh, aber in jeder Ecke liegt jemand", schnauft er.

„Wir sind ja bald weg", nicke ich ihm mitleidig zu.

Der Arme tut mir leid, weil wir seine Montagsroutine stören. Aber was soll man machen, wenn frühmorgens die Welt untergeht? Mein Wecker klingelt. Ich schlurfe hinüber zur Steckdose, schalte mein Handy aus, schlafe wieder ein und erwache erst um zehn. Aus den Fenstern projiziert das bunte Licht aus den Fenstern eine irre Farbmelange auf meine Netzhaut, fast so, als wäre man auf LSD. Ich reibe mir die Augen, schlurfe wieder die Küche und brühe Kaffee Nummer zwei.

Es regnet nicht mehr. Ich schleiche mich vorsichtig an Bickis Liege im Garten heran und halte ihr den duftenden Kaffee unter die Nase.

„Hmmmmh, genauso hatte ich mir das vorgestellt", schält sie sich genüsslich aus ihrem Schlafsack, während Hedi noch immer friedlich schläft.

Jetzt kann Hausmeister Krause endlich seine Kirche putzen, weil ich in der Küche das Hausmütterchen gebe und das Frühstück auf der Terrasse kredenze. Jetzt wird auch Hedi langsam wach.

„Das sieht aber gemütlich aus", begrüßt uns Frau Pfadler. „Und wie ich sehe finden Sie Gefallen an unseren Äpfeln", flötet sie. „Hier haben Sie noch etwas Marmelade dazu."

„Dankeschön", intoniert das Pyjama-Terzett.

„Ich melde mich nochmal per SMS, um zu hören, wie es Ihnen so ergeht auf dem Weg, ja?", verabschiedet sie sich mit einem herzlichen Händedruck, und wir bedanken uns mit einem Obolus von fünfundzwanzig Euro.

„Was? So viel, sind Sie denn verrückt", ruft sie aus. „Es wird doch nur um eine kleine Spende gebeten, für die Flüchtlinge", errötet sie.

„Frau Pfadler, Engel wie Sie kann man gar nicht bezahlen", sage ich.

Sie winkt ab und verabschiedet sich. Menschen wie sie, solch himmlische Wesen, die Milch und Wein in den Kühlschrank legen und frische Äpfel vorbei bringen, machen den Weg zu etwas Besonderem.

„Und? Was hast du geträumt im heiligen Bettle?", erkundigt sich Bicki.

„Leider nichts. Mein Bildschirm war absolut schwarz", zucke ich die Achseln.

„Auch gut", erwidert sie. „Ich habe herrlichst geschlafen und so viele gute Gedanken gehabt. Inzwischen schlafe ich fast überall wie ein Stein und bin ungewöhnlich ausgeglichen."

So verplaudern wir den Vormittag, sehr zum Leidwesen des Küsters, sitzen im Garten, mampfen Äpfel und kommen erst zwölf Uhr los, traben im Studentenmodus gemütlich an der B 432 entlang und pflücken die ersten Pflaumen von den Bäumen am Straßenrand. Es nieselt, aber in unseren Regenjacken merken wir es nicht. Als Hedi das Café Alsterwiesen erblickt, verspürt sie plötzlich ein Grundbedürfnis. Ein wahrer Glücksfall, denn kaum, dass wir das Lokal betreten, setzt ein Platzregen ein. Mittagspause schon nach vierzig Minuten? Egal, heute habe ich die Ruhe weg. Vielleicht, weil ich mich auf meine beiden Begleiterinnen verlasse.

„Du und deine göttliche Blase", lobt Bicki.

Wenn man bedenkt, dass die Hamburg-Frage immer noch ungeklärt zwischen den beiden steht, verstehen sie sich prächtig.

Kaum ist die kleine Jause vertilgt, hört die Regendusche auch schon wieder auf, und wir können weiterziehen – circa fünf Kilometer geradeaus neben der Landstraße einher, bis uns der Weg endlich in den märchenhaften Alsterwald führt.

„Diese Farben, fast Maigrün", setzt sich Bicki zufrieden auf eine Bank und spendiert eine Runde Erdnüsse.

„Die sind das beste Pilgerfutter", erklärt sie. „Die haben viel Energie und brauchen nicht viel Platz."

Doch dann geht ihre Hamburg-Diskussion in Runde zwei, und ich merke, dass ich weiterziehen muss, um die beiden in Ruhe streiten zu lassen.

„Wir sehen uns wieder", schließen wir uns in die Arme.

„Vielleicht mal im Orchester", winke ich den beiden zu, trete aus dem Schatten des Alsterwaldes heraus und staune, in einem gut betuchten Hamburger Vorort zu landen.

Ich nehme den Bus nach Poppenbüttel, steige um in die S 1 und zahle nur drei Euro zwanzig für eine Fahrt, deren Distanz einen gesamten Pilgertag verschlungen hätte – fabulös, diese Zivilisation. Die Lust, meinen adipösen Luxuskörper durch eine Eins-Komma-Acht-Millionen-Metropole zu schleppen geht nämlich gegen Null, zumal die nächsten Etappen aus Zeitmangel über zwanzig Kilometer lang sein müssen. Bicki meinte zwar, ich solle mich diesbezüglich nicht so stressen. Doch so weit gekommen, möchte ich jetzt auch noch das letzte Stück bis Bremen schaffen.

Am Frontdesk des „Instant Sleep Hostel", das in meiner gelben Bibel als Pilgerherberge eingetragen ist, reiche ich dem haarigen Typen mit unsicherem Blick mein Credencial zum Abstempeln hinüber.

„Klar ist dieser Stempel echt, und einen Pilgerrabatt gibt es auch. Macht dann einen Zehner für dich", empört sich der Hipster, indem er eine Augenbraue hebt.

„Wie kommt`s?", frage ich verblüfft.

„Der Eigentümer ist selbst Pilger und ist mit seinen Ü-siebzig gerade mal wieder auf Tour. Gestern schrieb er aus St. Pied de Port", schiebt er mit einem gewinnenden Lächeln die Bettwäsche über den Tresen. „Wenn ich jemals das Rentenalter erreiche, probiere ich das auch", kratzt sich der Großstädter am juvenilen Haupt.

„Na dann schon mal buen camino", verabschiede ich mich, werfe meinen Rucksack auf das Bett und schrubbe hurtig meine matschigen Hosenbeine sauber. Schließlich ist das mein letzter Abend im alten Lebensjahr, und der muss natürlich gefeiert werden – als Party mit mir selbst.

Wie ein kulturell untervögeltes Dorfkind reibe ich meine Nase an den Scheiben der Kneipen und kann mich dabei nicht entscheiden, welches Lokal nun das hippste und welcher Späti der tollste ist. Trotz norddeutschen Wetters ist das Leben bunt in der Schanze. Jedes Graffiti freut mein Herz, jeder Straßenmusikant bekommt ein Lächeln und ein paar Taler in seinen Hut geworfen. Alles ist so lebendig und entspannt hier und für diesen einen Abend genau mein Ding. Im Shikara (dem Gegenteil von Shakira?) esse ich Indisch, weil es bisher an indischen Lokalitäten mangelte, und plane das Kommende. Natürlich wird es zeitlich eng, aber ich kann es immer noch schaffen. Motiviert spüle ich meinen Mangolassie herunter, denn ich möchte nach langer Zeit mal wieder so richtig einen drauf machen. Deshalb suche ich mir einen schäbigen Club, der aber genau deswegen schon wieder hip ist, bestelle einen halben Liter Primitivo und eine kubanische Zigarre, um stilvoll Rückschau zu halten – Rückschau auf ein unstetes Siebener Leben.

Nach dem ersten Glas fühle ich mich jedoch so erschlagen, als hätte ich eine ganze Woche lang durchgetanzt. Die Retrotapete verschwimmt zu einem bizarren Muster. Die Zigarre bekommt mir nicht, und die psychedelische Musik tut ihr übriges. Ich drücke sie nach wenigen Zügen aus und gehe.

„Und? Wie ist das reinfeiern in der Schanze?“, erkundigt sich Inga per WhatsApp.

„Pilgern und Party passen einfach nicht zusammen. Ich bin sowas von tot“, tickere ich zurück und sende einen betrunkenen Emoji dazu.

Dienstag, der 18. August: Das Wunder von Harsefeld (Hamburg/Harsefeld - Oersdorf, 11 km)

Im Zimmer ist es noch finster. Ein schwerer, behaarter Männerkörper steigt die Stufen meines Doppelstockbettes empor, welches seither zwielichtige Knarzlaute von sich gibt und bedrohlich auf und nieder wackelt. Gleich werde ich, von einem Homunkulus zerquetscht und das an meinem sechsunddreißigsten Geburtstag.

Jemand reißt die Tür auf, eine Männergruppe lallt dadaistische Lautfetzen durch den Schlafsaal. Es riecht nach Alkohol und Schweiß. Ich ringe nach Luft, öffne das Fenster, eine Lastwagenkolonne donnert durch das Zimmer. Instant

Sleep, der Name passt, denke ich und stopfe mir ein Paar Ohropax in den Gehörgang, was aber keinerlei Effekt hat. Das Schnarchkonzert der stinkenden Meute ist über jeglichen Dämmschutz erhaben. Wäre ich Komponist würde ich das Spektakel mit vierzig Motorsägen in der Todestonart d-Moll vertonen. Aus einer Ecke ertönt ein zartes Kotzgeräusch, nicht heftig, ein verzweifeltes Würgen nur, und es klingt fast so, als ob lediglich ein Paar Kleckse Magensaft oder Wodka auf das Linoleum tröpfeln. Und das alles um 4.30 Uhr mitteleuropäischer Zeit. Happy Birthday, Nati.

„Megafettes Festival, eeeey", röchelt der Herr mit den Magenproblemen. Doch sein Rudel antwortet nicht. Es dünstet im kollektiven Schnarch-Fortissimo leise weinend aus. Ich spiele mit dem Gedanken, unverzüglich aufzubrechen. Doch zu dieser Uhrzeit über die Schanze zu pilgern wäre der pure Selbstmord. Also stelle ich meinen Wecker auf christliche sechs Uhr. Und wer weiß? Vielleicht ist das alles nur ein Albtraum, und ich werde morgen früh (von Bruder Johannes) zärtlich mit Kaffee und Croissants geweckt.

Schade, kein Traum, der Wecker brüllt, und noch immer sägt es in geräuschvollem d-Moll. Fluchtartig verlasse ich das Bett, versuche aber, nicht auf das Stoppelbein zu treten, welches starr aus dem Bett unter mir hervorlugt. In Lichtgeschwindigkeit stopfe ich wahllos meinen Hausrat in den Rucksack hinein, weil ich weiß, dass auf morgendliches Rascheln im Hostel die Todesstrafe steht. In der Dusche finde ich eine Neige Shampoo auf dem Boden. Es heißt Oriental Moods, riecht gar nicht mal übel und ist mein erstes Geburtstagsgeschenk. An der Spiegelwand ziehen drei osteuropäische Damen ihre hauchdünnen Lidstriche nach. Wofür sie zur nächtlichen Stunde eine Kriegsbemalung brauchen, ist mir jedoch unklar. Am Waschbecken daneben steht eine übernächtigte Ökotrulla in atmungsaktiver Kleidung, die die Hosenbeine ihrer Outdoorzipper bürstet. Im Augenwinkel sehe ich genau, wie die Mannequins ihre frisch gepuderten Näschen rümpfen. Aber das Schönste kommt ja erst noch. Der allmorgendliche Hirschtalg, dessen eigentümliches Odeur sich auf das Herrlichste mit den süßlichen Parfüms der Katalogmodells vermengt. Und während diese ihre Riemchensandalen schnüren, werfe ich mir meinen feschen Regenjanker über, weil es draußen mal wieder Hunde und Katzen regnet. Dieser ist zwar an beiden Seiten aufgerissen, aber so habe ich wenigstens auf dem heißen Schanzen-Pflaster noch meine Arme zur Verteidigung frei. Bestens gewappnet begebe ich mich an die Rezeption. Check out ab neun Uhr, sagt ein Pappaufsteller. Schade, dass ich dort gestern meine neue Gesundheitskarte der Barmer GEK allzu leichtfertig als Pfand hergab.

„Fuck“, fluche ich und ziehe die empörten Blicke der ausgehfertigen Mannequins auf mich, was mir aber in diesem Moment gerade mal schnurz ist. Pilgern macht vielleicht ein bisschen rüde.

Ich überbrücke die Zeit im portugiesischen Café „Transmontana“, um die Sache mit dem Kaffee und den Croissants nachzuholen. Dass die Straße Schulterblatt heißt, finde ich vor dem ersten Kaffee nicht weiter verwunderlich, ebenso wie die Tatsache, dass es in dieser seltsamen Straße vor portugiesischen Lokalen nur so wimmelt, wo man den Kaffee Galao nennt. Ich vertiefe ich mich in eine tiefschürfende Zeitungslektüre. Massenmedien sind witzig, wenn man sie lange nicht konsumiert hat. Die Themen heute: Kindesentführung im Sächsischen, Bergunfall in Kaprun, Leverkusens Taktik gegen Lazio Rom, und in der chinesischen Provinz Yunnan kippt gerade ein Sack Reis um. Belustigt lege ich das Käseblatt beiseite, um Punkt neun bei Mr. Hipster auf der Matte zu stehen.

„Einmal Barmer GEK?“, fragt dieser jovial.

„Jepp“, verabschiede ich mich und schwöre mir: nie wieder Hostel.

An der Haltestelle kaufe ich kein Ticket. Ich möchte schwarzfahren, um wacher zu werden. Es klappt aber nicht. Mein Körper produziert heute kein Adrenalin. Sogar die Elbüberquerung verschlafe ich und stehe nach einer Stunde Fahrt wie benommen schläfrig im Regen von Horneburg. Durch den Riss meiner Kutte sickert das Wasser, durchnässt Arme, Bauch und Beine, sodass ich gebückt wie eine Trümmerfrau durch die Fußgängerzone krieche, um meine Wertsachen in der Bauchtasche vor der Nässe zu schützen. Ich brauche schnellstens ein Fachgeschäft für Regencapes. Sonst wird die Tinte auf Frau Peters Credencial schon bald zerlaufen sein. Niemand würde mir Obdach gewähren, und ich werde wie Herr Altmann in der Gosse enden.

Im gelben Supermarkt mit dem schwarzen Hund guckt man ungläubig. Nein, so etwas führe man hier nicht. Auch im Discounter mit dem blauen A ist man nicht auf sintflutartige Regenfälle eingestellt, wie auch in den Geschäften drei, vier und fünf. Zu allem Überdruss finden sich in Horneburg ebenso wenige Pilgermarkierungen wie wasserabweisende Kurzwaren – nicht einmal an der Kirche, und mich deucht, St. Jakob hat die Stadt vergessen.

Die Nässe des Leibes legt sich auf meine Stimmung, ist man doch an Geburtstagen besonders vulnerabel, weil man dort dem eigenen Alterungsprozess ein Stückweit offener ins schlupflidrige Auge blickt. Ich unterdrücke eine trotzige Träne und schlurfe zurück zum Bahnhof.

„Ihr Ticket ist noch gültig. Damit können Sie noch bis Harsefeld fahren", entgegnet der Schaffner auf meine Frage, ob denn mit diesem Billett noch die Chance zur Flucht bestünde.

„Ich stempele es besser nicht, so nass wie das ist", gibt er mir das Ticket zurück und widmet sich dem nächsten Fahrgast.

In der Fensterscheibe kauert das Zerrbild einer zerrissenen Kreatur, die unmöglich ich sein kann. Von meinen Boots geifert der Schlamm, der sich in einer Pfütze auf dem Boden sammelt. Meine nassen Klamotten kleben am Sitz, und als ich mich erhebe, hinterlasse ich einen deutlichen Fleck. Würde der Zug nicht bis Harsefeld durchfahren, wäre ich jetzt wohl schon auf dem Weg nach Hause.

Auch über diesem Flecken gießt Petrus alle Kübel aus, und natürlich vertreibt man auch hier kein wasserfestes Textil. Nein, das Leben an der Basis schenkt keine Freude mehr. All die nutzlosen, verirrten Kilometer ... Wenn ich die mitzählte, hätte ich bald einen Tausender auf dem Tacho.

Nachdem alle Supermärkte abgeklappert sind, bleibt nur noch ein letzter Baumarkt, den ich mit einer skeptischen Grundhaltung betrete. Ich lupfe meine Harry Potter Kapuze und frage eine Fachangestellte nach Regenbekleidung.

„So etwas haben wir da", strahlt eine Brünette mit Schürze. „Genau für Leute wie Sie."

„Gibt es denn viele durchnässte Streuner in Ihrer Stadt?", frage ich vorsichtig.

„Heute sind Sie die Erste", drückt sie mir lächelnd ein hellblaues Etwas für 3,99 Euro in die Hand. „Die Treppe rauf ist übrigens unser Café. Sie sehen so aus, als könnten Sie ein heißes Getränk vertragen", sagt sie mit mütterlicher Stimme.

Ich wähle einen Fenstertisch am Rand, lege Poncho, Bauchtasche und Tagebuch zum Trocknen auf die Heizung und bestelle Frikadellen und einen schönen Pott Kaffee. Die weißhaarige Dame vom Nebentisch schaut neugierig zu mir herüber. Doch als geschlagene Kreatur scheue ich mich, ihren offenen Blick freundlich zu erwidern.

„Sind Sie auf Wanderschaft?", erkundigt sie sich schüchtern.

„Ich versuche zu pilgern, aber Petrus hat etwas dagegen", seufze ich.

„Wie lange versuchen Sie es denn schon?", amüsiert sie sich.

„Seit genau vier Wochen und circa vierhundert Kilometern", entgegne ich müde.

„Vier Wochen zu Fuß bei Wind und Wetter? Darauf können Sie stolz sein", lobt die Unbekannte mit gütigem Blick.

Dieser Satz erinnert mich an Inga, und ich merke wie wohl er tut – besonders, wenn man mental am Boden ist.

„Aber heute musste ich den Zug nehmen, weil mein Mantel aufgerissen ist", verweise ich betroffen auf mein altes Harry Potter Modell über der Heizung.

„Aber jetzt habe ich einen Neuen", halte ich ihr stolz meine neuste Errungenschaft entgegen.

„Ich wünsche Ihnen, dass er hält und Ihnen einen trocknen Weg beschert", verabschiedet sie sich mit warmherzigen Lächeln.

Ich danke ihr und verweile noch lange starr auf meinem Stuhl, bis ich mich aufraffe und neun Euro für das Gefühl bezahle, dass nun das Schlimmste überstanden sei.

„Warten Sie", ruft mir eine Angestellte hinterher.

„Die Dame vom Nebentisch hat bereits für Sie bezahlt, aber meine Kollegin wusste es nicht. Hier haben Sie ihr Geld zurück."

„Wirklich?", frage ich fassungslos, während eine Woge der Dankbarkeit über meinen klammen Körper krabbelt. „Das ist ein Wunder", staune ich. „Wissen Sie, heute ist mein Geburtstag, und bisher lief es echt beschissen", ringe ich mit den Tränen.

„Ich soll Ihnen ausrichten, dass Sie niemals aufgeben dürfen", hält mir die Kellnerin eine Serviette entgegen.

„Was Sie tun, ist etwas Großartiges sagte sie."

„Das waren ihre Worte?", frage ich zweifelnd.

„So hat sie es gesagt", bestätigt sie.

„Sie müssen wissen, dass die Dame selbst nicht viel Geld hat. Aber Ihre Pilgerreise hat sie sehr berührt. Möchten Sie ihr vielleicht eine Nachricht hinterlassen?"

„Unbedingt", entgegne ich und notiere die folgende Nachricht auf dem Notizblock der Kellnerin: „Liebe Unbekannte, Ihre freundlichen Worte und die warme Mahlzeit waren meine ersten Geschenke im neuen Lebensjahr. Dafür danke ich Ihnen aus tiefstem Herzen und wünsche Ihnen alles Gute. Herzlichst, Ihre durchnässte, aber glückliche Pilgerin."

„Ich leite die Nachricht gleich morgen weiter. Die Dame ist nämlich Stammkundin bei uns", verabschiedet sich die freundliche Bedienung, und mir kommen die Tränen.

Jakobus, wie konnte ich nur denken, du hättest mich vergessen?

Ich gehe zurück in einen der Supermärkte, präsentiere stolz meinen neuen Regenmantel und kaufe mir ein Fläschchen Rotwein. Plötzlich ist mir nach feiern

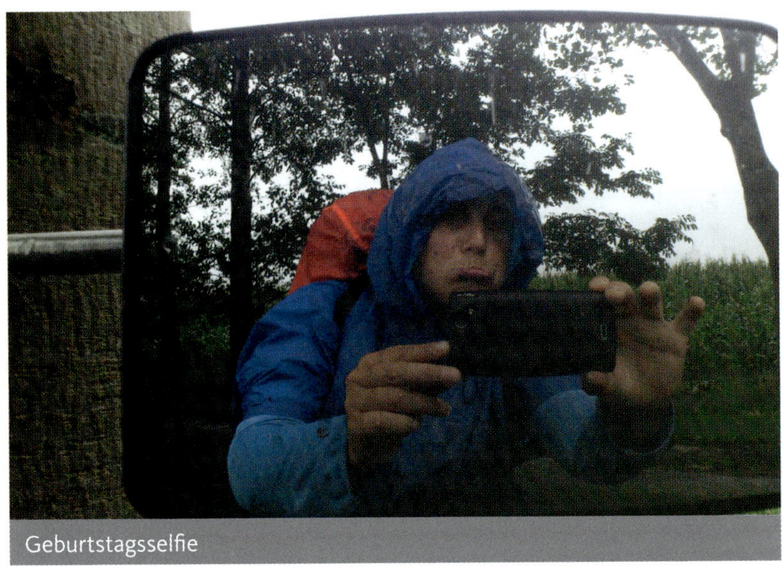

Geburtstagsselfie

zu mute. Und als die Nachrichten meiner Familie auf meinem Handy aufploppen, fließen wieder Tränen – vier Kilometer lang durch bis nach Hollebeck.

„Zum Jakobsweg?", stellt ein Greis sein Hörgerät auf Empfang.

„Ja genau", antworte ich verheult.

„Dat heck mi dacht. Da gehn`se grad ut und denn schräch links wech", brüllt er als könne ich ihn nicht verstehen. „Hier, nehmen Sie ein paar Birnen, Sie brauchen Vitamine."

„Danke", drücke ich ihm ein Küsschen auf die Wange, worauf er sich verlegen am Kopf kratzt.

„Schon gut, Mädchen", wischt er sich meinen feuchten Schmatzer von der Backe und stellt sein Hörgerät wieder ab.

Offenbar versucht sich Jakobus mit mir zu versöhnen. Warum sonst schickt er mir wohl Birnen, einen Spiegel und einen Smiley auf einem Hauptstraßenschild?

Der neue Mantel trotzt dem Starkregen und die Goretex-Schuhe aus Greifswald halten ebenfalls dem Unwetter stand. Hinzu kommen all die virtuellen Glückwünsche, die mich beflügeln und mir zeigen: Nati, du magst zwar im Regen stehen, aber allein bist du deswegen nicht. Oft überkam mich an Geburtstagen ein seltsames Gefühl der Deplatziertheit, weil ich mich fragte, was es denn zu feiern gäbe, an einem Tag, an dem man lediglich älter wird. Heute habe ich dieses Gefühl jedoch nicht. Heute tue ich genau das Richtige.

Im beschaulichen Oersdorf frage ich einen greisen Landwirt nach der Villa Greta, meinem heutigen Luxus-Domizil. Für dreißig Euro habe ich mir dort ein richtiges Bett in einer von Gisela empfohlenen Pension geschenkt – ganz für mich alleine und hoffentlich ohne nächtlichen Besuch.

„Gehen Sie ruhig durch", öffnet der Alte das Tor seiner Scheune.

„Aber da sind ja überall Kühe", schrecke ich zurück.

„Is` ja gut, Elsa", drückt er ihren Kopf beiseite, um mich durch einen schmalen Mittelgang zwischen den neugierigen Tieren hindurch zu lotsen, die mich mit großen Augen anstarren.

Offenbar haben sie noch nie einen Pilger gesehen. Ich ziehe meine Arme ein und folge dem Alten durch den Stall.

„Da vorne ist der Brinkkrog", öffnet er eine Seitentür und zeigt auf den Weg gegenüber, was einige seiner Braungescheckten mit einem heiseren Muhen kommentieren.

„Ist ja gut, die Frau tut euch doch nichts", streichelt er einer seiner Damen zärtlich über das Hinterteil.

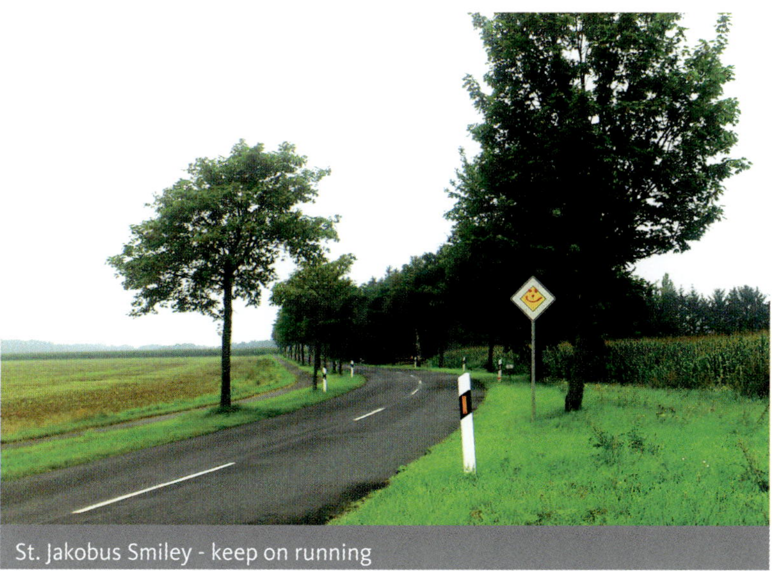

St. Jakobus Smiley - keep on running

Welch furchteinflößende Bestie doch der Mensch ist. Besonders, wenn er in überdimensionierten Regencapes und Wanderrucksäcken daherkommt. Ich atme erleichtert aus und schüttle dem Bauern dankbar die Hand.

„Da nich` für“, stützt er sich auf einer Forke ab, um stoisch auf einen Misthaufen zu blicken.

„Hier ist es“, ruft mir eine schlanke Frau entgegen.

„Ich bin Christa, Ihre Gastgeberin.“

„Was bin ich froh, am Ziel zu sein“, schüttle ich ihre Hand.

„Na dann kommen Sie mal“, führt mich die Hausherrin zu einer Hütte im Garten ihres roten Backsteinhauses.

„Mein Mann und ich haben die alte Schule restauriert und das ehemalige Toilettenhäuschen zu einem Ferienhaus umgebaut“, öffnet sie die Tür.

Ich weite ich meine Nasenflügel, wittere aber keinerlei Fäkalien.

„Dafür ist es aber ziemlich gemütlich“, halte ich Christa mit spitzbübischem Lächeln Steffis Credencial entgegen.

Als sie das Datum unter ihren Stempel setzen möchte hält sie inne.

„Heute hat meine Tochter Geburtstag“, schmunzelt sie.

„Ich auch“, entgegne ich freudig.

„Na dann herzlichen Glückwunsch zum Geburtstag, Frau Peters“, schüttelt mir Christa die Hand. „Und wissen Sie was? Ihre Übernachtung in der Villa Greta ist mein Geschenk an Sie.“

„Wirklich?“, frage ich verdutzt.

„Natürlich, heute ist doch Ihr großer Tag“, gibt sie mir entschieden die dreißig Euro zurück.

Unter Freudentränen falle ich ihr um den Hals, und Christa weint auch.

Sie zieht zwei Taschentücher aus ihrer Packung, reicht mir eines hinüber, tupft sich mit dem zweiten die Augen trocken und wünscht einen schönen Geburtstag. Fassungslos und noch immer unter Tränen stehe ich in der Küche. Ich entzünde ein Teelicht, öffne den Wein und kuschle mich in einer Wolldecke auf dem Sofa ein. Im Fernsehen läuft ein alter Film, und ich denke: Was ist die Welt doch für ein schöner Ort.

Mittwoch, der 19. August: Der Pilger in der Tonne (Oersdorf - Zeven, 19 km bei Starkregen, das zählt doppelt!)

Als ich erwache bietet sich draußen ein unverändertes Bild: Einheitsgrau und allgegenwärtige Nässe, und obwohl die Heizung läuft, friere ich.

Bei diesem Wetter schickt man nicht mal seinen Hund vor die Tür, erinnere ich mich an eine alte Redensart und verlängere mein Frühstück um einen weiteren Kaffee. Gisela schreibt, auf dem Weg nach Heeslingen liegen nur zwei Dörfer: Kohlenhausen und Boitzen, aber viel mehr schmerzt es zu lesen, dass es dort keinerlei Cafés geben soll, was bedeutet, zwölf Kilometer bis Heeslingen bei Dauerregen durchlaufen – ein furchtbarer Gedanke. Aber vielleicht ist das auch gut so, schiebe ich ihn schnell beiseite. Dann fällt es mir leichter, mich von alldem zu verabschieden – vom Weg, dem Streunerleben, vom Pilgern. Zeven, Otterstedt, Bremen – dann ist Schluss, und ich bekomme endlich wieder Kaffee, wann ich will.

Ich werfe der Villa Greta einen Luftkuss zu, binde die Bänder meiner Kapuze zu einem festen Knoten zusammen und folge dem ersten gelben Pfeil aus dem Ort heraus. Ungefähr zweihundert Meter vor mir läuft eine Frau mit Rucksack und Schirm durch den strömenden Regen. Noch so eine Bekloppte, denke ich und beschleunige meinen Schritt.

„Sind Sie ein Pilger?", klopfe ich auf ihren Schirm.

„Christina", nickt sie.

„Gehen wir ein Stück zusammen?"

„Eigentlich bin ich lieber allein, aber ein kurzes Stück ist in Ordnung", willigt sie seufzend ein.

„Wohin?", fragt sie.

„Bremen", antworte ich ebenso einsilbig.

„Ich auch", antworte ich und verstumme.

Ich möchte ihr kein Gespräch aufzwingen, das sie ohnehin nicht führen will.

Stumm traben wir nebeneinander her. Christina und ich sind wie das Ende einer Beziehung – gemeinsam einsam im Regen.

„Ich pilgere nach Hause", sagt sie plötzlich. „Bin in Rostock wieder eingestiegen, nachdem ich in den Osterferien den ersten Teil der Via Baltica gelaufen bin", berichtet sie. „Davor war ich auf der Via Regia. Die war schöner", seufzt sie.

„Schon ok, wir müssen nicht reden", sage ich.

„Jetzt bist du mir einmal vor die Füße gelaufen. Also können wir auch zwanzig Minuten leichte Konversation betreiben."

Zwanzig Minuten, die ich vom Leben einer spröden Fremden abbekomme, sind gar nicht mal schlecht, denke ich.

„Ok. Was ist deine Ausrüstung?", frage ich die Fakten ab, fast so als spielten wir Autoquartett, nur dass es hier keine PS-Zahlen, sondern Marken und Gewichtseinheiten zu vergleichen gibt.

Die Englischlehrerin hat einen Vierzig-Liter-Rucksack aus dem Hause Deuter mit dreizehn Kilo Kampfgewicht zu bieten, worin sich unter anderem ein selbstaufblasbares Kopfkissen und eine selbstaufblasbare Sitzmatte befinden. Dagegen bin ich chancenlos, und es steht eins zu null für Christina.

„Und was findest du so toll am Alleinreisen?", frage ich.

„Ich muss ich mich mit niemanden absprechen, kann vor Sonnenaufgang starten, meine fünfundzwanzig Kilometer laufen und um neun Uhr schlafen gehen", antwortet sie.

„Respekt, ich komme selten vor neun los", nicke ich anerkennend.

„Siehst du, und deswegen pilgere ich lieber allein", zwinkert mir Christina zu und lächelt zum ersten Mal an diesem Morgen.

„Lass uns noch zusammen essen, und dann geht jede ihrer Wege", steuert sie entschieden auf eine Schutzhütte zu.

„Ich habe noch zu wenig Kilometer auf dem Tacho für eine Pause", bekenne ich.

Davon gänzlich unbeeindruckt zupft die Veganerin ein Salatblatt aus ihrer Brotdose, erwartet eine abfällige Bemerkung, das sehe ich ihr an, aber ich mache keine. Im Gegenteil, ich habe Respekt vor dem winzigen ökologischen Fußabdruck, den sie auf unserer Erde hinterlassen wird. Ich würde auch viel mehr Salat essen, wenn ich die Kraft dazu hätte.

„Du wirst mich bestimmt bald einholen", sage ich stattdessen.

„Ja, das glaube ich auch – so langsam wie du unterwegs bist. Ach ja, hol dir unbedingt deinen letzten Stempel im Packhus. Das ist der perfekte Abschluss für deine Pilgerreise. Sogar Kaffee kriegst du dort", erklärt sie.

„Danke, Christina. Aber ich sage nicht tschüss, sondern bis bald", verabschiede ich mich.

Ohne Pause marschiere ich durch bis Heeslingen, halte kurz Andacht in der offenen Kirche und gönne mir beim Bäcker ein hübsches Mettbrötchen mit einem Ei auf der Mütze zum stillen Andenken an Christina.

In der Pilgerherberge Zeeven geht niemand ans Telefon, weshalb ich nun all meine Hoffnungen in einen Campingplatz namens „Sonnenkamp“ lege, welcher nach Giselas Beschreibung auch Betten in Blockhütten anbieten soll. Er liegt direkt am Weg, nur eins Komma sechs Kilometer außerhalb der Stadt, und ich erreiche ihn schnell. An einem Naturbad hinter einer Schranke leuchten mir schon von weitem die schneeweißen Wohnmobile entgegen.

„Schönen guten Tag die Dame, haben Sie ein Bett für müde Pilger?“, frage ich die sympathische Rezeptionistin.

„Noch besser, ich habe eine Röhre für Sie“, lächelt diese verschmitzt.

„Eine Röhre?“, frage ich verdutzt.

„Kommen Sie mit, ich zeige es Ihnen. Haben Sie einen Schlafsack?“

Ich nicke und folge. Von Wohnmobilen umringt, steht in der Mitte eines vorzeigbaren englischen Rasens ein steinernes Fässlein, an dem Diogenes von Sinope sicher seine helle Freude gehabt hätte. Im Inneren der knubbeligen Betonkugel finden sich nämlich nur eine Matratze, ein paar Steckdosen und draußen im Vorzelt lediglich Tisch und Stuhl – der perfekte Ort zum Erlernen von Bedürfnislosigkeit, ganz im Sinne des Philosophen. Zufrieden werfe ich meinen Rucksack in die Röhre und sinke in den Campingstuhl.

„Ich hole Ihnen mal einen zweiten. So wie Sie aussehen, möchten Sie bestimmt die Füße hochlegen“, kehrt das engelsgleiche Wesen mit einem weiteren Gartenmöbel zurück. „Und wenn Sie ein kühles Bier möchten, ich habe einen gut gefüllten Kühlschrank in der Lobby“, schwebt es lächelnd davon.

Ich lege die Füße hoch und zähle die holländischen Fahnen auf den bürgerlichen Trutzburgen, aus deren Kippfenstern ein leiser Bratenduft weht. Bei dreizehn höre ich auf und gehe hinüber ins menschenleere Schwimmbad, ziehe locker zwanzig Bahnen, bin fit wie seit der letzten Spartakiade nicht mehr, und hätte ich Fell, könnte ich auch eines dieser vitalen Hundchen aus der Frohlic Werbung sein.

Zurück in meiner Röhre überkommt mich ein stummes, einfältiges Glück – das Gefühl nichts zu brauchen, nichts zu wollen, nichts zu müssen. Hast du es dir so gedacht, Herr Philosoph?

Donnerstag, der 20. August: Der Philosoph im Morgenmantel (Zeven - Otterstedt, 24 km)

Ein süßlicher Gestank weckt mich. Ich hätte meine Schuhe draußen lassen sollen. Es ist fünf nach neun, Christina schon drei Stunden unterwegs und dürfte wohl inzwischen locker an mir vorbei gezogen sein.

Aus dem Badezimmerspiegel guckt eine fahle Gestalt, die aussieht als hätte sie seit Wochen nicht geschlafen. Ich halte ihren Kopf unter den Wasserhahn, rubble ihn ordentlich durch und ziehe ihre Mundwinkel nach oben.

„Lächeln, Frau Peters, lächeln", klopfe ich ihr auf die Wange. „Na bitte, es geht doch", werfe ich mir das Handtuch über die Schultern.

Auf dem Rückweg, wieder vorbei an den Holländern, weht mir der Mief meiner Schuhe schon vom Vorzelt aus entgegen. Diogenes, deine Tonne ist eine Pumahöhle.

Notiz an mich selbst: Zu Hause unbedingt Schuhe im Keller lagern und Socken umgehend verbrennen. Diesem olfaktorischen Pulverfass hält keine Waschmaschine stand.

„Was kann ich für Sie tun?", fragt die fröhliche Empfangsdame von gestern, von deren Brust ein schiefes Namensschild herunter baumelt.

„Ein Pott Kaffee würde mich jetzt sehr weit voran bringen, Frau Johannek", rufe ich ihr über den Tresen zu.

„Ohne Kaffe geht gar nix", pflichtet sie mir bei. „Man würde es zwar überleben, aber ..."

„Sicher?", fahre ich ihr ins Wort.

„Sie haben Recht. Man sollte sein Schicksal nicht herausfordern", schiebt sie grinsend einen dampfenden Pott über die Theke.

Ich frühstücke draußen an einer hölzernen Sitzgruppe neben der Schranke mit Blick auf den Campingplatz, hebe meine Tasse und blicke in ein Paar aufgewühlte Augen. Sie gehören einem emeritierten Physikprofessor im viel zu kurzen Tigermorgenmantel. Er mustert mich kurz und betritt die Rezeption.

„Haben Sie die Nummer vom RWE in Essen? Ich meine nicht Rot Weiß Essen, sondern den Energieversorger. Kriegen Sie die raus?", stellt er kampfeslustig seinen Kragen auf.

„Ach, Dirk", seufzt sie, tippt etwas in ihren Personalcomputer und liest: „0201/1200" von ihrem Bildschirm ab.

„Denen werde ich es zeigen. Ich kann nämlich auch anders", läuft er geradewegs zu meinem Tisch.

Ich setze meinen Kaffeebecher ab und schaue in die zornigsten Augen von ganz Mittelerde. Oder wo leben noch einmal diese hobbitartigen Wesen mit den behaarten Beinen?

„Selbstverständlich", pflichte ich ihm bei.

Niemand legt sich mit Dirk an, besonders, wenn er einen Bademantel trägt.

„Soll ich ein Foto von Ihnen machen, damit Ihnen Ihre Mama auch glaubt, dass Sie ordentlich frühstücken?", verzieht er seine Mundwinkel zu einer Art Lächeln und taxiert mich mit der Intensität eines verzogenen Kindes, das erst dann Ruhe gibt, wenn es endlich seinen Willen hat. Wortlos halte ich ihm mein Handy entgegen.

„Ich sehe Sie nicht", fuchtelt er mit dem Gerät herum, das in seiner Hand eher wie ein Faustkeil wirkt.

„Sie müssen es umdrehen. Dann funktioniert es einwandfrei", entgegne ich trocken.

„Prima, vielen Dank. Sie verfügen über wahren beamtischen Charme, wissen Sie", guckt er schief über das Display und drückt wahllos darauf herum, wobei ich weder weiß, ob die Fotos etwas werden, noch was beamtischer Charme eigentlich ist.

„Und ich muss es wissen, ich bin Verwaltungsleiter", fügt er an.

„Also wenn es mit der Verwaltungsleitung nicht mehr klappt, gehen Sie doch zum Kabarett. Sie haben komödiantisches Talent", amüsiere ich mich.

„Papperlapapp", winkt er ab und geht.

„Ähm, mein Handy", rufe ich ihm nach.

„Ach ja natürlich, verzeihen Sie. Bitteschön, hier haben Sie Ihren Fernsprecher zurück", macht er unverzüglich kehrt, drückt mir mein Handy in die Hand und zieht brabbelnd davon.

Verwundert starre ich auf das Display. Der Philosoph im Morgenmantel hat drei lupenreine Fotos des Zevener Pflastersteins geschossen. Das macht ihm so schnell keiner nach.

„Ja ja, der Herr Thieß ist schon speziell", räumt Frau Johannek mit listigem Blick auf mein Handy das Kaffeegeschirr vom Tisch.

„Ja, echt schräg", bestätige ich und beobachte den Hauptdarsteller beim Verlassen der Szene – nur, dass dies hier kein Bühnendrama ist, sondern ungeschminkte Realität im Sonnenkamp.

Ich ordere ein Schinkenbrötchen und frage mich, was er wohl mit der eben erhaltenen Telefonnummer anstellen wird. Plant er etwa einen Boykott?

„Die waren eigentlich für Frau Johannek gedacht, aber ich habe es mir anders überlegt. Die hier sind für Sie“, stellt plötzlich Dirk Thieß einen rotweiß gepunktetem Blumentopf, aus dessen Mitte etwas Undefinierbares hinauf zur Sonne wuchert, in voller Schönheit, vor mir ab.

Sogar ein hübsches Paar Socken hat er sich über die Knöchel gezogen, deren herbstlicher Farbton eine formvollendete Harmonie mit seinen Sandaletten bildet.

„Oh Ranunkeln, wie schön“, nehme ich den Primelpott mit gespielter Begeisterung entgegen.

„Das sind Chrysanthemen“, entrüstet er sich.

„Oh Verzeihung“, räuspere ich mich verlegen.

„Es sei Ihnen verziehen“, macht er einen tiefen Knicks und entfernt sich wieder.

„Was ist denn in den gefahren? Das hat er ja noch nie gemacht“, guckt Frau Johannek verdutzt aus ihrer Tür.

„Verzeihung, ich wollte Ihnen nicht den Verehrer ausspannen“, entschuldige ich mich augenzwinkernd.

„Schon gut, ich kann teilen“, zeigt sie ihre Grübchen. „Aber ganz im Ernst, so freundlich und gelassen reagieren nicht alle auf ihn“, nickt sie anerkennend.

„Ich habe ihm übrigens auch schon gesagt, er solle zum Kabarett gehen“, lacht sie, als es plötzlich draußen vor der Schranke hupt.

Die Post liefert zwei riesige Pakete an, wonach Frau Johannek prompt zum Hörer greift.

„Kannst kommen, Heidi, deine Schuhe sind da“, flötet sie, und wenig später steht sie auch schon auf dem Plan, in kurzen Hosen und Birkenstock-Schlappen.

„Heidi, schaffst du alle beide?“, fragt die Rezeptionistin besorgt.

Immerhin ist ihr zierliches Schuhpaket fast so hoch wie der Turm von Babel.

„Aber locker, sind doch nur Schuhe drin“, erwidert sie siegesgewiss, worauf ihr Frau Johannek vorsichtig die Pakete in die faltigen Arme legt.

„Die waren runtergesetzt. Da musste ich zuschlagen“, watschelt die pfeifende Heidi mit ihrer Beute davon.

Auch ich bin nicht unzufrieden mit meiner morgendlichen Bilanz: Zwei Tässchen Kaffee, ein Schinkenbrötchen und ein Pott Chrysanthemen von einem Verwaltungsleiter bei herrlichem Sonnenschein. Es könnte schlechter für mich laufen.

„So, jetzt ist es soweit“, stelle ich die Blumen auf den Tresen. „Ich kann sie leider nicht mitnehmen.“

„Aber das wird dem guten Herrn Thieß das Herz brechen“, erwidert sie mit gespieltem Seufzen.

„Ich gebe Ihnen die Erlaubnis, ihn zu trösten“, wende ich mich zum Gehen.

„Halt, so nehmen Sie doch wenigstens eine Postkarte, Sie verdammte Herzensbrecherin – als Andenken an das Sonnenkamp“, kommt Frau Johannek mir nach gelaufen.

„Ergriffensten Dank“, nehme ich gerührt die Ansichtskarte entgegen.

Frau Joahennek ist der Fleisch gewordene Buddha – erleuchtet, fröhlich und immer hilfsbereit. Ich dagegen habe nur Schlag bei schrägen Typen und bin darüber hinaus mal wieder spät dran. Es tut mir sehr leid, liebe Christina.

Forschen Schrittes marschiere ich den schon von gestern bekannten Weg zurück nach Zeven, besuche die hiesige Kirche St. Vitio und einen Supermarkt. Ich frage einen hageren Späthippie, der eine verblüffende Ähnlichkeit mit Gandalf aus dem Film „Der Herr der Ringe“ hat, nach dem Einstieg in den Pilgerweg.

„Wart` ma`, ich hol nur fix Tabak, und dann gehen wir zusammen“, humpelt er in den Laden und winkt mir von der Kasse aus zu.

„Meine große Schwester läuft gerade den Camino Francés. Das hätte ich der alten Hibbe nie zugetraut mit ihren einundsechzig Jahren“, zeigt er stolz ein Handyfoto der glücklichen Pilgerin und stakst ungelenk neben mir her.

„Tolles Foto“, lobe ich.

„Und dabei war sie immer total kränklich“, staunt er. „Und wenn ich mir Sie so anschaue, muss das Pilgern wirklich ein Jungbrunnen sein“, atmet er genüsslich den Qualm seiner Selbstgedrehten aus.

„Danke, ich kann mir auch gerade nichts besseres vorstellen“, verabschiede ich mich von Gandalf am ersten gelben Pfeil.

Passend zur tolkienschen Saga beginnt kurz hinter dem Ortsausgang das sechs Kilometer lange Hemelsmoor, von dem Gisela ausdrücklich warnt, die offiziellen Wege zu verlassen. Da ich schon in einer Gedankenblase die verwesten Leichen der Totensümpfe nach mir greifen sehe, halte ich mich daran und beschleunige meinen Schritt. Erst als zwei menschliche Wesen am Horizont auftauchen, entspanne ich mich ein wenig. Es sind zwei Rentnerinnen, die an einem Rastplatz lauthals schimpfen.

„Darf ich mich zu Ihnen setzten?“, bitte ich.

„Natürlich, setz` dich zu uns, Mädchen. Wir können etwas Aufmunterung gebrauchen“, schiebt die schlankere der beiden ihren Rucksack beiseite.

„Das trifft sich, ich auch“, lasse ich mich auf die moosgrüne Sitzbank neben einer fülligen Dame mit der roter Schirmkappe fallen.

„Ich bin Ursula und das ist Renate“, stellt sie sich vor.

„Mir san sind total platt. Gestern habe wir ein Taxi genomme, weils ned mer ging“, jammert ihre weiß gelockte Begleitung.

„Und nimmal ä Cafe gibds hiä“, wettert Uschi.

Die beiden Schwestern aus dem Badischen sind nämlich erst seit gestern mit Hündin Saba auf dem Mönchsweg unterwegs und fremdeln noch stark mit dem Pilgern. Selbst das große, braune Zotteltier schnarcht völlig erschöpft unter dem Tisch.

„Das wird besser mit der Zeit“, tröste ich.

„Bischte schon lang unterwegs“, erkundigt sich Renate.

„Seit `nem Monat“, entgegne ich.

„Zeisch ma´ dein` Pilgerpass“, fordert Uschi.

„Donnerlüttchen“, staunt sie, steckt sich eine Zigarette an, legt die Beine hoch und sieht dabei aus wie Estelle Getty aus den „Golden Girls“.

„Wollte eigentlich abnehme durch de Pilgerei. Nulldiät hab isch ausprobiät, is abä scheiße. Das mach isch nie wiedä, stimmts?“, schimpft sie.

„Der Gasthof Adebar soll nicht mehr weit sein. Dort bekommt ihr bestimmt euren Kaffee“, motiviere ich die beiden.

„Isch will abä jetz` Kaffee trinke“, zieht Uschi einen Flunsch.

„Wahrlich frustrierend“, pflichte ich bei.

„Reni, ruf ma` `n Taxi!“

„Ja wie denn? Kein Empfang, kein nix“, tottert diese.

„Durchhalten, Mädels, es wird bald besser werden“, verabschiede ich mich eilig, worauf Hündin Saba nur ein müdes Schnaufen von sich gibt.

„Wer`s glaubt wird selig“, zischt Renate. „Komm Uschi, wir reisen ab.“

„Trotzdem einen schönen Tag noch“, wünsche ich und sehe zu, dass ich Land gewinne.

Zu viel negative Energie ist ungesund, vor allem, wenn man sich inmitten eines Hochmoores befindet. Ich lese die Spuren im Sand, um mich abzulenken. Gewiss sind Christinas auch dabei. Erst als kurz vor Steinfeld der Sumpf endlich durchschritten ist, entschleunige ich meinen Schritt und atme auf. Im verträumten Örtchen Oldendorf hat das Gasthaus „Adebar“ leider geschlossen, und ich höre schon Uschis Flüche in meinem inneren Ohr. Hoffentlich bekommen die beiden liebenswerten Schrullen ein Taxi, damit sie sich von der leidigen Pilgerei erholen können.

Am Ortsausgang begegne ich einer jungen Frau, die gramgebeugt auf einem Baumstumpf verharrt. Anna versucht die Via Baltica rückwärts von Bremen nach Hamburg zu pilgern und verzweifelt an den fehlenden Markierungen. Wortlos reiche ich ihr mein gelbes Büchlein hinüber.

„Danke. Ohne Wegweiser ist es Quälerei", stöhnt sie. „Zum Glück habe ich heute früh eine Pilgerin getroffen, die mir alles genau beschreiben konnte, weil sie aus der Gegend stammt. Aber habe jetzt habe ich wieder die Orientierung verloren und weiß überhaupt nicht mehr, wo ich bin", vertieft sie sich umgehend in Giselas Bibel.

„Hieß die zufällig Christina und war schneller als Flash Gordon?", frage ich neugierig.

„Ihren Namen weiß ich nicht, aber sie war echt zügig unterwegs und sehr früh dran", bestätigt sie.

„Das muss sie gewesen sein", schmunzele ich und lasse Anna eine Weile mit ihrer Lektüre in Ruhe. „Als Schlafplatz kann ich dir übrigens den Campingplatz „Sonnenkamp" in Zeven empfehlen", breche ich das Schweigen. „Die haben da eine hübsche, kleine Schlafröhre extra für Pilger. Magste da mal anrufen?", krame ich nach meinem Handy.

„Ich weiß ja noch nicht einmal, ob ich es überhaupt bis dorthin schaffe", schüttelt sie ihr Haupt. „Ich bin so platt, dass ich wohl per Anhalter fahren werde", seufzt sie, gibt mir das Buch zurück und zieht weiter.

Notiz an mich selbst: Nicht in Gegenrichtung Pilgern. Das klingt zwar originell, bringt aber nichts.

Ich verharre noch ein Weilchen auf Annas Baumstumpf und belese mich. Laut Gisela befinde ich mich im verträumten Flecken Ottersberg, der eine erstaunliche Dichte an traditionellen und gut erhaltenen Bauernhöfen aufweisen soll. Und tatsächlich kommt mir die Gegend um die Dörfer Narthauer, Benkel und Winkelsdorf wie ein großes Freilichtmuseum vor – überall prächtige Dreiseitenhöfe aus rotem, von Fachwerk durchwobenem Backstein, alte Linden davor und glückliche Kühe, die schläfrig aus ihren Stallfenstern gucken. Der Schriftzug „Unser Dorf soll schöner werden, Titelgewinn 1998", rostet auf einer verwitterten Tafel dahin. Die ganze Gegend wirkt wie aus der Zeit gefallen.

Nach zehn Stunden glücklicher Wanderschaft wähle ich, wie vereinbart, die Nummer einer gewissen Frau Kruse und laufe mit dem festlichen Abendgeläut der Kirchenglocken im Zielort ein. Die betagte Dame nimmt mich freudig in Empfang und stellt mir überraschenderweise eine weitere Pilgerin vor: Maria aus Bremen, die sofort meine Einweisung übernimmt, während die Gastgeberin einen Korb Tomaten aus ihrem Garten holt. Sogar den Kühlschrank hat sie gefüllt und alles für ein Fußbad vorbereitet.

„Danke, hier fühle ich mich willkommen", rufe ich freudig.

„Gern geschehen", schmunzelt die warmherzige Frau und lässt mich mit Maria allein.

Die jedoch ist schon im Nachtgewand und gähnt. Ich schiele auf die Küchenuhr und lasse das Wasser in die rote Waschschüssel laufen, auf die jemand mit schwarzem Edding: „Für müde Pilgerfüße" geschrieben hat.

„Ich gehe bald schlafen", sagt die Frau im Pyjama.

„Aber es ist doch erst zwanzig nach sechs", staune ich.

„Ich glaube, wir haben einen anderen Tagesrhythmus", schmunzelt diese. „Ich breche halb sechs auf und gehe um sieben zu Bett", berichtet die Frühaufsteherin, und es kommt nur noch ein kurzer Smalltalk über die Herberge und die allgemeine Großartigkeit des Pilgerns zustande.

Dann geht sie schlafen, um dreiviertel sieben. Etwas verloren stehe ich in der Küche des Quartiers, das nur auf den ersten Blick wie eine normale Wohnung wirkt. Neben den Utensilien für ein Fußbad verfügt sie nämlich über einen großzügigen Saal mit einer kleinen Bühne und einem verstimmten Klavier, das ich aus Rücksicht auf Maria lieber nicht bespiele. Sogar ein Pilger-Fahrrad gibt es, damit diese die fehlende Dusche schnell im nahegelegenen See erledigen können. Aus Faulheit entscheide ich mich jedoch dagegen. Ein Fußbad muss für heute reichen. Also lasse ich meine unteren Extremitäten in die warme Seifenlauge gleiten, schließe meine Augen und bade im Licht der Abendsonne, das durch das Küchenfenster scheint - ein Moment zum Sterben schön. Wenn ich meine Todesart frei wählen dürfte, dann wäre ein schneller Herzinfarkt während eines Fußbades sicher keine schlechte Option.

Freitag, der 21. August: Träume jagen (Otterstedt - Bremen, 23 km)

Kurz nach sieben. Maria ist fort. Noch im Morgengrauen hörte ich sie die Tür ihres Zimmers zuschlagen und die Treppe hinunter steigen. Ich dachte nur, was für eine Verrückte und drehte mich noch einmal um. Jetzt stehe ich am Fenster und schaue über die Dächer, betrachte den Tau, der in der Morgensonne schmilzt und lausche dem kühlen Lüftchen, das schon leis vom Herbste singt, während die Amseln noch ahnungslose Sommerlieder singen.

Ich schlurfe hinunter in die Küche, brühe einen Kaffee und studiere das Buch der heiligen Gisela, das inzwischen ebenso wettergegerbt ist wie ich. Dreiundzwanzig Kilometer von Ottersberg bis Bremen Borgfeld, weissagt die Apostolin. Ein Kinderspiel, denke ich, schiele hinüber zur Übersichtskarte der europäischen Jakobswege, die wie ein Spinnengeflecht den Kontinent durchziehen, und frage mich, was wohl geschähe, wenn ich einfach weiter liefe?

Von Bremen bis nach Köln, über Trier bis nach Le Puy, der Stadt mit den Bettwanzen, abschließend von Roncesvalles bis ins spanische Santiago de Compostela und dann weiter, immer weiter ...

Wäre ich so verwegen wie Andreas Altmann könnte ich bettelnd durch die Lande ziehen und von den Früchten der Natur leben oder, als Kind der Generation Y, vielleicht besser Couchsurfen. Doch wer ließe schon ein Kind der Gosse auf seinem Sofa schlafen, geschweige denn darauf surfen? Oder sich von einem schmuddeligen Tramper seine hochwertigen Premium-Leder-Sitze seines SUVs versauen? Nein, weiterlaufen ist keine Option. Also Schluss mit den sozialromantischen Phantastereien, und auf zur letzten Etappe!

Doch ich setze meine Schritte mit Bedacht, möchte alles aufsaugen, jedes einzelne Bild im Kopf behalten. Die faserigen Schatten des Vogelbeerbaumes über meinem Schopf, das zottelige Maisfeld zu meiner Rechten oder die stacheligen Brombeersträucher vor den Weidezäunen, die die Wiesen in schiefe Quadrate teilen. Ja selbst den langweiligen Teerstreifen vor meinen Füßen möchte ich mit in den Alltag nehmen.

„Was ist dir denn Schlimmes wiederfahren, dass du so einen weiten Weg auf dich nimmst?“, wurde Maria jüngst von einem Passanten gefragt.

„Nichts, ich habe einfach nur Freude daran“, antwortete sie.

So ähnlich ist es auch bei mir. Auch ich habe keine Midlifecrisis oder gar einen schlimmen Schicksalsschlag erlitten. Wie auch Maria reizte es mich, meine geliebte, niederdeutsche Heimat mit den Füßen zu erkunden. Sie wollte ich mit neuen Augen sehen. Und auch jetzt befinde ich mich inmitten eines dieser hübschen, norddeutschen Nirgendwos, die einen bei langen Autofahrten sanft entschlummern lassen.

Erst nach zwei Stunden Wanderschaft zeigen sich die ersten Menschen. Es ist ein älteres Ehepaar. Er, Hutträger, sitzt auf einer Bank und raucht. Sie, gänzlich ohne Kopfschmuck, hockt am Wiesenrain und bückt sich nach Kräutern.

„Sie reisen allein?“, spricht er mich an.

„Ja“, bestätige ich.

„Sind Sie verrückt? Die Welt ist voller Psychopaten. Haben Sie eine Ahnung, was da alles passieren kann?“, echauffiert er sich.

„Sehen Sie mich doch an. Wer mich überfällt, ist selber schuld“, winke ich ab.

„Sie haben Glück, noch nicht vergewaltigt worden zu sein“, mahnt er mit anzüglichem Blick.

Wäre seine Frau nicht in unmittelbarer Nähe, stünde ich längst nicht mehr hier.

„Nu` is aber gut, Herbert, jetzt mach der jungen Frau mal keine Angst“, steht mir diese bei. „Wobei ja viel Schlimmes in der Zeitung steht, nicht wahr?“

Ich erzähle von Jagoda, Götz und Ute und allen anderen Engeln des Weges, um den angstvollen Weltblick des Paares ein wenig zu weiten. Doch die beiden grauen Panther sind leider taub auf dem Ohr für gute Nachrichten.

„Was ist das denn für ein Symbol an Ihrem Rucksack?“, möchte das Kräuterweiblein wissen.

„Eine Jakobsmuschel, das Symbol der Jakobspilger“, erwidere ich mit wachsender innerer Unruhe.

„Na sowas. Herbert, hast du das gewusst?“, stellt sie ihren Korb beiseite und begutachtet meine Jakobsmuschel.

„Nein, Hannelore, das wusste ich nicht. Trotzdem ist es gefährlich, was Sie da machen, junge Dame“, drückt Herbert mahnend seine Zigarette auf dem Boden aus.

„Vielen Dank für Ihre Sorge über mein Wohlergehen, aber ich muss jetzt wirklich weiter“, verabschiede ich mich.

„Brauchen Sie Tipps für Ihre Übernachtung in Bremen?“, fragt er.

„Nein danke. Alles Gute für Sie und einen wunderschönen Tag noch“, lasse ich die beiden stehen.

„Und unbedingt die Bremer Stadtmusikanten anschauen“, ruft mir Hannelore nach.

„Alles klar“, entgegen ich und blicke nicht mehr zurück.

Es braucht einige Schritte bis ich mir das beklemmende Gefühl aus den Socken laufe, welches nur Energievampire in einem auslösen können – diese seltene Spezies, die es schafft, dass man sich selbst nach einem kurzen Gespräch erschöpft und ängstlich fühlt.

Im hübschen Künstlerdörfchen Fischerhude beschließe ich, meine Befreiung von den Blutsaugern mit Baumkuchen und Filterkaffee zu feiern und kehre im Garten des piekfeinen Hauses Berkelmann ein.

Die drei Damen vom Tisch nebenan befinden das Wetter als zu nass für diese Jahreszeit und den Kuchen als zu üppig, loben die Exponate der hiesigen Moderssohnausstellung sowie den aufwändigen Tischschmuck, während vier Wespen langsam in meinem Wasserglas ertrinken. Dieses heitere, loriotsche Bildnis braven Bildungsbürgertums versöhnt mich mit der Welt.

Ich ziehe weiter und gerate ich in eine zauberhafte Ödnis namens Wümme Wiesen, deren eintönig grünes Antlitz schon nach einem Kilometer nervt. Kein Baum, kein Haus, kein See, überall nur grün, dass man selbst ein Atomkraftwerk am Horizont als Abwechslung empfände. Und es ist doch immer dasselbe. Kaum wird die Strecke öd und fad, schmerzt auch schon der Leib. Diesmal sind es Fußgewölbe, Schulterblatt und Steiß.

„Ist gut, was Sie da machen", ruft mir ein Radfahrer zu.

Ich blicke zu ihm auf, straffe meine Schultern und bedanke mich. Wenig später sehe ich ihn wieder, Grashalmkauend und mit den Beinen im Fluss.

„Sind Sie ein Fahrradpilger?", frage ich ihn.

„Wir sind alle Pilger, unterwegs zu Gott", hebt er seinen Strohhut.

Für mich ist es zwar schon ein feiner Unterschied, ob ich nun auf einer Sänfte zum Schöpfer getragen werde oder ob ich mich selbst, auf meinen abgestorbenen Fußstümpfen, hinüber ins Himmelreich schleppen muss. Aber wer möchte schon einen freundlichen Herren mit Sophistereien verschrecken oder gar ein Energievampir sein? Also bedanke ich mich artig und wünsche dem liebenswerten Radler noch einen wonniglichen Tag.

Freilich befinde ich mich noch immer inmitten eines wiesengrünen Vakuums namens Wümme-Wüste. Aber das leicht erhöhte Aufkommen neonfarbener Freizeitsportler und gleichmäßig verteilte Bänke am Wegesrand wecken meine Hoffnung auf ein schnelles Ende. Und tatsächlich zeichnen sich in der Ferne schon die Umrisse eines Ortes ab. Kraftlos schleppe ich mich an den Palisaden der Jägerzaunwände entlang, gucke in die Küchenfenster, in denen tüchtige Landfrauen Omeletts braten, während ihre Männer ein Banner mit der Aufschrift „Borgfelder Schinkenfest" und eine bunte Wimpelkette an den Laternen befestigen. Moment mal. Borgfeld? Etwa Bremen Borgfeld? Dieses verschlafene Nest soll das Tor zu einer stolzen Hansestadt sein? Gisela sagt, ja. Von der Borfelder Allee könne man bequem mit öffentlichen Verkehrsmitteln in die City gelangen und die beträchtliche Distanz von elf Kilometern binnen weniger Minuten zurücklegen.

„Buen camino", ruft mir eine Frau aus einer Rabatte zu.

„Bin ich hier richtig in Bremen?", frage ich sie.

„Ganz recht. Herzlich Willkommen in unserer wunderschönen Hansestadt."

„Dann ist mein Weg hiermit zu Ende", erwidere ich bedrückt.

„Sind Sie nicht froh, am Ziel zu sein?"

„Doch, doch", nicke ich nur und werde von einer sonderbaren Wehmut erfasst – fast so als hätte ich einen Freund verloren. Oder ist es nur die Erschöpfung, die mich so traurig macht?

An der Haltestelle krame ich zwei Euros sechzig aus der Bauchtasche. Als ich sie in den Fahrscheinautomaten stecke und den Bus besteige, verwandele ich mich binnen eines Wimpernschlags vom Jakobspilger in einen dieser Schmutzfinken, die in öffentlichen Verkehrsmitteln gern gemieden werden. Teilnahmslos starre ich aus dem Fenster, bis ich am „Domshof" in eine andere Welt entsteige – mitten hinein in ein urbanes Paralleluniversum aus Fensterglas und Beton. Um mich herum wimmelt es von Passanten, Touristen und Geschäftsleuten, Seniorenreisegruppen, Aktivisten und Pfadfindern, und ich stehe schockstarr mittendrin. Ein braun gebranntes Straßenkind, das nicht recht ins Bild passen will. Das steht in den Mienen der Sauberen und Frischgeduschten, die abschätzig auf mein zerzaustes Antlitz herab schauen, als ich mich die letzten Meter zum Dom hinüber schleppe. Zögerlich gleitet mein Blick an der Fassade des romanischen Sandsteinkoloss empor, weitet sich zu einem stillen Leuchten und schließlich auf zu einem wonnigen Strahlen. Es ist geschafft.

„Wären Sie so nett, ein Bild von mir und dem Dom zu machen?", stoppe ich den erstbesten Passanten.

„Bist du auf Weltreise", fragt dieser.

„So ähnlich", lächle ich verwegen.

„Und? Gut so?", präsentiert der Herr vom Typ AOK-Sachbearbeiter das Zielfoto.

Es zeigt ein zotteliges Etwas, dessen Teint harmonisch mit dem St. Petri Dom im Hintergrund zu einer sandbrauen Einheit verschmilzt.

„Gut so", hebe ich meinen Daumen.

Ich frage mich zum Kloster ins Schnoorviertel durch und lande vor einer zwei Meter hohen Mauer, die auch vorzüglich zu einer Strafanstalt passen würde. Hinter den Gitterstäben des Eingangsportals blitzt ein fuchsroter Betonkubus hervor, der auch ein Mehrfamilienhaus in Göttingen, Catrop Rauxel oder Wuppertal sein könnte. Betreten gleiche ich die Inschrift an der Pforte mit Giselas Angaben ab, stelle seufzend fest, hier bin ich richtig und betätige die Klingel. Ein älterer Herr mit Kugelbauch und Glatze, den ich für einen Geistlichen halte, kommt mir entgegen gelaufen.

„Oh, eine Pilgerin, wie schön. Noch bis Santiago?", begrüßt er mich.

„Also heute nicht mehr", antworte ich lakonisch.

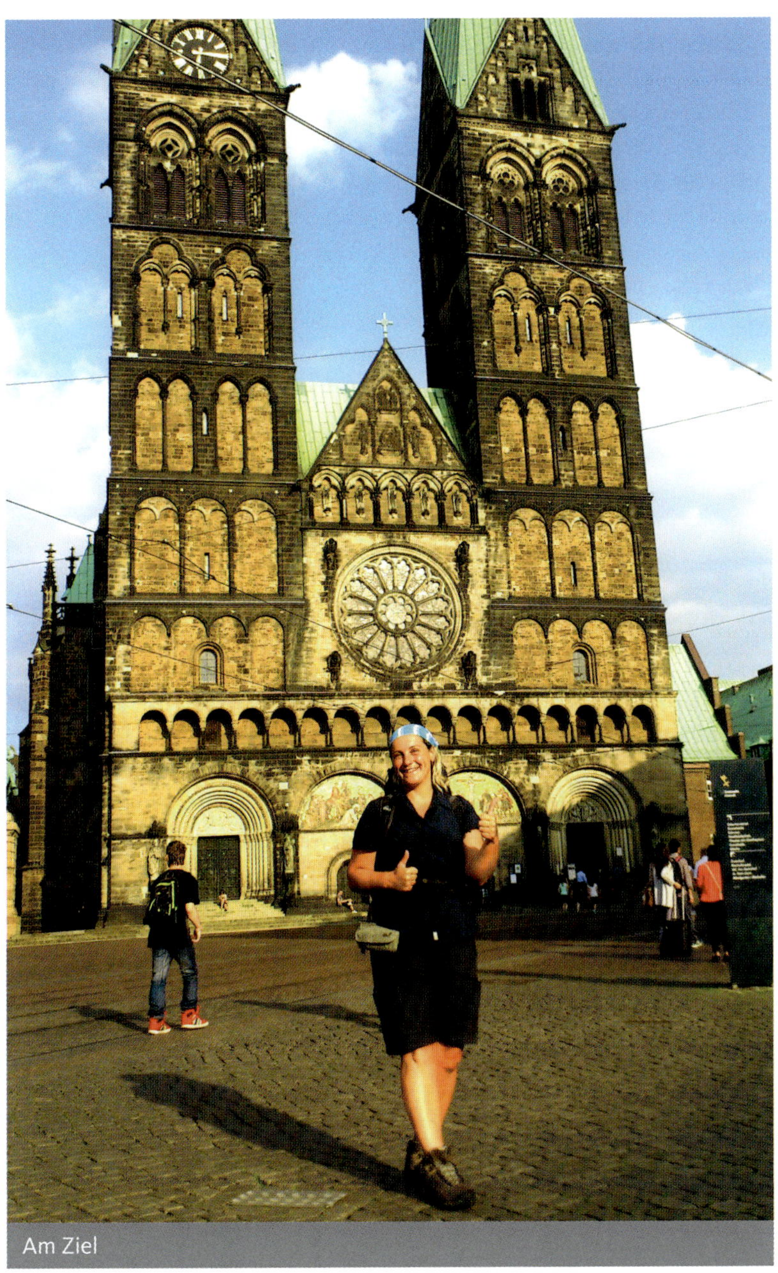

Am Ziel

„Gewiss haben Sie reserviert", gibt er mich in die Obhut einer Schwester im grauen Habit.

Diese führt mich in ein schmuckloses Büro und kommt gleich zur Sache.

„Sie haben bestellt?", wartet sie mein Nicken ab. „Hier ist Ihr Schlüssel. Er passt in alle Türen. Etage zwei, Zimmer drei, Frühstück ab acht Uhr im dritten Stock, Kasse machen wir morgen. Den Aufzug dürfen Sie benutzen. Kaffee oder Tee morgen früh?"

Ich schiele auf die Uhr. Noch sind wir unter sechzig Sekunden – olympiareif, dieser Quick-Check-In.

„Kaffee", entgegne ich knapp und nehme die Treppe.

Erst als ich mich außer Sichtweite der flotten Nonne wähne, erlaube ich mir ein inbrünstiges Keuchen und schleppe mich wie ein Ackergaul die letzten Meter bis zu meiner Zimmertür. Ich trete ein, ziehe den Vorhang auf, setze mein Fünfunddreißig-Liter-Mobilheim auf dem Parkettboden ab, platziere den Hirschtalg auf dem Nachttisch neben der Bibel und verharre in Shavasana.

Nach dem Nickerchen spaziere ich hinunter zum Hafen, kaufe mir eine Bratwurst und folge einer schwermütigen Musik, um erneut auf dem Domplatz zu landen. Dort steht ein Junge von vielleicht achtzehn Jahren mit einer Akustikgitarre in der Hand und singt traurige Balladen. Es wird bald Mitternacht. Niemand ist da außer mir. Ich werfe einen kleinen Schein in seinen Hut, setze mich auf das warme Kopfsteinpflaster und lausche seinen Klängen. Nils Ellerbusch heißt der junge Künstler, der gerade seine erste Single veröffentlicht hat. Sie heißt „Dieser Platz" und ist eine Singer-Songwriter-Liebeserklärung an seine Heimat Bremen.

„Danke für deine Musik", verabschiede ich mich von dem jugendlichen Barden.

„Schau doch mal bei Facebook vorbei", ruft er mir nach.

„Mach ich. Gute Nacht", höre ich seine Musik noch lange durch Straßen hallen.

„Träume jagen. Leinen los. Mit dem Traumschiff gehen wir auf ne Expedition. Träume jagen. Hinterher. Mitten auf dem Meer suchen wir im Wind nach mehr …"

Samstag, der 22. August: Abschied (Bremen/Stralsund - Wüstenfelde, 12 km)

6.15 Uhr. Aus alter Gewohnheit reibe ich mir die Füße mit Hirschtalg ein, bis ich realisiere: Du wirst heute nicht mehr pilgern. Unsicher darüber, was das eigentlich bedeuten soll, öffne ich das Fenster und schaue hinunter auf den Hof. In der Kapelle gegenüber soll in fünfzehn Minuten die Laudes stattfinden, die, fast christlich, ganze dreißig Minuten später als im Kloster Nütschau beginnt.

Die verbleibenden Minuten fülle ich mit meinem allmorgendlichen Packritual. Ein letztes Mal werden Schlafsack und Isomatte ganz nach unten an den Boden des Rucksacks gestopft, Waschtasche, Pyjama, Wechselsachen, Softshelljacke und Krambeutel in die nächste Etage gezwängt, Bikini und Regenmantel im Oberstübchen verstaut und die graue Bauchtasche mit den Wertsachen formschön um meinen Speckgürtel gewickelt.

Um 6.28 Uhr stehe ich unten an der Pforte, die noch verschlossen ist. Irgendwie sympathisch, dass die Schwestern nicht pünktlich anfangen, denke ich und warte auf einer Bank nebenan. Bis sich kurz darauf ein Fenster von Innen öffnet und Kerzenduft heraus strömt. Ich fasse mir ein Herz und klopfe an die Tür, die kurz darauf von einer kleinen, rundlichen Schwester mit exotischem Äußeren geöffnet wird.

„Jetzt aber schnell“, flüstert sie.

Ich husche hinein und staune nicht schlecht als ich sehe, dass der Gebetssaal schon bis auf den letzten Platz gefüllt ist und ich einen Extrastuhl neben einer jungen Familie zugewiesen bekomme. Doch meine Störung scheint niemanden zu bekümmern. Die Gemeinde hat bereits die Hände gefaltet und die Köpfe zum Gebet gesenkt. Die sieben Schwestern des Erlöserordens, die aus den Ländern Mexiko, Italien und Indien stammen, tragen allesamt einen eindrucksvollen Kopfschmuck – einen schwarzen Schleier mit drei hellen Leinen-Streifen, die an ihren Enden mit münzgroßen, roten Punkten versehen sind, welche für die Wundmale Christi stehen sollen.

In einer Broschüre las ich, wie die Ordensgründerin Birgitta von Schweden im vierzehnten Jahrhundert während einer Pilgerreise Visionen Jesu empfing und daraufhin diesen Orden gründete, um fortan bis zu ihrem Tode ein Leben in Gehorsam, Armut und Keuschheit zu führen.

Ich falte meine Hände und danke für mein unbeschwertes Leben, während mein Blick durch den Gebetsraum schweift. Außer einem schmalen Kreuz und einem von zwei Stabkerzen umsäumten, schlichten Altar ist er gänzlich ungeschmückt. Ein Geistlicher spricht ein Gebet, welches die Gemeinde kaum vernehmbar mit summt: „O Herr, komm bald und mache die Nacht hell. So wie Sterbende sich sehnen, so sehne ich mich nach dir. Sag meiner Seele, dass nichts geschehe, ohne dass du es erlaubst, und nichts, was du erlaubst, ohne Trost sei … O Jesus, Gottes Sohn, erfülle du meine Sehnsucht und zeige mir den Weg. Ich komme zu dir wie der Verletzte zum Arzt. Gib, o Herr, meinem Herzen Ruhe. Amen."

Nach der Messe liege ich auf meinem Bett und frage mich, warum diese Fürbitte so verzweifelt klingt. Fällt das Beten etwa leichter, wenn man traurig ist? Als Antwort schallen Halleluja-Rufe, das typische Gospelchor-Klatschen und Gitarrenklänge aus der oberen Etage. Offenbar gibt es viele Möglichkeiten zu beten. „Heiliger Geist, Hosianna in der Höhe, du bist du, ja oh Herr, du bist du, Halleluja, alle meine Quellen entspringen aus dir, oh der Himmel erfüllt mein Herz", jauchzt der Frauenchor, aus dem eine einzelne, kräftige Baritonstimme deutlich heraus zu hören ist.

Mein rechter Fuß wippt ausgelassen in sportlichen einhundertzwanzig bpm, bis nach drei peppigen Piecen die Session endet und mein Acht-Uhr-Wecker klingelt. Vor dem Frühstück begleiche ich die Rechnung bei derselben Schwester, die mich gestern so schnell abfertigte. Doch heute ist sie nicht in Zeitnot, sondern schreibt in Ruhe eine Quittung, führt mich zum Essenssaal, platziert mich am Ende einer langen Tafel und schenkt mir den gestern bestellten Kaffee ein.

„Darf ich?", fragt mich ein dunkler Typ mit Wuschelhaaren, der aussieht als käme er soeben von einer Regionalversammlung der Grünen.

„Klar", setze ich meine Tasse ab.

„Sind Sie als Pilgerin bei uns zu Gast?", fragt er.

„Jepp", bejahe ich.

„Das ist aber schön. Ich bin Andreas, der Pfarrer", stellt er sich vor.

„Was, Sie sind Pfarrer und haben eben die heilige Messe zelebriert?", platzt es aus mir heraus.

„Ja, so ist es", erwidert er lachend. „Erstaunlich wie ein Gewand den Menschen verändern kann, nicht wahr?"

Ich murmele meine Zustimmung und umklammere meinen Kaffeebecher als könne mir dieser aus der peinlichen Situation heraushelfen.

„Ich bin Nati", sage ich statt einer Entschuldigung.

„Und? Wie hat es dir gefallen, Nati?", erkundigt sich der Geistliche freundlich. „Danke. Ganz gut", entgegne ich.

„Nein, nicht die Messe, sondern das Pilgern?", amüsiert er sich.

„Ach so", räuspere ich mich, „Ein bisschen zu gut. Ich bin nämlich traurig, dass ich jetzt schon am Ziel bin", bekenne ich.

„Aber, aber, Bremen ist doch noch lange nicht das Ziel", entgegnet er mit gespielter Entrüstung. Da musst du schon bis nach Santiago pilgern."

„Würde ich ja, aber ich muss am Montag wieder arbeiten", seufze ich.

„Kein Problem. Du steigst nächsten Sommer wieder hier in Bremen ein, wanderst weiter bis nach Köln, und ich gebe dir den Pilgersegen", tröstet er.

„Klingt gut", verliere ich langsam die Scheu.

„Und Nati? Was hast du auf dem Weg für dich gelernt?", fragt er. Offenbar weil er spürt, dass ich mich inzwischen wohl genug mit ihm fühle, um ihm auf eine solch persönliche Frage zu antworten.

„Dankbarkeit", entgegne ich wie aus der Pistole geschossen. „Ich bin jetzt quasi dankbar für alles", lache ich. „Ach ja, und jetzt verstehe ich endlich, was meine Yogalehrerin damals mit loslassen wirklich meinte", füge ich an.

„Yoga", atmet er deutlich hörbar aus. „Was fasziniert euch alle nur alle daran?", fragt Andreas.

„Oh, das ist leicht", erwidere ich. „Dass der Buddhismus so friedlich ist."

„Aber das ist doch unsere Contemplatio auch", wirft er ein.

„Das mag sein, aber die hat es noch nicht in die Lifestyle Magazine und die Illustrierten geschafft. Alles nur eine Frage des Marketings", flachse ich.

„Du bist also keine Christin?"

„Ich bin konfessionslos, aber fasziniert von der göttlichen Essenz aller Religionen", antworte ich wahrheitsgemäß.

„Aber warum pilgerst du dann?", hakt er nach, wobei seine Stimme immer noch freundlich klingt.

„Ich glaube ich war auf der Suche nach Einfachheit", sinniere ich.

„Alles gut und schön, aber was du tust ist eine Fluchtbewegung, eine Art Yoga-Pilgern mit Religion light", wendet Andreas ein.

„Religion light? Wie meinst du das?", frage ich verdutzt.

„Weißt du, irgendwann muss der Mensch Farbe bekennen und sich entscheiden", antwortet er.

„Das ist schwer für einen Menschen wie mich, der von Haus aus keinerlei religiöse Prägung erfahren hat", bekenne ich. „Und selbst wenn ich mich für eine der vielen Religionen entscheiden würde, welche ist denn deiner Meinung nach die Richtige?"

„Ganz klar, das Christentum", antwortet Andreas entschieden.

„Wie kannst du dir darüber so sicher sein?", frage ich.

„Ich weiß es einfach", antwortet er.

„Pfffff", atme ich aus.

„Ganz ehrlich, Nati, ich verstehe diesen ganzen Hype um den Buddhismus nicht. Seine Anhänger müssen erst gutes Karma anhäufen, um danach erst ein gutes, nächstes Leben zu haben."

„Aber was ist denn falsch daran?", falle ich ihm ins Wort.

„Ganz einfach, bei Christus musst du keine Wunderdinge tun. Er lässt dich so sein wie du bist", erläutert er.

„Mag sein. Aber für mich ist das alles nicht so einfach wie für dich", seufze ich.

Oh, es ist einfach", lächelt er mir offen ins Gesicht.

„Ist es das?", gucke ich zu Boden.

„Aber du hast doch gefunden, wonach du suchtest, nicht wahr?", fragt er.

„Ich denke schon", nicke ich.

„Gut, das ist doch schon mal ein Anfang", reicht er mir die Hand und verabschiedet sich. „Mach`s gut, Nati. Bis zum nächsten Jahr."

Es wird Zeit. Am Bahnhof wartet Paul, meine Mitfahrgelegenheit für die Zugfahrt.

Epilog

Die Bahnfahrt ist eine Qual. Ich möchte mich bewegen, möchte raus an die frische Luft. Und obwohl ich fast bis vor die Haustür fahren könnte, steige ich eine Station früher aus, um die letzten Kilometer bis zu meinem Elternhaus zu laufen. Der Weg führt an einer alten Fernverkehrsstraße unter knorrigen Kastanienbäumen entlang, über ein Kopfsteinpflaster, zwischen dessen Steinen schon das Gras hindurch wuchert.

An der Haustür meiner Eltern klebt ein Zettel: „Sind bei der Hochzeitsfeier nebenan. Du bist auch eingeladen. Komm` rüber, Mutti", lese ich und finde in einem Zelt fröhlich versammelt unser ganzes Dorf.

Wenn das kein Glück ist ...

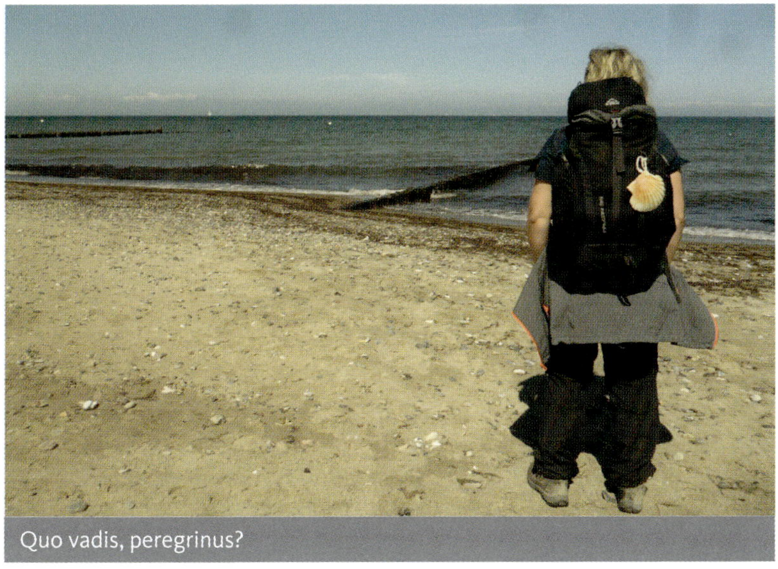

Quo vadis, peregrinus?

Karte

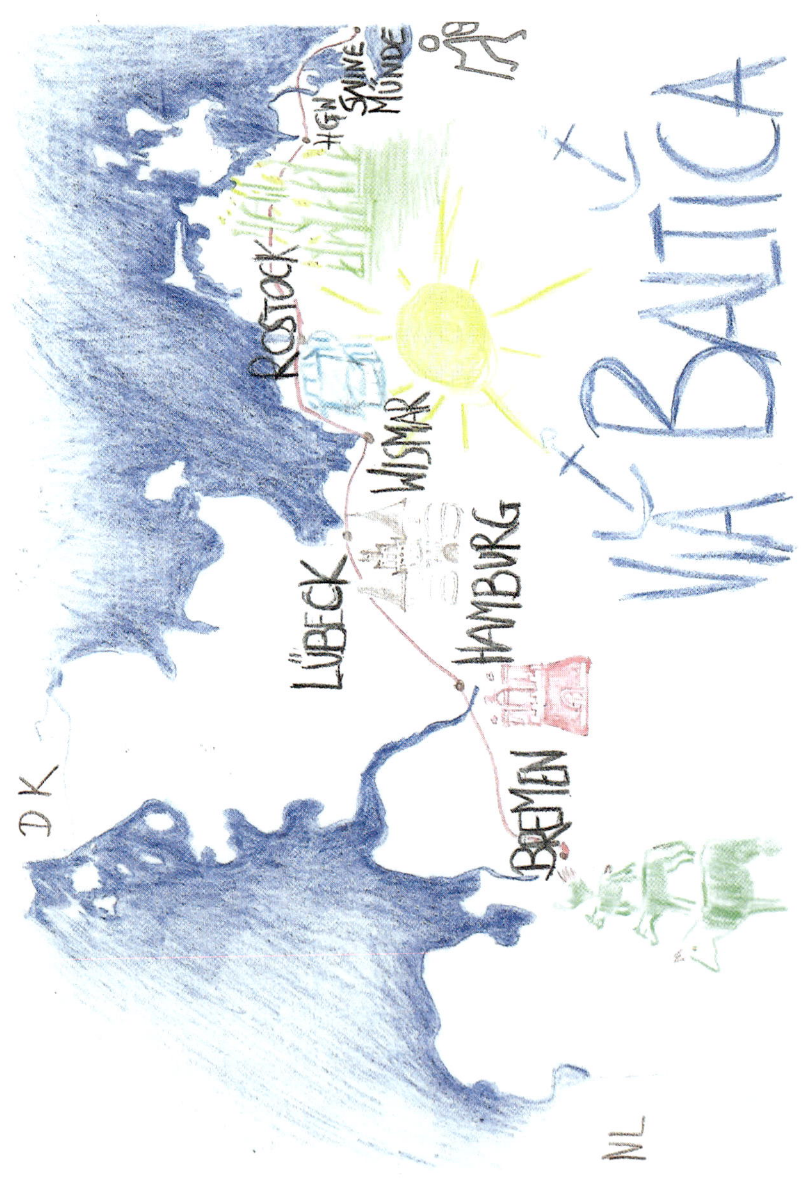
DK
NL
BREMEN
HAMBURG
LÜBECK
WISMAR
ROSTOCK
HGW
SWINE-
MÜNDE
VIA BALTICA

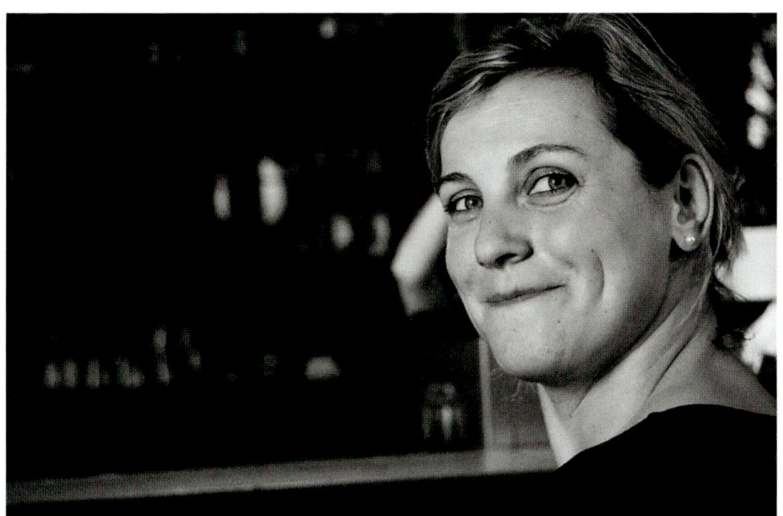

Über die Reisende ... Nati Rasch

Die Liebe zum Abenteuer wurde bei der 1979 in Stralsund geborenen Autorin schon früh geweckt. Bereits mit zehn Jahren machte sie mit Vaters Moped ihr Heimatdorf unsicher, überquerte mit selbstgebauten Flößen mehr oder minder erfolgreich die Dorfteiche ihrer Umgebung, badete in Pfützen und bezeichnet sich auch heute noch gern als „Rotzgöre".

Nach ihrem Musikstudium tourte sie als Orchestermusikerin durch die Welt, nahm ein Sabbatjahr, umrundete mit ihrem feuerroten Moped „Mimi" Italien, probierte Couchsurfing und Wwoof und für ihr zweites Buch das Pilgern aus. Dabei ist das Meer ihr ständiger Begleiter, und sie liebt das Ungewöhnliche, das jenseits der ausgetretenen Pfade des Pauschaltourismus auf sie wartet.

Heute lebt sie in ihrer Wahlheimat Rostock, wo sie als Musiklehrerin und Autorin tätig ist. Weitere Informationen finden Sie unter: http://natirasch.de/

Ihr erstes Buch „Ragazza motorizzata – auf einer halben Vespa um ganz Italien" ist ebenfalls im traveldiary Verlag als Taschenbuch und als Audio-CD erschienen.

Packliste

35-Liter-Rucksack
Bauchtasche
Dokumente
Pilgerpass
ultraleichter Schlafsack
selbstaufblasende Isomatte
Wanderschuhe
1 Paar Flip Flops
1 Outdoor Zip Off Hose
1 Dreiviertelhose
1 Softshelljacke
1 Kurzarm Outdoor Hemd
1 Langarm Outdoor Shirt
3 Unterhosen
1 Sport BH
2 Paar Wandersocken
1 Bikini
Mikrofaserhandtuch
1 Zahnbürste/Minizahnpasta
1 Stück Seife
2 Büroklammern (nicht gebraucht)
Wanderführer
ergänzende Wanderkarten
Regenponcho
Handy, Ladekabel

Übernachtungen

Pfarrhäuser: 15

Pilgerherbergen: 2

Pensionen: 2

am Strand: 1

im Auto: 1

Privat: 5

Zeltplätze: 1

Klöster: 2

Jugendherberge: 1

Hostel: 1

Von der gleichen Reisenden erschienen:

Ragazza motorizzata

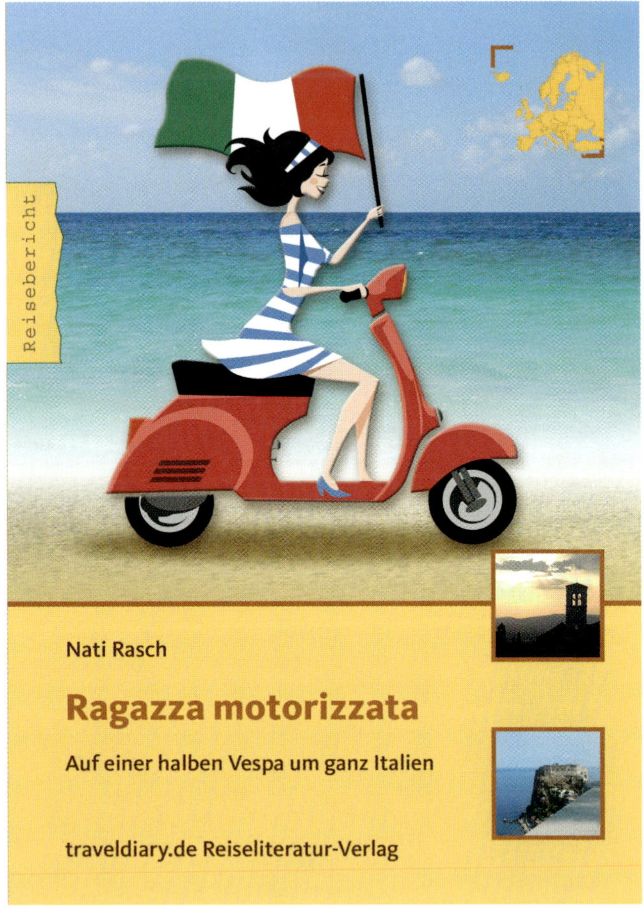

Als Nati Rasch in einer hundekalten Herbstnacht zitternd auf ihrem italienischen Motorroller sitzt, kommt ihr der sehnsuchtsvolle Gedanke: „Damit müsste man einmal rund um Italien fahren!“ Von da an nimmt das Abenteuer seinen Lauf.

Außerdem im Verlag erschienen

Einfach los ... Mein KüstenWEG

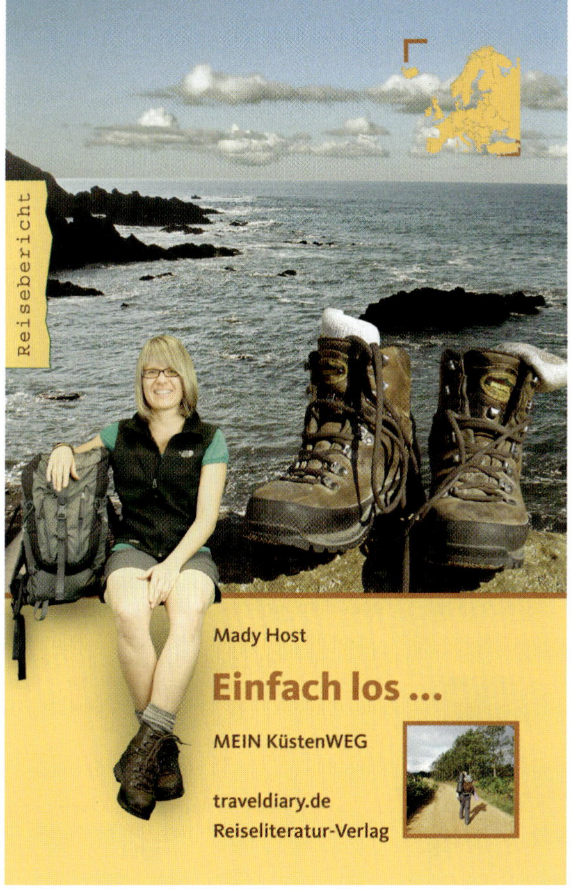

Es ist nicht ihre erste Pilgerreise, doch diesmal ist Mady Host 4 Wochen allein auf dem Jakobsweg unterwegs. Aber so wirklich allein mit sich selbst ist man selten auf den bekannten Pilgerrouten nach Santiago de Compostela. Auf dem Küstenweg erwandert Mady ihre Freiheit.

Erhältlich im Buchhandel und auf http://shop.traveldiary.de/

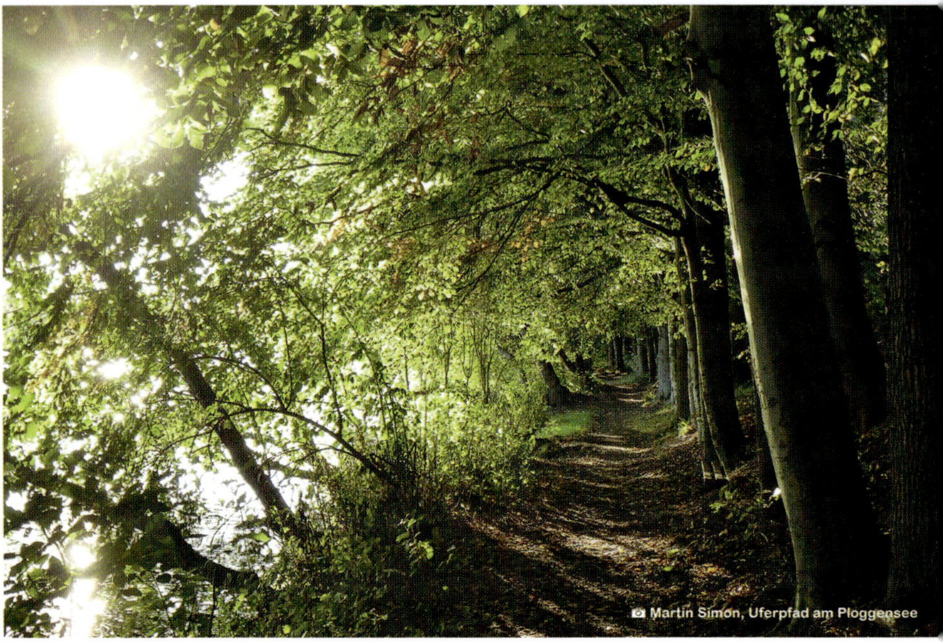

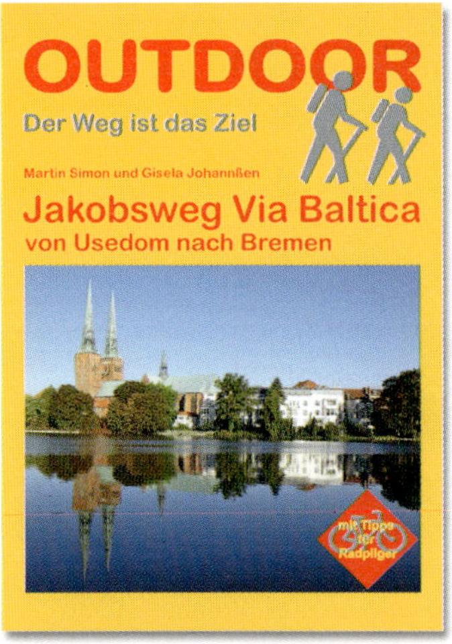